会计电算化
（用友 U8 V10.1）

主　编　张　勇　单文涛

副主编　毛曲功　陈　星　王常和

参　编　修俊勇　靳继刚

北京理工大学出版社
BEIJING INSTITUTE OF TECHNOLOGY PRESS

图书在版编目（CIP）数据

会计电算化：用友 U8 V10.1/张勇，单文涛主编. —北京：北京理工大学出版社，2017.8

ISBN 978 – 7 – 5682 – 4359 – 9

Ⅰ.①会…　Ⅱ.①张…　②单…　Ⅲ.①会计电算化 – 高等学校 – 教材　Ⅳ.①F232

中国版本图书馆 CIP 数据核字（2017）168159 号

出版发行 / 北京理工大学出版社有限责任公司

社　　址 / 北京市海淀区中关村南大街 5 号

邮　　编 / 100081

电　　话 / （010）68914775（总编室）

　　　　　 （010）82562903（教材售后服务热线）

　　　　　 （010）68948351（其他图书服务热线）

网　　址 / http：//www. bitpress. com. cn

经　　销 / 全国各地新华书店

印　　刷 / 三河市华骏印务包装有限公司

开　　本 / 787 毫米 × 1092 毫米　1/16

印　　张 / 15.25　　　　　　　　　　　　　　　　责任编辑 / 王晓莉

字　　数 / 360 千字　　　　　　　　　　　　　　　文案编辑 / 王晓莉

版　　次 / 2017 年 8 月第 1 版　2017 年 8 月第 1 次印刷　　责任校对 / 周瑞红

定　　价 / 59.80 元　　　　　　　　　　　　　　　责任印制 / 李志强

前　言

随着大数据、云平台的应用，企业的管理日趋精细化，会计信息技术也以前所未有的速度发展着，会计电算化在企业管理中发挥着越来越重要的作用。本书根据高等人才培养定位，以财政部颁布的《企业会计信息化工作规范》和会计从业资格考试大纲为依据，以"实践中建构知识、实践中塑造职业能力"为理念，以实际的电算化工作为切入点，以用友ERP U8V10.1软件为平台，以模拟企业的完整会计资料为主线，以任务为驱动，根据岗位需具备的技能和知识来选择和组织教材内容，将电算化工作过程划分为会计电算化认知、会计电算化工作认知、系统管理、基础设置、总账系统、薪资管理系统、固定资产管理系统、UFO 报表 8 个典型工作任务。

在内容组织上，本书以企业真实的经济业务事项为载体，遵循学生的认知规律，通过"任务概述—任务知识—任务实施—拓展提升"来进行学习内容的组织和配置，既有任务的解读，又有任务所需要的理论铺垫；既有清晰的操作步骤，又有直观的操作界面；既有任务的整体说明，又有任务的深度挖掘。通过不断提高学生分析问题、解决问题的能力，培养其终身学习的能力。

本书由张勇、单文涛担任主编，负责确定编写思路、总体结构，拟定详细的大纲，审核修改；毛曲功、陈星、王常和担任副主编；修俊勇、靳继刚参加编写工作。全书共八个模块，编写分工如下：模块一、模块八由张勇编写，模块二由修俊勇、靳继刚编写，模块三、模块四由毛曲功编写，模块五由单文涛编写，模块六、模块七由陈星编写，王常和负责统纂定稿。

本书在编写过程中，得到秦黎刚、魏俊英、胡汉祥、边艳艳等多名专家和同行的大力支持和指导，他们对书稿内容提出了宝贵的意见和建议，在此表示衷心的感谢。

鉴于编者认知水平及实践经验有限，书中难免存在疏漏和不妥之处，恳请各相关院校和读者在使用本教材的过程中予以关注，并将意见或建议及时反馈给我们，以便修订时完善。

前 言

目　录

会计电算化认知

任务一　会计电算化概述

一、会计电算化的含义

工业社会是会计电算化产生的时代背景，随着不断提高的工业化程度，经济业务的数量也不断增长，会计工作日益繁杂，当时的会计模式已不能满足工作的需要。为了适应企业飞速的发展，增强会计数据的处理能力，计算机开始慢慢地被应用在会计工作中。"会计电算化"一词在 1981 年 8 月，财政部和中国会计学会在长春第一汽车制造厂召开的"财务、会计、成本应用电子计算机专题讨论会"上首先提出，并正式把"电子计算机在会计中的应用"简称为"会计电算化"。

会计电算化是以电子计算机为基础的现代电子技术和信息技术运用到会计实务中的简称，是利用电子技术的手段对企业的会计要素、财务收支的增减变化进行核算，是对企业的预算、物流成本和资金流等进行管理的信息操作系统。会计电算化使得会计从业人员从繁重的手工劳动中解放出来，提高了工作效率，提升了工作质量。

与手工会计相比，会计电算化具有如下特点：

1. **数据的准确性高、处理速度快**

准确性较高、处理数据快是计算机最大的优势，因此运用会计电算化软件对数据进行处理，能够大大提升数据的准确性和效率，减少人为因素造成的错误，从而提高会计核算的质量，增强会计信息的及时性。

2. **数据存储的特殊化**

在进行会计电算化处理时，各类会计数据是以电子信息的形式进行存储的，具有存储方便、删除与修改都不留下痕迹等特点。但这给会计信息数据的安全性与可靠性带来了非常大的威胁。

3. **数据处理的集中化、自动化**

数据在会计电算化中都由计算机进行集中处理，并且随着会计电算化的不断发展，电算化系统的复杂性越来越高，数据处理就越来越集中化。例如，会计科目的代码、职工的编码等。自动化就是指计算机程序自动进行数据的控制和处理，人工操作和人为干预大大减少。

4. 内部控制的程序化

企业在实现了会计电算化以后，内部控制发生了不小的变化。计算机对数据处理的集中化和连贯性使原来在手工会计环境下行之有效的控制制度基本上失去了作用，这时就必须对软、硬件工作环境的安全性和可靠性仔细考虑，采取一些十分严密的措施，以保证凭证、账簿和报表等整套会计数据真实准确。例如，将所有会计从业人员的操作权限进行清晰的划分，将其在会计电算化软件中程序化，保证会计信息的准确性和独立性。

5. 会计人员知识的多面化

会计电算化信息系统其实是一个人机交换的系统，计算机在会计工作人员的设置与操作下，按照预先设定的处理程序，获得电子形式的凭证、账簿、报表。会计人员不仅应该具备会计专业知识，还应该熟悉计算机的运行环境，掌握计算机的相关知识。

二、会计电算化的发展阶段

依据我国会计电算化发展的时间、特征以及相应的事件，将会计电算化的发展分为模拟手工记账、与其他业务结合、引入会计专业判断以及与内控相结合建立 ERP 四个阶段。

（一）模拟手工记账的探索起步

本阶段于 20 世纪 80 年代起步，主要处于实验试点、理论研究阶段。这个时期的会计电算化，实质上是将电子计算机作为一个高级的计算工具用于会计领域，其中最早的领域为企业工资计算。1989 年年底和 1990 年 7 月，颁布了《会计核算软件管理的几项规定（试行）》和《关于会计核算软件评审问题的补充规定（试行）》两个文件，确定了商品化会计核算软件的评审制度和标准。

在探索起步阶段，会计电算化让会计人员从复杂的手工劳动中解放出来，减少了会计人员的工作量，提高了劳动效率和输出速度。但在应用过程中还不能实现最大限度的数据共享，容易造成电算化会计数据资源的浪费，也无法使实现电算化的会计信息与企业其他信息系统进行有效融合，从而在企业内部造成一个个信息"孤岛"。

（二）与其他业务结合的推广发展

本阶段从 20 世纪 90 年代开始，企业积极研究对传统会计组织和业务处理流程的重新调整，从而实现企业内部以会计核算系统为核心的信息集成化，以及会计信息和业务信息的一体化。

在推广发展阶段，企业开始将单项的会计核算业务进行电算化整合，在经历了会计核算电算化、会计管理电算化和会计决策电算化之后，进入全面电算化阶段，将企业内部的信息"孤岛"与企业连接起来。

（三）引入会计专业判断的渗透融合

本阶段从 2000 年开始，标志是由单机应用向局域网应用的转变。企业纷纷建立了以会计电算化为核心的管理信息系统和企业资源计划（ERP）系统。借助会计准则与会计电算化系统的渗透融合，企业具备了进一步优化重组其管理流程的能力。一些大型企业大幅减少了核算层次，规范了资金账户管理，缩短了提交财务会计报告的时间。

ERP（Enterprise Resource Planning，企业资源计划），是指利用信息技术，将企业内部的各类资源整合，对开发设计、采购、生产、库存、销售、运输、财务、人力资源、质量管理进行科学规划，将其与企业外部的供应商、客户等市场要素有机结合，实现对企业物资资源流、人力资源流、财务资源流和信息资源流的"四流合一"。ERP 的核心思想是立足企业实际和外部市场环境，对企业资源进行合理计划和调配，从而提高企业的核心竞争力。

本阶段随着新企业会计准则的颁布等会计理论的发展，进一步促进了会计电算化的发展。但对内部控制的研究刚刚起步，同时构建 ERP 系统的指导思想还不清晰。

（四）与内控相结合建立 ERP 系统的集成管理

本阶段的标志是 2008 年 6 月《企业内部控制基本规范》以及 6 项具体内部控制规范的颁布。在本阶段，由于企业内外部环境的变化，会计控制已难以应对内外部风险，会计控制必须向全面控制发展。而传统会计软件不能完全满足单位会计信息化的需求，逐步向与流程管理相结合的 ERP 方向发展。企业应构建与内部控制紧密结合的 ERP 系统，将企业的管理工作全面集成，从而实现会计管理和会计工作的信息化。2008 年 11 月，中国会计信息化委员会暨 XBRL 中国地区组织正式成立，标志着中国会计信息化建设迈上新台阶。

三、会计信息化

（一）会计信息化的概念及特点

随着计算机技术和信息技术的不断发展，尤其是互联网、移动终端、大数据等的陆续出现，"会计电算化"的含义进一步延伸。一方面，已经从单纯的代替手工核算发展到与生产、采购、库存和销售等其他部门充分融合；另一方面，充分深化与信息技术的融合，尤其是网络技术对会计的整合，形成现代会计与现代信息技术的统一。这些新变化标志着会计电算化向会计信息化过渡。

会计信息化就是利用现代信息技术（计算机、网络和通信等），对传统会计模式进行重构，并在重构的现代会计模式上通过深化开发和广泛利用会计信息资源，建立技术与会计高度融合的、开放的现代会计信息系统，以提高会计信息在优化资源配置中的有用性，促进经济发展和社会进步。

相对于会计电算化而言，会计信息化是一次质的飞跃。现代信息技术手段能够实时便捷地获取、加工、传递、存储和应用会计信息，为企业经营管理、控制决策和经济运行提供充足、实时、全方位的信息。

会计信息化是信息社会的产物，是未来会计的发展方向。会计信息化不仅将计算机、网络、通信等先进信息技术引入会计学科，与传统的会计工作相融合，在业务核算、财务处理等方面发挥作用，它还包含更多的内容，如会计基本理论信息化、会计实务信息化、会计教育的信息化、会计管理信息化等。

1. 普遍性

会计的所有领域（包括会计理论、会计工作、会计管理、会计教育等）要全面运用现代信息技术。从会计信息化的要求来看，就是现代信息技术在会计理论、会计工作、会计管理、会计教育等诸多领域的广泛应用，并形成完整的应用体系。

2. 集成性

信息集成的结果是信息共享。不管是企业组织内部，还是外部，与企业组织有关的所有原始数据只要一次输入，就能分次利用或多次利用，既减少了数据输入的工作量，又实现了数据的一致性，还保证了数据的共享性。

3. 动态性

动态性，又名实时性或同步性。不管是企业组织的内部数据还是外部数据，都能实现采集和处理的实时化、动态化，从而使得会计信息的发布、传输和利用实时化、动态化，会计信息的使用者也就能及时做出管理决策。

4. 渐进性

现代信息技术对会计模式重构具有主观能动性。但这种能动性的体现是一个渐进的过程。具体应分三步走：第一步，以信息技术去适应传统会计模式，即建立核算型会计信息系统，实现会计核算的信息化。第二步，现代信息技术与传统会计模式相适应。表现为：传统会计模式为适应现代信息技术而对会计理论、方法作局部的小修小改，扩大所用技术的范围（从计算机到网络）及所用技术的运用范围（从核算到管理），实现会计管理的信息化。第三步，以现代信息技术重构传统会计模式，以形成现代会计信息系统，实现包括会计核算信息化、会计管理信息化和会计决策支持信息化在内的会计信息化。

（二）会计电算化与会计信息化的区别与联系

1. 会计电算化与会计信息化的区别

（1）处理方式方面的区别。

从处理方式来看，目前的会计电算化系统（包括软件与处理模块）是简化手工劳动发展而来的，其业务流程与手工操作方法基本一致。主要是为了减少手工操作系统的重复性劳动，提高效率；而会计信息化系统是从管理者的角度进行设计的，能实现会计业务的信息化管理，实现数据资源的共享和有机整合，能充分发挥会计工作在企业管理和决策中的核心作用。

（2）技术角度方面的区别。

从技术角度来看，目前的会计电算化系统主要是对单功能的计算机设立的，即来源单一，共享度不高，在其硬件技术基础上发展起来的会计电算化软件也没有克服这个问题；而会计信息化系统以互联网和跨平台操作为基础，是在网络环境下进行设计的，其依赖的主要手段是计算机网络及现代通信等新的信息技术，能够提供的信息完善程度也将更高。

（3）对传统会计冲击方面的区别。

会计信息化是对传统会计模式的一种突破重整，旨在改变手工会计系统的程序以及应用方式。这对于会计电算化来说是一个截然不同的全新理念，是适应时代要求的创新。它是根据现代信息的更新速度与范围广度，为保证其及时性、准确性、实时性的特点而产生的。它主要具有业务核算、会计信息管理和决策分析等功能，将从思想观念上改变会计事务的特点，其会计程序是根据会计目标，按照信息管理原理和信息技术重整会计流程。

（4）系统受用主体和使用方式方面的区别。

从系统的受用主体和使用方式来看，会计电算化系统主要是为财务部门设立的，由从事会计事务的相关人员使用的。所以会计电算化系统设计时只考虑了财务部门的需要，由财务部门输入会计信息，输出时也只能由财务部门打印后报送其他机构；而会计信息化系统是企业业务处理及管理信息系统的组成部分，其大量数据从企业内外其他系统直接获取，输出也是依靠网络由企业内外的各机构、部门根据授权直接在系统中获取的。

2. 会计电算化与会计信息化的联系

会计电算化是会计信息化发展的基础，会计信息化是会计电算化发展的必然趋势。不管是会计电算化的发展，还是会计信息化的发展，都是为了适应企业信息化对于会计信息子系统的需求，最终提升企业的综合竞争力。但是，由于两者在理论依据、指导思想、技术手段方面都存在着明显差异，因此对企业信息化建设的作用也不相同。会计电算化其实是在被动地适应这个要求，虽然一定程度上促进了企业信息化的发展，促进了会计信息子系统和企业其他子系统的联系，使会计数据相比于人工记账的阶段计算更准确、传递更迅速、使用更便利，但是由于其自身存在的一些不足，因此对企业的信息化建设的作用是较为有限的。会计信息化则不同，是主动适应这个要求。因为会计信息化提出得较晚，所以它产生时，就把自身认定为企业整体的信息系统中的一个子系统，与其他如生产、库存、采购和销售等子系统有机地结合。这样不但能使财务信息得到更加广泛的利用，使财务会计的作用得以发挥，而且能给企业提供决策支持，把会计的管理功能放在整个企业的信息系统大环境中，发挥会计管理的作用，会计信息化的发展就完全满足了企业信息化建设的需要。

任务二 会计软件概述

一、会计软件及发展历程

（一）会计软件

会计软件是以会计理论和会计方法为核心，以会计法规和会计制度为依据，以计算机技术和通信技术为技术基础，以会计数据为处理对象，以会计核算、财务管理为经营管理提供信息为目标，用计算机处理会计业务的应用软件。

（二）会计软件的发展历程

随着会计电算化的发展，会计软件也蓬勃发展起来，从简单的单项处理型软件到现在的财务、进销存业务一体化管理软件，经历了30年的高速成长。

1. 单项处理型会计软件

大部分的财务软件是运行在 DOS 操作平台上的单项型财务软件，单纯进行核算工作。其开发基础也是手工会计流程，主要内容包括账务处理、工资计算、固定资产卡片管理和会计报表编制等。计算机代替手工记账、核算，降低了会计人员的劳动强度和工作量，提高了会计信息的质量并能降低出错率。可以简单满足会计日常的凭证录入、记账和相关的财务报表填报工作。

2. 核算型财务软件

20 世纪 90 年代会计电算化在国内普及并迅速发展，以基于 LAN 局域网的软件为主。从简单的核算发展为通过核算实现财务管理，这个时期会计软件在单项业务处理的基础上进行了完善，已经包括财务处理、报表处理、工资核算、固定资产管理、材料核算、成本核算、销售核算、存货核算、内部银行核算等模块。这些软件的稳定性一般，数据需要重复录入，一致性都得不到准确有效的控制。同时软件提供的各项核算功能模块之间联系不够紧密，一部分模块的运行结果还需要导出表格之后人工处理，再输入另一模块。因此可以说这个时期的会计软件功能更加全面，但本质上并没有有效地整合成一个整体。

3. 管理型财务软件

在第二代软件的基础上增加科目、项目预算管理和财务分析模块。出现了基于 Windows 平台将财务预算、财务分析、财务决策、领导查询等决策分析功能一体化的会计软件。该阶段的会计软件采用 C/S（客户机/服务器）模式。这个时期会计软件的功能模块包括：总账、报表、工资、固定资产、应收账款、应付账款、成本核算、存货核算、现金流量表、预算控制与财务分析、资金管理、采购计划、采购管理、库存管理、销售管理，财务软件从部门级应用向企业级应用发展，会计软件在企业管理上发挥了事前预测、事中预警、事后控制的作用。

4. 业务整合型财务软件

Internet 的日益普及与电子商务的发展，对会计软件的能力提出更高要求。企业资源计划 ERP 是新型的管理模型，注重企业的全面管理，以信息化的数据传输沟通支持全球化经营。Internet 浏览器/服务器（B/S）架构既有利于降低部署成本，又有利于向电子商务过渡，同时可以通过会计软件管理企业各方面的资源，合理地配置企业资源，因此更能适应当今企业集团化经营和国际化经营的需要。ERP 不仅要管理企业本身，还要管理遍布全球的客户、供应商和合作伙伴。

二、主要国内商用会计软件介绍

（一）用友 U 系列软件

用友 U 系列基于立体价值链结构的产品体系部署原理，适应了中国企业在不同发展阶段对企业管理的不同需求。包括单一企业模式、具有分支机构的单一企业模式、产业型和投资型的企业集团及连锁经营模式等。

用友 U 系列财务软件具有财务会计与管理会计的功能，能在企业内和不同系统间进行及时、准确、严格的财务数据传递与控制。通过分析企业经营流程、成本管理、预算管理等实现并协调企业长、短期经营目标。

用友软件在资金计划、预算控制、账龄分析、信用控制、国家会计制度各方面相互配合，这样可以降低收款成本。可以根据 MRP 规划生成的采购单进行采购，优化库存。注重财务信息的反应，提供产品销售流向分析、产品销售结构分析、产品销售增长分析，贴近工业企业的需求，可对工业企业的全业务过程进行监控，更适合工业企业使用。

（二）金蝶 K 系列软件

金蝶 K 系列以企业绩效管理为核心，与企业的管理实践相结合，通过全方位的管理、灵活的业务适应性、强大的业务扩展性、个性化与国际化管理和快速实施应用等特性，能够有效地帮助企业构建全面的企业绩效管理，帮助成长性企业提升战略企业管理能力。

通过采用平衡积分卡（BSC）方法以及设立一系列 KPI 指标并对其进行监控来实现企业的绩效管理（BPM）。主要包括：总账、报表、应收款管理，应付款管理，固定资产管理，工资管理，财务分析，现金管理等。企业的实际业务流程可在 K3 得到全面反映，操作过程完全与企业业务流程相同。操作方法简单、灵活，在录入资料时，通过共享参照资料数据一次录入。

金蝶 K 系列软件在财务处理数据方面的能力较强，采购数据分析功能是特有的，并提供自定义报表功能；金蝶 K3 提供一些分析评估功能，包括成本分析、杜邦分析，理念比较新；K3 更加注重对企业采购过程的全程监控，业务流程衔接紧密，有完整的出口业务管理；销售模块体现了企业更多的销售业务情况，通用性更强，企业可以根据实际情况来选择内销和外销模块；有自定义销售目标的功能，销售分析模块提供多种、多角度的分析报表和图形；库存模块与销售、采购、生产、检验、财务各个模块集成，具有十分重要的作用，使人们对处理库存业务更加熟练，对库存状况反映得更加仔细。

三、会计软件的功能组成

完整的会计软件的功能包括账务处理模块、固定资产管理模块、工资管理模块、应收管理模块、应付管理模块、成本管理模块、报表管理模块、财务分析模块、存货管理模块等。

（一）账务处理模块

账务处理模块是依据信息技术进行会计工作的直接体现。可以完成期初余额录入；凭证编制、审核、记账；银行对账；期末的转账定义、转账生成、对账、结账；账簿的查询与打印等工作。账务处理模块是会计软件系统的核心模块，与其他功能的模块无缝对接，实现数据共享。

（二）固定资产管理模块

固定资产管理模块主要是以固定资产卡片和固定资产明细账为基础，可以完成固定资产增减变化的核算、折旧计提和分配、设备管理等工作，同时提供了固定资产按类别、使用情况、所属部门和价值结构等进行分析、统计和查询、打印等功能。

（三）工资管理模块

工资管理模块是进行工资核算和管理的模块，该模块以企业人力资源系统的员工信息为依托，完成员工工资数据的收集、工资的核算、工资的发放、工资费用的汇总和分摊以及个人所得税计算，按照部门、项目、个人时间等条件进行工资分析、查询和打印输出。

（四）应收、应付管理模块

应收、应付管理模块可以完成填制发票、费用单据、其他应收单据、应付单据等原始单据的工作；记录销售、采购业务所形成的往来款项；处理应收、应付款项的收回、支付和转账；进行账龄分析和坏账估计及冲销，并对往来业务中的票据、合同进行管理等，同时提供统计分析、打印和查询输出功能，以及与其他模块的数据接口管理。

（五）成本管理模块

成本管理模块主要提供成本核算、成本分析、成本预测功能，以满足会计核算的事前预测、事后核算分析的需要。

（六）报表管理模块

报表管理模块与账务处理模块相连接，根据会计核算的数据，完成生成各种内部报表、外部报表、汇总报表，并对报表进行分析以及生成各种分析图的工作。

（七）财务分析模块

财务分析模块依据会计软件所提供的数据，运用各种专门的分析方法，对财务数据进一步加工，生成分析和评价企业财务状况、经营成果和现金流量的各种信息，为决策提供正确依据。

（八）存货管理模块

存货管理模块通过入库单、出库单、采购发票等单据，核算存货的出入库和库存金额、余额，确认采购成本，分配采购费用，确认销售收入、成本和费用，并将核算完成的数据按照需要，分别传递到成本管理模块、应收管理模块、应付管理模块和账务处理模块。

会计软件是由各功能模块共同组成的有机整体，为实现相应的功能，相关模块之间相互依赖，互通数据。其中，账务处理模块是各功能模块的核心，其他功能模块是账务处理模块的补充。如图 1-1 所示。

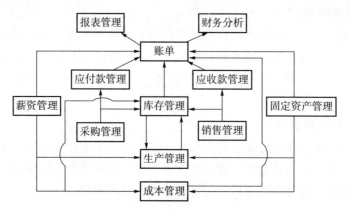

图 1-1　会计软件主要功能模块及数据传递关系图

四、会计软件的发展趋势

随着移动互联时代的到来，人们对信息的需求和信息处理的要求已经无所不在。在这样的环境下，企业会计信息的需求和供给也产生了巨大的变化，会计软件的功能也需要适应市场环境的变化，及时改变会计信息处理和供给的方式，来满足使用者对会计信息的需求和适应移动互联时代数据处理和传输的特点。

（一）会计核算软件 APP 的开发和上线

推出符合实际需求的会计核算类 APP 是我国会计软件发展的主要趋势之一。此类 APP 结合云计算，将桌面应用和移动应用进行无缝对接，实现企业账务处理的各种功能。如发票处理、费用核算、凭证处理、记账处理、明细账查询、总账查询、报表输出等日常账务处理。

（二）构建会计核算软件生态环境

当会计软件企业开发基于云计算的 APP 并进行推广应用后，进一步关注的则是与第三方 APP 应用的融合，支持第三方 APP 的应用来满足用户不同的需求，以构建良好的会计核算软件的生态环境。这些应用功能包括：在线销售、发票管理、订单处理、税务核算、报表处理、银行票据处理等。将会构建一个以会计核算为中心，其他会计、财务管理业务为辅的会计应用生态圈，最大限度地推动会计核算应用的高效、便捷。

（三）与新型支付方式的结合

在互联网络环境下，诞生了许多依托网络交易的支付方式，如支付宝、快钱、微信支付、拉卡拉等，截止到 2016 年年底，央行已发放了 5 批次多达 269 家第三方支付牌照。这些新型的支付方式必将给企业结算行为的核算带来变革，从而影响会计数据的供给和需求。

模块二

会计电算化工作认知

任务一　会计电算化工作准备

一、会计电算化工作的规划

（一）会计电算化工作规划的原则

会计电算化工作是一项复杂的系统工程，它不仅要满足财务部门的需要，还要涉及生产、销售、供应和人力等其他部门。因而应从企业管理的总体目标出发，制订科学的实施计划，保证会计电算化工作顺利、健康地发展。通过制订规划，可以明确企业会计电算化工作的发展方向，确定会计电算化工作的目标。一般而言，在制订会计电算化工作规划时，要符合以下原则：

1. 客观性原则

要根据企业的实际情况，制订切实可行的会计电算化工作设计方案，还要使其符合成本效益原则。

2. 整体规划原则

因为会计电算化工作涉及的部门广，系统性强，所以在规划时要避免盲目性和片面性，防止系统实施等方面的失误。

3. 协调发展原则

在制订规划时，要保证会计电算化工作与企业整体发展的协调一致，统一标准，统一安排。

（二）会计电算化工作规划的主要内容

由于企业的规模、管理体制和环境条件等不同，会计电算化工作规划的内容不尽相同。从我国会计电算化的现状来看，其规划内容一般包括以下内容。

1. 确定会计电算化工作的总体目标

根据企业发展总目标和企业信息化工作规划，确定会计电算化工作的总体目标。会计电算化作为企业信息化工作的一部分，必须服从于企业整体信息化工作的总目标。

2．确定会计电算化工作的总体结构

会计电算化工作的总体结构是指会计电算化工作包括哪些模块，以及这些模块之间的联系是什么等。在确定会计电算化工作目标后，必须分析现有手工工作的任务、处理和其他部门的关系、挖掘数据传递关系和内部的钩稽关系，从而确定会计电算化工作的总体结构。

3．会计电算化工作的软硬件配置要求

根据企业会计电算化工作的总体结构，在现有的基础上，对会计电算化工作所需要的计算机硬件配置、操作系统、会计软件以及数据库提出具体要求和规划。

4．会计电算化工作的实施路径

会计电算化工作是一项复杂的工作，需要根据总体目标分步实施，确定每一阶段的任务、时间和目标等。

5．会计电算化工作的管理体制和组织机构

会计电算化工作涉及财务、供应、生产、销售和人力等多个部门，需要明确管理体制，统一协调、处理工作中遇到的各种问题。例如，由谁负责，哪些部门参与，哪些部门实施，各个部门之间如何分工等，避免出现多头领导、相互扯皮的现象。

6．专业人员的培训

企业会计电算化工作需要不同类型和层次的专业人员。我们应根据会计电算化工作的要求，结合实际情况，制订专业人员的培训计划，以保证计划的顺利进行。

7．资源预算

企业会计电算化工作建设需要投入一定的资金（包括系统硬件和软件等的支出）。应根据系统总体目标和实施步骤，对所需资金做出预算。

二、会计电算化工作的硬件准备

会计电算化工作的硬件是指计算机设备及外部设备，主要包括主机、显示器、外部设备、通信设备、网络设备、办公自动化设备和接口设备。在进行硬件设备准备时要合理地选择硬件的构成模式和具体的硬件设备。

（一）合理选择硬件的构成模式

计算机硬件设备有单机结构、多用户结构、网络结构等多种构成模式，要选择合理的硬件配置，首先要做的就是合理选择硬件的构成模式。

1．单机结构

单机结构是指整个系统由一台计算机和相应的外部设备组成，所用的计算机为微型计算机，属于单用户任务工作方式。单机结构的优点是价格低、操作简单。缺点是同一个时段只能由一个用户使用，输入速度慢，处理速度慢。单机结构一般适用于会计电算化应用初期、经济和技术力量比较薄弱的小单位。

2．多用户结构

多用户结构是指整个系统配置一台主机和多个终端，通过通信线路相连接，允许多个用户同时在不同的终端上分散输入数据，由主机集中处理，处理结果再返回到各个有相应操作权限的终端用户。多用户的优点是输入速度快。缺点是所有数据集中在主机上进行，主机如果出现故障则整个系统不能正常工作。多用户系统适用于会计业务量大、地理分布比较集中、资金雄厚且具有一定维护能力的单位。

3．网络结构

网络结构是将地理上分散的具有独立功能的多个计算机通过通信设备和线路连接起来，由功能完善的网络软件实现资源共享，组成一个功能更强的计算网络系统。在该系统中，软硬件和数据资源可以共享，允许多个用户独立进行数据输入和处理，速度更快，数据处理输出达到实时性。缺点是安全性不如多用户系统，容易被病毒感染。当下比较流行的网络结构模式是客户机/服务器（C/S）网络结构和浏览器 Web 服务器（B/S）网络体系。

（二）选择具体的硬件设备

在确定计算机硬件构成模式后，硬件配置的下一步是选择具体的硬件设备。计算机是会计电算化硬件中的最关键部分，选购时主要考虑 CPU、硬盘和内存。在选择计算机时既要考虑能满足所选会计软件的要求，也要考虑到会计电算化系统升级的要求，以便满足后续系统升级的需要。

在选择好适合的计算机后，还要选择相匹配的其他硬件，包括打印机、不间断电源、网络配置、电源设备等。

三、会计电算化工作的软件准备

会计电算化工作的软件包括系统软件和应用软件。

（一）系统软件

会计电算化工作的系统软件主要包括操作系统软件和数据库系统软件。当前，国内主要是以 Windows 系统为主的操作系统；数据库管理系统选择时，单机用户一般选用 foxbase、FoxPro、Access 等小型数据库，网络用户一般选用 Oracle、SQL server 等数据库系统。

（二）应用软件

在进行会计电算化工作时，应用软件主要指会计软件。对于会计软件的取得方式主要有自行开发、委托开发和购买商品化会计软件三种形式。一般情况下，小型企业会选择通用的会计软件。因为通用会计软件不能完全满足企业的特殊需求和企业的管理要求，大中型企业依据自身的实际需要，会在通用软件的基础上定点开发配套的模块，选择通用会计软件与定点开发会计软件相结合的方式。

（三）选购会计软件时应注意的问题

1．选择通过财政部门评审通过的会计软件

财政部 2013 年颁布的《企业会计信息化工作规范》中，对会计软件和应用提出了具体要求，并明确商品化会计软件应当经过评审。只有通过财政部门评审的会计软件，才具有合法性，才能在市场上流通。

2．选择满足企业业务需要的会计软件

不同的商品化开发软件适用不同行业，例如行政事业单位的会计软件和企业的会计软件在功能上就有较大的差别，即使同行业的不同品牌的会计软件也存在差异。因此，企业应根据自身会计业务处理的要求，选择适合本企业的商品化会计软件。此外，企业在分阶段推进会计电算化工作时，应先考虑账务模块，再考虑报表、工资、固定资产等。

3．选择运行稳定和易用的会计软件

软件运行的稳定性是软件质量和技术水平的体现。如果软件在运行过程中经常死机或非法中断，势必会影响会计业务的处理效果和数据的安全性。软件的易学易用对后续会计人员的培训和软件的应用效果有直接影响，也是企业在选购软件时应该考虑的。

4. 选择可扩展的会计软件

会计软件是否具有可扩展性，是否可以设置自定义功能，从而更好地适应企业的需求，也是企业在选择会计软件时需要考虑的。同时，有些企业在购买会计软件后，由于软件不能满足其特殊需求，所以需要对会计软件进行二次开发。如此说来，会计软件是否可进行二次开发也是企业在选购时的考虑因素之一。

5. 选择售后服务好的会计软件

会计软件厂家售后服务体系是否健全、服务水平是否够高以及服务态度如何也是影响软件能否顺利投入使用的重要因素。所以，选择售后服务好、服务质量高的会计软件厂家是正常开展会计电算化工作的保障。售后服务主要包括以下内容：

（1）用户培训。在购买软件后，软件供应商在开展电算化工作之前应对购买方进行培训。

（2）使用过程中的故障排除。对于会计软件在运行过程中出现的故障，一般由会计软件供应商解决。会计软件供应商应明确一般故障和重大故障解决的时效。

（3）软件升级。一个有发展能力的软件公司会考虑客户未来的需求，针对现有版本的会计软件进行升级更新。

四、人员准备

企业进行会计电算化工作，人才是关键。设置合理的会计电算化工作岗位、对会计人员进行会计电算化基础知识和操作技能培训是企业实施会计电算化工作的基础。

（一）会计电算化岗位

实施会计电算化后，原有手工条件下工作岗位的工作方式和工作职责发生了变化，岗位的安排可以采取一人一岗、一人多岗、一岗多人的方式。电算化条件下的工作岗位并非是对传统岗位的推翻，而是由手工岗位向电算化岗位的转变。电算化岗位基本由传统手工岗位转变而来。各岗位的名称及职责为：

（1）财务主管（电算主管）：负责协调企业财务信息系统的总体运行工作。具体职责包括：负责会计电算化岗位的设定和分配，结合本单位的情况确定每个人员的职责；组织财务管理信息系统的实施工作，对工作的进度、数据安全负总责；负责组织财务管理信息系统的普及工作；研究本单位的需求，组织财务管理信息系统工作向深度、广度发展。

（2）系统管理：负责企业财务信息系统的技术管理工作。职责包括：负责财务管理信息系统与本单位具体应用相结合，根据软件功能及集团公司标准编码，确定本单位的系统应用模式；负责系统软件、硬件、网络、数据库及财务软件的所有技术问题，保障系统的正常运行；掌握网络服务器及数据库的超级口令，负责服务器的软硬件资源分配，监控网络的运行；掌握系统管理员权限，按财务主管的书面要求，为其他人员分配使用权限；对财务数据的安全保密负责；管理财务数据，负责数据的备份、恢复；负责所有软硬件的管理和维护工作。

系统管理岗人员应当具有很强的工作责任心，坚持原则，廉洁奉公。要具备计算机与会计知识，系统管理员应相对稳定，各单位要更换系统管理员必须报上级财务部门批准。

（3）审核记账：负责对输入计算机的会计数据（记账凭证和原始凭证等）进行审核。登记机内账簿，对打印输出的凭证、账簿、报表进行确认。

（4）核算、管理等会计各岗：负责输入记账凭证和原始凭证等会计数据，输出记账凭证、会计账簿、报表及其他辅助资料。利用基础数据辅助进行财务分析、管理工作。

（5）出纳：负责企业运营中资金收付、资金结算、单据登记查询以及银行对账等工作。需要说明的是，出纳人员不得兼任系统管理岗位和电算审查岗位。

（6）电算审查：负责监督计算机及会计软件系统的运行，要求同时掌握会计和计算机知识，防止利用计算机进行舞弊。具体包括：定期审查机内数据与书面资料（凭证、账簿、报表等）的一致性；监督历史数据调整等功能的使用，确保修改结果在当期书面资料中反映出来；监督历史数据保存方式的安全性、合法性，防止对已存档数据的非法修改；防止其他影响会计数据真实性的问题发生。

（二）会计人员培训

（1）财政部门组织的培训。每年的会计继续教育内容中，都会涉及会计电算化或者会计信息化培训的内容。培训内容主要是：学习计算机的硬件和软件基础知识，掌握文字、报表处理的一般方法以及学会计核算软件的使用方法。针对国家会计信息化工作的推进情况，企业所在的财政部门也会组织专项培训。

（2）软件公司组织的培训。企业在购买会计软件后，软件公司会对软件使用者进行培训，使操作人员独立使用软件。

（3）单位自行组织的培训。企业在实施会计电算化的过程中，会通过举办培训活动来解决会计软件实施中存在的关键问题，解决实施过程中比较复杂的问题。

任务二　会计电算化工作具体实施

一、系统试运行

企业实现会计电算化，不是完全抛开手工会计去应用会计电算化的"舍弃性会计"，而是要将手工会计和电算化会计进行衔接，这一过程称为会计电算化的初始化。会计电算化的初始化要求对手工会计数据进行规范化的整理和完善，以便更好地利用会计软件对企业会计业务进行处理。

1. 企业基本情况

会计电算化需要企业的名称、企业的地址、联系方式等。

2. 企业核算类型

企业核算类型包括企业所属行业、存货分类、客户和供应商分类、有无外币核算的业务。

3. 编码方案

在手工会计中基本不需要编码，而会计电算化利用软件进行会计信息处理时，通过对不同会计信息的运用，来进行处理和识别工作。在会计软件中，编码是辨别会计信息的唯一标识。编码方案是指对会计信息进行编码的规律规则，编码是根据编码方案的要求编写的具体号码。

4. 人员情况

人员情况包括会计电算化工作操作人员的姓名、所属岗位、职责。

5. 会计科目

根据企业的实际情况，遵照国家统一规定和会计电算化核算的特点，确定会计软件运行所需要的一级科目，并明确科目编码和名称，确定每一个会计科目的性质、类别和账页格式，确定哪些科目需要进行往来核算、部门核算、项目核算、现金流量核算、数量金额核算等辅助核算，确定哪些科目需要登记日记账、银行账，以便银行对账等。

6. 各类账目

整理各类凭证和账簿，做到账账、账证、账实相符，确定各类账户的余额和发生额；清理往来账户，整理出未核销的往来业务，建立客户档案与供应商档案；清理银行账户，编制"银行存款余额调节表"，确定未达账项；整理单位员工的基本工资信息以及工资计算方法，为薪资系统核算工资奠定基础。

7. 会计核算方法

由于同一种经济业务可能有两种以上的会计核算方法，所以需要对经济业务的核算方法做出规定，如存货计价方法、固定资产折旧方法、产品成本的核算方法等。并且由于在会计电算化中对某些经济业务的计算要求设置公式，例如自动转账、报表中的账簿取数等，这就要求根据会计电算化中公式格式的规范设置相应的计算公式，以保证后续业务的正常进行。

二、会计电算化的运行

1. 建账

根据企业的实际情况，建立企业的账套，保证所建账套中的企业信息、核算方法和核算要求的准确性。

2. 权限和密码

根据操作人员的岗位职责，在账套中对操作员赋予相应的权限并设定密码，以保证操作员通过密码在自己的权限内工作。

3. 初始化

会计电算化的初始化就是将准备好的会计资料录入会计软件的过程。初始化工作的好坏直接影响会计电算化业务是否能顺利开展。

4. 业务开展

使用会计软件完成日常会计核算等工作，并检查和调整各种核算项目和结构，包括会计科目体系的科学性、完整性，已制定的各种方案、工作程序、各项管理制度和会计软件的完善程度。

任务三　会计电算化工作的内部控制

一、会计电算化工作内部控制的基本概念

会计电算化的内部控制是指企业为了实现内部经营活动的正常运行，保证资产的完整性和有效性，而在实施会计电算化工作过程中制约和协调企业内部各种经济活动的行为。目的

是实现企业的有序管理、提高财务管理工作的速度和质量，以保证企业经济利润的最大化。与手工会计条件下的内部控制相比，会计电算化的内部控制的重点、方式、内容与范围都不同，如表 2-1 所示。

表 2-1　手工会计与会计电算化的内部控制对比表

项目	手工会计	会计电算化
控制重点	对人控制	对人、机控制
控制方式	制度控制	程序控制、制度控制
授权、批准控制	相应权限人员签章	授权文件或口令
业务处理痕迹	保留了痕迹	可实现无痕迹
控制范围	业务处理控制	业务处理、系统安全、系统权限控制等

二、会计电算化下的内部控制新变化

随着经济社会的迅速发展，会计电算化在企业内部经营中的作用越来越大，企业经营决策对会计电算化下系统的依赖程度不断加深，因此，会计电算化系统提供信息的准确性直接决定着企业决策的有效性。也就是说，会计电算化内部控制功能的强弱将直接影响企业经营决策的效果。会计电算化内部控制比传统会计工作的内部控制更加复杂，具有更大的科技含量，与此相对应的便是更大的风险，数据的输入、处理等过程中都有可能出现不当操作，使得会计信息的准确性、可靠性受到一定程度的影响。另外，计算机网络具有极强的开放性特点，会计电算化系统内部的数据很容易受到不法分子的非法访问，其中储存的数据有可能会受到严重威胁。这些随时可能出现的问题以及新的风险，特别是在会计信息不断增加的情况下，为会计电算化内部控制提供了极大的现实必要性。

三、会计电算化工作内部控制措施

（一）加强原始数据的输入控制

数据输入控制的关键在于加强对凭证审核、自制、输入、传递、保管五个环节的全面控制。会计主管应着重审核原始凭证的合法性、合理性；稽核人员认真复核，填制正确的报销单，经过业务经办人的确认后签名或盖章，无签名或盖章的统一视为无效凭证，不得进行账务处理；凭证录入人员根据准确无误的报销单录入凭证；凭证审核人员对照原始凭证对录入凭证的科目运用和逻辑关系进行审核，以保证输入系统的会计资料准确、真实。自制凭证必须经过会计主管的签章后方可生效，严禁录入人员将未经审批的凭证输入。凭证的传递要严格遵守签收手续，防止丢失数据或出现非法数据，保证输入的完整性。

（二）提高会计人员素质水平

1. 选择和培养复合型财会人员

实行电算化后应对会计人员进行系统的在职培训，会计人员在提高专业知识水平的同时，应努力学习会计电算化知识，提高会计电算化操作技能，同时学习相关的管理知识，保证内部控制的有效进行，推动企业电算化由核算型向管理型、智能型转变。

2. 加强会计人员职业道德修养

由于计算机的应用使会计犯罪更为隐蔽、危害更加严重，因此，应经常对会计人员进行职业道德教育，并对违反规定的人员进行处罚，保障会计电算化内部控制发挥其应有的作用。

（三）加强会计基础管理工作

1. 加强会计人员职能控制

一方面，应明确岗位职责分工。电算化会计信息系统会计电算化工作的基础管理工作从分析到设计、运行以及维护包含多个方面，通过明确各部门的职责和工作权限可以在一定程度上避免差错。因此应完善岗位分工责任制，规范会计操作流程，确保会计信息资料的正确性。另一方面，明确工作权限的划分。工作权限的划分按不相容职务相分离的原则进行。计算机会计信息系统中会计电算化工作与手工会计系统一样，对每一项可能引起舞弊的经济业务必须由几个人或几个部门承担。在计算机会计信息系统会计电算化的工作中，不相容的职务主要包括：系统开发职务与系统操作职务；数据保护管理职务与电算审核职务；数据录入职务与审核记账职务；系统操作职务与系统档案管理职务等。

2. 加强会计档案管理工作

电算化会计档案指存储在计算机及磁性存储介质中的会计数据和计算机打印输出的各种证账表书面会计数据文件以及系统开发运行中的各种文档资料电算化会计档案。一个合理和完善的电算化会计档案管理制度，一般应包括档案存档审批手续、各种会计档案安全保卫措施、会计资料的保管期限、会计档案的备份制度等。

（四）加强机房操作管理工作

1. 建立会计电算化操作的内部控制制度

首先，需要会计电算化管理人员严格遵守相关电算化操作内容，不能越规操作，特别是对于系统软件管理密码一定要严格保管，并定期更换。其次，在操作过程中，要注意机房的安全，不能违规操作和越权操作，特别是不能在计算机处于开机状态就擅离职守，以免造成不必要的损失，操作人员离开机房，无论时间长短都要锁好机器和房门，不能贪图省事，存有侥幸心理，给不法分子以可乘之机。再次，在维修操作时，不能将计算机直接给维修人员，甚至让其代替操作，这都会加大风险，对于专业维修人员一定要做好审核，维修人员要证件齐全，不能含糊而过，并经过主管部门签字才可进行维修。最后，要有专门人员负责操作记录，做好学生上机的时间记录，对于计算机故障和维修也应做好记录，记录要有专业人员进行管理，不能随意更改，记录要保证有操作人、操作的内容、操作的时间以及维修的时间、维修的故障、维修人以及监督人员等。

2. 完善计算机管理制度

会计电算化工作的前提是保证计算机的正常运作，因此，要想完善企业会计电算化管理中的内部控制，一定要经常对与计算机等相关设备进行定期维护和保养，机房要干净整洁，以防发生意外事故；会计相关数据和资料要做好备份，以防计算机故障或者误删，更要防止非法的删除或者修改计算机内的会计数据；磁盘介质存放的会计数据一般要备份，双份数据要放在不同地方，以免失窃；对于计算机的维修和软件升级等，不能直接联系维修人员，一定要获得审批，并做好记录，同时要派相关人员对维修人员和操作人员进行监督；要在计算机软件以及硬件出现一些故障时，先采取排除的管理措施，这样才能保证会计数据的完整性。

模块三

系统管理

任务一　认知系统管理

一、系统管理概述

在进行会计核算时，会计主体和会计期间是进行会计核算的基础和前提条件。在手工条件下，因为财务部门具有固定性，企业具有前置性，所以可以不用专门进行设置。但是在会计电算化条件下，完成用友 ERP－U8V10.1 软件后安装后，包括了多个产品模块，这些产品模块都在为同一个主体服务，并且产品与产品之间相互联系、数据共享；每个产品模块都有各自的使用者，并且使用者的使用权责存在差异。为了达到应用目的，务必要在应用之前完成对系统的整体设置管理，解决"为谁用""谁去用""用来做什么"等问题，这就是系统管理。

二、系统管理的主要功能

用友 ERP－U8V10.1 软件的系统管理就是针对整体 ERP 软件的各个产品模块进行统一操作管理和数据维护。其主要功能包括：

（1）对账套进行管理，包括账套的建立、修改、引入和输出（删除）。

（2）对账套库的管理，包括账套建立、账套库初始化、账套引入、账套输出、清空账套库数据等。

（3）对用户及其用户（操作员）权限的管理，包括定义角色、设置权限。

（4）设置自动备份计划，系统根据这个设置定期进行自动备份处理。

（5）对系统进行实时监控，并生成上机日志，随时掌握系统的运行状况。

（6）对系统运行的异常状况及时清除，实现系统运行的顺利平稳。

三、系统管理的操作流程

对于系统管理的操作，主要集中在第一次使用 ERP－U8V10.1 软件时，要先后完成账套建立、用户注册和权限设置等操作。在完成系统管理设置后，要更多地关注账套维护，主要包括账套输出、账套引入、账套修改和账套库维护。具体操作流程如图 3 –1 所示。

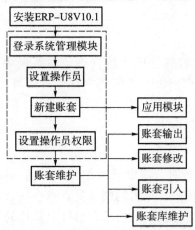

图 3 –1 系统管理模块的操作流程

四、系统管理与其他子系统的关系

系统管理是用友 ERP – U8 应用系统的运行基础，它为其他子系统提供了公共账套、年度账及其他相关基础数据，各子系统的操作员均需要在系统管理中统一设置并分配权限，这就为各账套提供了不同层次的安全管理。

任务二 设置操作员

一、任务概述

（一）任务认知

操作员也称用户，是指能够登录系统，对系统进行操作的人员。只有在设置了具体用户之后，才能进行相应的操作。通俗地讲，为了保障后续软件各模块的有效应用，我们需要提前把涉及的操作人员设置到系统中。操作员的设置由系统管理员（admin）承担。

（二）任务内容

2016 年 1 月 1 日起采用用友 ERP – U8V10.1 软件实现电算会计替代手工账，根据企业管理与核算的需要，以系统管理员（admin）的身份注册登录系统管理，并增加系统操作员。

（1）注册系统管理。

（2）增加系统操作员。河北华兴机械有限公司操作员一览表如表 3 –1 所示。

表 3 –1 河北华兴机械有限公司操作员一览表

编号	姓名	口令	所属部门
001	陈明	1	财务部
002	王晶	2	财务部
003	马方	3	财务部
004	张洁	4	财务部

二、任务知识

（一）注册系统管理

在进行设置操作员之前应首先注册系统管理。在系统中一般是以系统管理员的身份（admin）注册，并进入系统管理模块。而账套主管也可以进行系统管理。二者在进行系统管理时的操作内容和权限是有区别的（具体见后续内容）。但是，第一次注册登录系统管理模块时，必须以系统管理员的身份进入。

（二）设置操作员

在进行用户（操作员）设置时，需要录入编号、姓名、口令、所属部门以及角色等信息。编号和姓名为必须输入的信息，输入的编号具有唯一性，即不能与系统内已存在的用户编号重复。而对于口令，鉴于企业内控的要求和会计电算化的管理制度，一般也要录入。若选择用户所属的角色，则用户自动拥有该角色的所有权限。

三、任务实施

1. 注册系统管理

第一步：执行【开始】│【程序】│【用友 ERP – U8V10.1】│【系统服务】│【系统管理】命令，打开系统管理窗口，执行【系统】│【注册】命令，打开"登录"对话框。

第二步：在"登录"对话框操作员中输入"admin"，选择账套"default"。

第三步：单击【登录】按钮，完成注册，如图 3 – 2 所示。

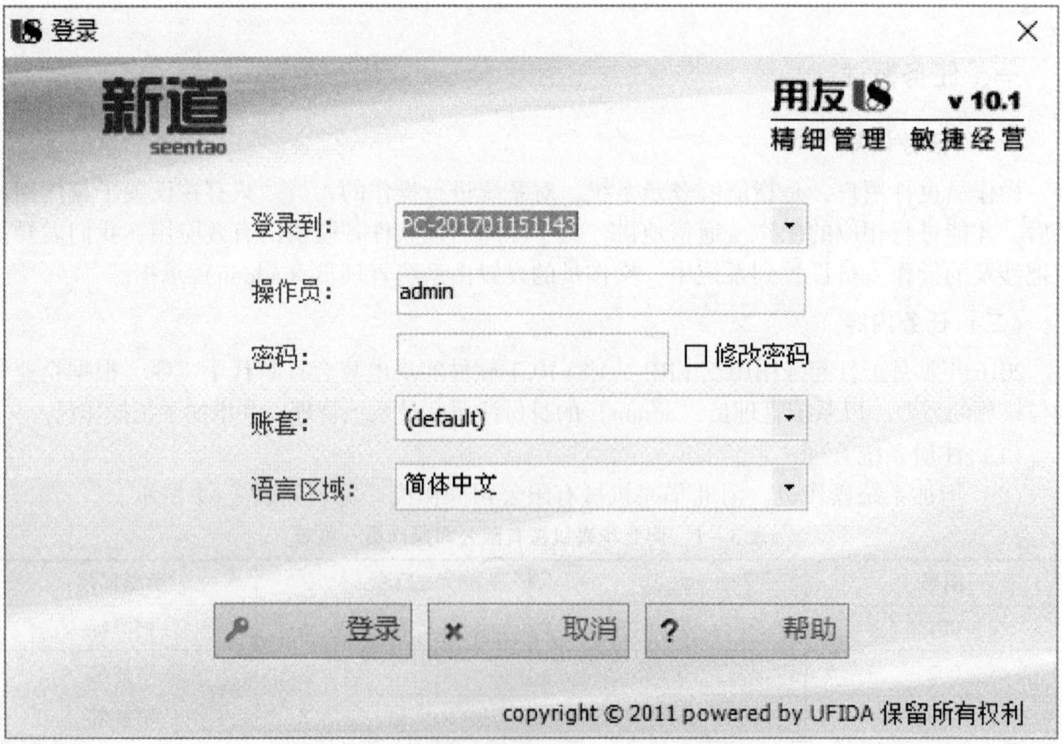

图 3 – 2　以系统管理员的身份注册登录系统管理

操作总结：

- 系统管理员对系统数据安全和运行安全负责。因此，企业安装用友 ERP - U8V10.1 应用系统后，应该及时更改系统管理员的密码，以保证系统的安全性。

- 在教学过程中不必修改系统管理员的密码。

2. 设置操作员

第一步：在系统管理窗口，执行【权限】｜【用户】命令，打开"用户管理"对话框。

第二步：单击【增加】按钮，打开"操作员详细情况"对话框。

第三步：输入编号"001"，输入姓名"陈明"，输入口令"1"，输入确认口令"1"，输入所属部门"财务部"，单击【增加】按钮，即可保存用户设置，如图 3 - 3 所示。

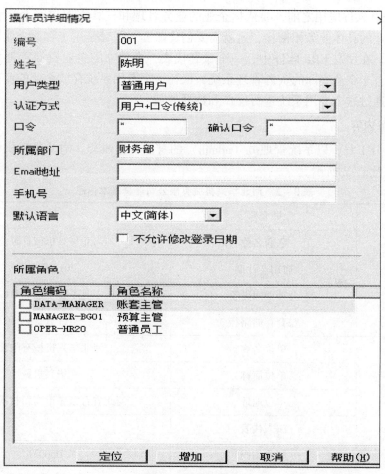

图 3 - 3　增加用户

第四步：其他操作员的设置，重复第三步即可。设置完成后单击【取消】按钮退出。

操作总结：

- 只有系统管理员才有权设置操作员，操作员编号在系统中必须唯一，且不能修改。

- 增加了用户之后，如果在用户列表中看不到该用户，可以单击【刷新】按钮进行页面的更新。

- 用户修改、删除的步骤与用户增加的步骤基本相同，用鼠标选中要修改或删除的用户，单击【修改】或【删除】按钮，就可以对用户进行修改或删除。但如果该用户已经赋予了角色信息，则需要先清除用户的角色信息，才能删除用户。若该用户已经进入系统进行过相关操作，可以由系统管理员随时修改其姓名及口令，但编号不能修改；另外该操作员不允许删除，只能注销。

任务三　创建账套

一、任务概述

（一）任务认知

在用友 ERP 软件应用之前，要依据企业的业务管理和核算需要进行个性化设置，以使软件功能与企业的具体业务相衔接，这就需要创建账套。账套是用于存放企业财务和业务数据的特定载体。在用友 ERP 软件中，一个账套代表一个独立的企业资源管理系统。创建账套就是建立适合于企业实际的资源管理系统，依托这个专用系统存放企业的业务数据，并且在业务发生时通过这个专用系统进行操作和数据处理。

（二）任务内容

2016 年 1 月 1 日，以系统管理员（admin）的身份新建账套。河北华兴机械有限公司账套基本信息如表 3－2 所示。

表 3－2　河北华兴机械有限公司账套基本信息

账套信息	账套号	999
	账套名称	河北华兴机械有限公司
	启用会计期	2016 年 1 月
	会计期间设置	1 月 1 日—12 月 31 日
	账套存储路径	系统默认路径
单位信息	单位名称	河北华兴机械有限公司
	单位简称	华兴机械
	单位地址	河北省石家庄市高新技术开发区
	法人代表	李力
	邮政编码	050031
	税号	1234567890
核算类型	本币代码	RMB
	企业类型	工业
	行业性质	2007 年新会计制度科目
	账套主管	陈明
	按行业性质预置会计科目	按行业性质预置会计科目

续表

基础信息	存货是否分类	是
	客户是否分类	是
	供应商是否分类	是
	有无外币核算	否
编码方案	科目编码	4－2－2－2
	其他编码	采用系统默认值
数据精度	各类数据精度	采用系统默认值
系统启用	现在是否进行系统启用设置	在企业应用平台进行系统启用

二、任务知识

创建账套包括以下内容。

（1）建账方式，包括"新建空白账套"和"参照已有账套"两种方式。

（2）账套信息，包括账套号、账套名称、账套语言、账套路径、启用会计期等内容。

（3）单位信息，包括单位名称、机构代码、单位简称、单位地址、法人代表、联系电话、电子邮件、税号等信息。

（4）核算类型，包括本币代码、本币名称、企业类型、行业性质、科目预置语言、账套主管等内容。

（5）基础信息，包括对存货是否分类、客户是否分类、供应商是否分类、有无外币核算的设置。

（6）编码方案和数据精度。系统中数据是通过编码进行传递的，而编码方案将决定编码的级次和各级长度，决定用户单位如何编制基础数据的编号，进而构成用户分级核算、统计和管理的基础。例如科目编码级次为4222，就是指一级编码四位、二级编码两位、三级编码两位、四级编码两位。若银行存款科目的编码为1002，那工行存款就是100201，工行某办事处就是10020101。

三、任务实施

创建账套。

第一步：在系统管理窗口中，执行【账套】|【建立】命令，打开"创建账套—建账方式"对话框，系统默认为"新建空白账套"方式，单击【下一步】按钮。

第二步：打开"创建账套—账套信息"对话框，输入账套号"999"，输入账套名称"河北华兴机械有限公司"，选择启用会计期为"2016年1月"，会计期间设置为"1月1日—12月31日"，其他账套信息为系统默认，单击【下一步】按钮，如图3－4所示。

操作总结：

● 系统里最多可建999个账套，账套号的取值为001～999，系统默认的账套号可以修改为3位数的任意编号，但新建立的账套号不能和已存在的账套号重复。

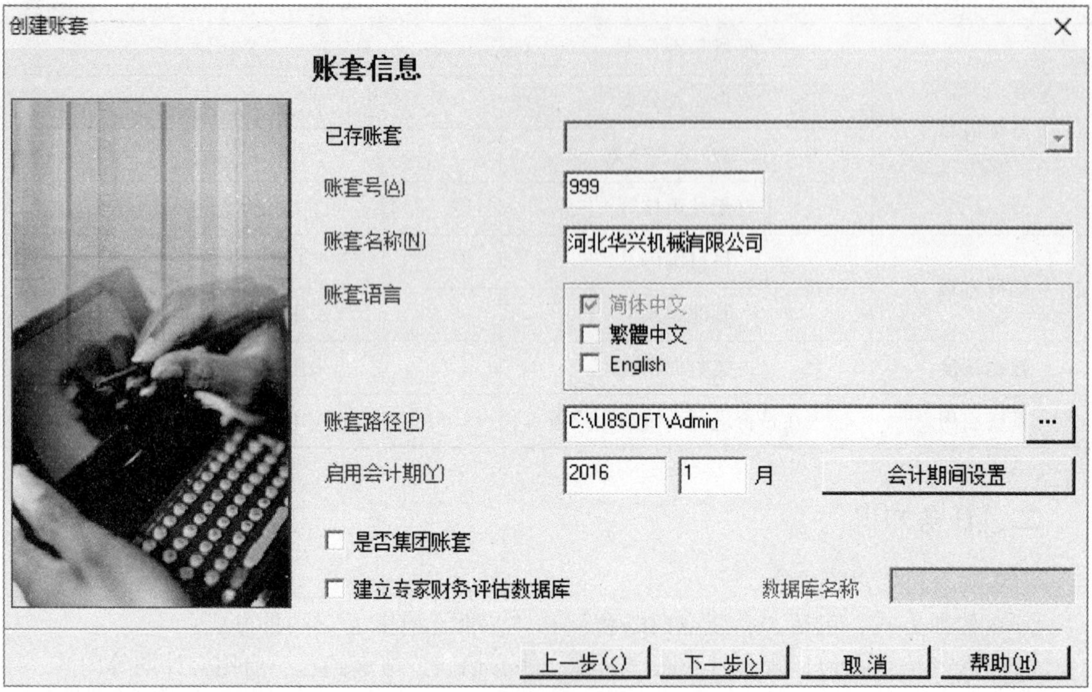

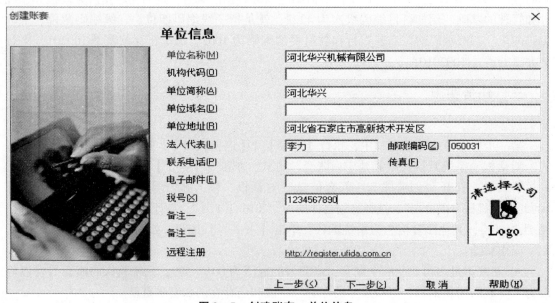

图 3 - 4　创建账套—账套信息

- 启用会计期为启用财务软件处理会计业务的日期，必须输入，若缺省，则为计算机的系统日期。

第三步：打开"创建账套—单位信息"对话框，输入单位名称"河北华兴机械有限公司"，单位简称"河北华兴"，单位地址"河北省石家庄市高新技术开发区"，法人代表"李力"，邮政编码"050031"，税号"1234567890"等单位信息，单击【下一步】按钮，如图3 - 5 所示。

图 3 - 5　创建账套—单位信息

第四步：打开"创建账套—核算类型"对话框，系统默认本币代码"RMB"，本币名称"人民币"，选择企业类型"工业"，行业性质"2007年新会计制度科目"，账套主管"陈明"，选中"按行业性质预置科目"，单击【下一步】按钮，如图3-6所示。

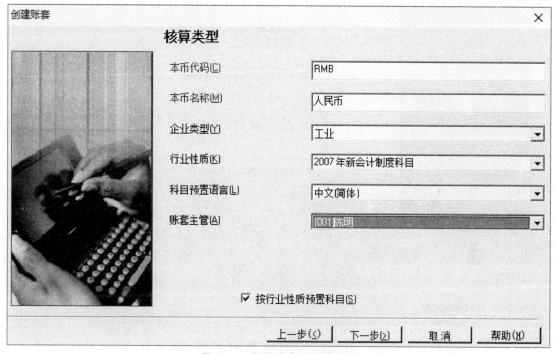

图3-6　创建账套—核算类型

操作总结：

● 行业性质的选择将影响按行业性质预置的会计科目，并且系统将根据所属的行业建立相应的会计处理方法和报表。

第五步：打开"创建账套—基础信息"对话框，系统默认存货、客户、供应商均有分类。单击【下一步】按钮，打开"创建账套—开始"对话框，单击【完成】按钮，系统弹出"可以创建账套了么？"提示框，单击【是】按钮，系统自动进行初始化环境、创建新账套库、更新账套库以及设置账套信息，如图3-7所示。

操作总结：

● 存货、客户、供应商是否分类以及有无外币核算，取决于用户单位的实际情况，但也要注意考虑企业未来的发展状况。

第六步：系统自动打开"编码方案"对话框，修改科目编码级次为"4-2-2-2"，其他采用系统默认设置。设置完成后，单击【确定】按钮，再单击【取消】按钮，如图3-8所示。

第七步：系统自动打开"数据精度"对话框，采用系统默认设置，单击【确定】按钮，如图3-9所示。

第八步：系统弹出"现在进行系统启用的设置？"的提示框，如图3-10所示。单击【否】按钮，系统提示"请进入企业应用平台进行业务操作！"，单击【确定】按钮，返回"创建账套"对话框，单击【退出】按钮，返回系统管理窗口，可以看到刚新建完的"999"账套，如图3-11所示。

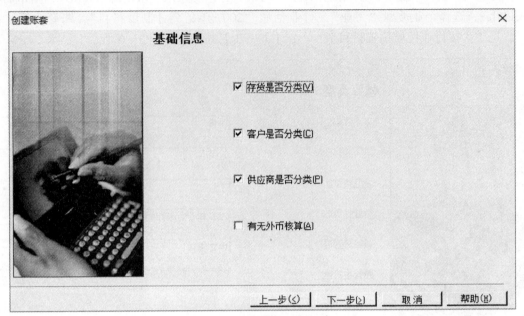

图 3-7　创建账套—基础信息

项目	最大级数	最大长度	单级最取大长度	第1级	第2级	第3级	第4级	第5级	第6级	第7级	第8级	第9级
科目编码级次	13	40	9		2	2	2					
客户分类编码级次	5	12	9	2	3	4						
供应商分类编码级次	5	5 2	9	2	3	4						
存货分类编码级次	8	12	9	2	2	2	2	3				
部门编码级次	9	12	9	1	2							
地区分类编码级次	5	12	9	2	3	4						
费用项目分类	5	12	9	1	2							
结算方式编码级次	2	3	3	1	2							
货位编码级次	8	20	9	2	3	4						
收发类别编码级次	3	5	9	1	1	1						
项目设备	8	30	9	2	2							
责任中心分类档案	5	30	9	2	2							
项目要素分类档案	6	30	9	2	2							
客户权限组级次	5	12	9	2	3	4						

图 3-8　分类编码设置方案

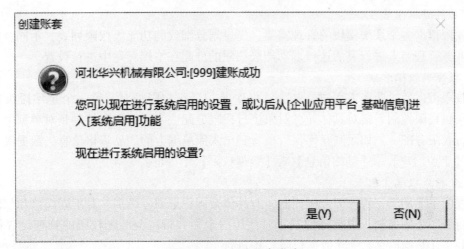

图 3 – 9　设置数据精度

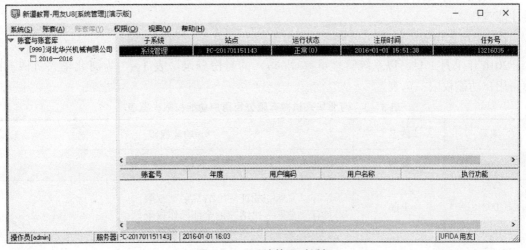

图 3 – 10　创建账套成功

图 3 – 11　系统管理对话框

操作总结：

- 在创建账套成功后，可以立即启用系统，以后也可在企业应用平台的"基础信息"中再进行系统启用设置。
- 分类编码方案、数据精度也可以在企业应用平台的"基础信息"中再进行设置。

任务四　设置操作员权限

一、任务概述

（一）任务认知

在增加完操作员和建立账套之后，必须对操作员赋予权限，以实现不同岗位间的分工，保证各负其责、流程顺畅以及企业经营数据的安全与保密。为了更好地保证系统安全有序地运行，适应企业精细管理的要求，权限管理必须向更细、更深的方向发展。用友 ERP 对操作员的权限管理可以分为 3 个层次。

1. 功能级权限管理

该权限根据各个系统模块的管理需要，提供划分细致的功能级权限列表，不同企业可根据自身业务管理特点进行灵活选择。功能级权限的分配在系统管理中进行设置。

2. 数据级权限管理

该权限可以通过两个方面进行控制，一个是记录级权限控制，另一个是字段级权限控制。记录级权限控制是指对具体业务对象进行权限分配。字段级权限控制是对单据中包含的字段进行权限分配。例如限制仓库保管员看到出入库单据上的产品资格信息。数据级权限的管理在【企业门户】|【基础信息】|【数据权限】中进行。

3. 金额级权限管理

该权限主要用于完善内部金额控制，对具体金额数量划分级别，对不同岗位和职位的操作员进行金额级别控制，限制他们制单时使用的金额数量。金额级权限的管理设置在【企业门户】|【基础信息】|【数据权限】中进行。

需要说明的是，对数据级权限和金额级权限的设置，必须在系统管理的功能权限分配之后才能进行。

（二）任务内容

2016 年 1 月 1 日，以系统管理员（admin）的身份登录。表 3 - 3 为河北华兴机械有限公司用户功能权限一览表。

表 3 - 3　河北华兴机械有限公司用户功能权限一览表

编号	姓名	功能权限
001	陈明	账套主管
002	王晶	具有"总账—凭证—出纳签字"权限 具有"总账—出纳"的全部操作权限

编号	姓名	功能权限
003	马方	具有"总账—凭证—凭证处理"的全部权限 具有"总账—凭证—查询凭证、打印凭证、科目汇总、摘要汇总表、常用凭证"权限 具有"总账—期末—转账设置、转账生成"权限
004	张洁	具有"固定资产""薪资管理"的全部权限

二、任务知识

（一）设置操作员权限的流程

由于操作员的权限是针对特定账套、特定人员设置的，所以在设置时，包括三个步骤：一是选定账套，二是选定人员，三是依据企业权限职责进行设置。

（二）角色与角色权限设置

角色是指在企业管理中拥有某一类职能的组织，角色组织可以是实际部门，也可以是由拥有同一类职能的人构成的虚拟组织。例如，在实际工作中最常见的是会计和出纳两个角色。若企业实际工作中存在相同角色的多个操作员，那么在系统中设置了角色后，就可以定义角色权限，当用户归属某一角色后，就拥有了该角色的权限。因此，当角色和角色权限依据职能统一进行划分后，便减少了对具有相同权限的操作员重复赋予权限的工作量。

三、任务实施

设置用户功能权限的操作步骤如下。

第一步：在系统管理窗口中，执行【权限】|【权限】命令，打开"操作员权限"对话框。

第二步：选择核算账套"[999]河北华兴机械有限公司"，在左侧的操作员列表中选择操作员"陈明"，在右侧权限列表中显示"陈明"具有全部操作权限，故不用点击操作。

第三步：在左侧的操作员列表中选择操作员"王晶"，单击【修改】按钮，勾选"王晶"所拥有权限前面的复选框，设置完毕，单击【保存】按钮，如图3－12所示。

第四步：设置"马方""张洁"的权限，重复第三个步骤，设置完毕，单击【退出】按钮，返回系统管理界面。

操作总结：

● 在建立账套过程中指定了"陈明"为该新建账套的账套主管，故在第二步操作中，就已经显示"陈明"具有全部操作权限。

● 只有系统管理员才能设置账套主管。如果以账套主管的身份注册系统管理，只能分配所管辖账套的操作员权限。

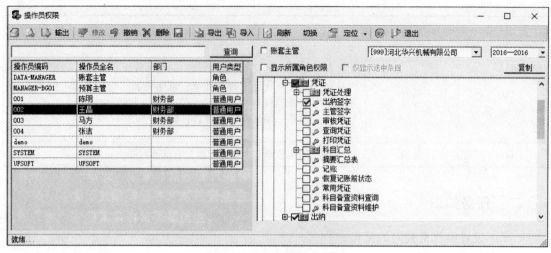

图 3 – 12　设置操作员权限

● 已经使用的用户权限以及正在使用的用户权限均不能进行修改和删除的操作。如果对某角色分配了权限，则所有属于此角色的用户自动拥有此角色具有的权限。

四、拓展提升

在进行操作员设置时，系统中存在操作员和角色。那么操作员与角色之间有什么区别和联系呢？

操作员是指有权限登录系统，对财务软件应用系统进行操作的人员，也称用户。

角色是指企业管理中拥有某一类职能的组织，这个角色组织既可以是实际部门，也可以是拥有同一类职能的人所构成的虚拟组织。

设置角色的作用就是在进行大量用户权限分配时，可以批量处理，简少操作量。

操作员和角色的设置可以不分先后顺序，但如果是自动传递权限，则应该首先设置角色，并对角色进行权限分配，然后才能设置操作员，在设置操作员时，该操作员归属于哪个角色，就自动具有哪个角色的权限。

一个操作员可以分属于多个不同角色，一个角色也可以拥有多个操作员。

任务五　账套输出、引入和修改

一、任务概述

（一）任务认知

一方面，创建账套是为企业建立独立的企业资源管理专用系统，在创建账套过程中，所录入的各类参数直接指引后续的应用设置。如果出现错误，为了避免影响后续的应用，则需要对已设置完成的账套进行修改。

另一方面，在系统实际应用中经营数据和财务数据都存储在账套文件中，出于安全的考虑，例如地震、火灾、电脑病毒或者人为的破坏等，为了避免数据丢失给企业带来的风险，企业需要对账套数据进行备份和引入，用于必要时恢复数据。同时，账套的备份和引入也可以解决异地管理的公司所需要的数据汇总和审计等问题。

(二) 任务内容

(1) 2016 年 1 月 1 日，河北华兴机械有限公司系统管理员 (admin) 进行如下操作。

①输出账套到 D 盘的 "999 – 1 – 1" 文件夹下。

②删除账套文件。

③引入 D 盘 "999 – 1 – 1" 文件夹下的账套文件。

(2) 2016 年 1 月 1 日，以 999 账套主管 "陈明" 的身份注册，选择 999 账套，进入系统管理界面，将账套信息中 "无外币核算" 修改成 "有外币核算"。

二、任务知识

1. 账套输出

账套输出就是把 ERP 软件系统记录的业务和核算数据以文件形式存储，以保证业务和核算资料的安全与完整。账套的输出在系统管理中由系统管理员注册完成。

2. 账套引入

账套引入就是把输出的账套文件引入软件系统中来。通过账套的引入可以恢复被破坏的软件系统业务记录，也可进行异地之间的数据管理。账套的引入在系统管理中由系统管理员注册完成。

账套输出 UfErpAct. Lst 和 UFDATA. BAK 两个文件。

3. 账套修改

系统运行后如果发现账套的某些参数需要修改或补充，可以通过修改账套功能来完成。账套修改是对特定整套进行的具体操作，不是由系统管理员来完成，而是由账套主管在系统管理中完成。

三、任务实施

1. 输出账套

第一步：在系统管理窗口中，执行【账套】｜【输出】｜命令，打开 "账套输出" 对话框。

第二步：单击 "账套号" 栏【下三角】按钮，选择需要输出的账套 "999 河北华兴机械有限公司"，单击 ⋯ 按钮，打开 "请选择账套备份路径" 对话框，单击 D 盘，单击【新建文件夹】按钮，输入新建文件夹名 "999 – 1 – 1"，单击【确定】按钮，如图 3 – 13 所示。

第三步：在 "请选择账套备份路径" 窗口，单击【确定】按钮，系统显示输出文件位置为 "D：\ 999 – 1 – 1"，单击【确认】按钮，系统提示 "输出成功"，单击【确定】按钮，如图 3 – 14 所示。

操作总结：

- 账套输出时，生成 UfErpAct. Lst 和 UFDATA. BAK 两个文件。
- 账套输出时所选定的账套备份文件夹一定是 "打开状态"，否则就备份到上一级文件夹中。

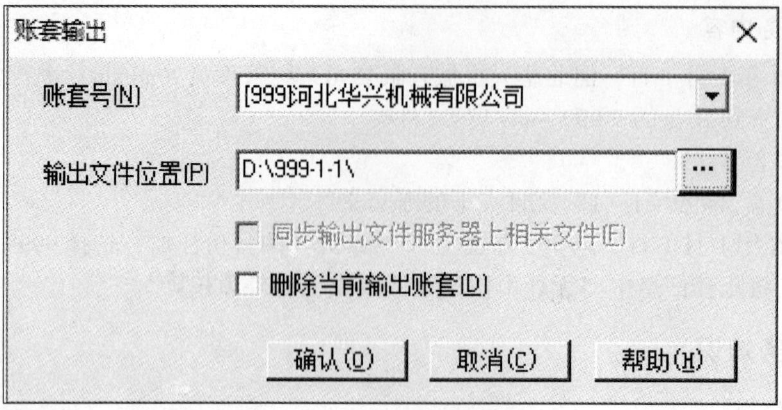

图 3-13　账套输出对话框

2. 删除账套

第一步：在系统管理窗口中，执行【账套】|【输出】|命令，打开"账套输出"对话框。

第二步：单击"账套号"栏【下三角】按钮，选择需要删除的账套"999 河北华兴机械有限公司"，单击 ⋯ 按钮，打开"请选择账套备份路径"对话框，单击 D 盘，单击【新建文件夹】按钮，输入新建文件夹名"999－1－2"，单击【确定】按钮。

第三步：在"请选择账套备份路径"窗口，单击【确定】按钮，系统显示输出文件位置为"D：\ 999－1－2"，勾选"删除当前输出账套"复选框，单击【确认】按钮，如图 3－15 所示，系统提示"真要删除该账套吗？"，单击【是】按钮，系统提示"输出成功"，单击【确定】按钮。

图 3-14　账套输出成功

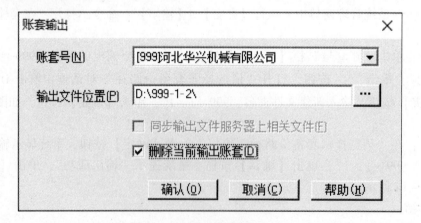

图 3-15　选择要删除的账套

操作总结：

● 需要删除的账套，不能直接删除，系统要求在进行账套备份的同时才能删除账套。

3. 引入账套

第一步：在系统管理窗口中，执行【账套】|【引入】| 命令。

第二步：打开"请选择账套备份文件"对话框，选择 D 盘"999 - 1 - 1"文件夹下将要引入的账套数据，单击【确定】按钮，如图 3 - 16 所示，系统提示"请选择账套引入的目录，当前默认路径为 C：\ U8SOFT \ Admin \ "，单击【确定】按钮，系统弹出"请选择账套引入的目录"对话框，单击【确定】按钮，系统提示"账套［999］引入成功"，单击【确定】按钮。

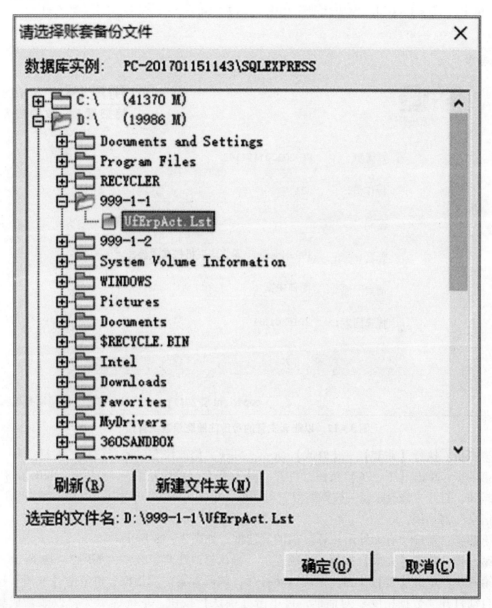

图 3 - 16　引入账套的指定路径提示

操作总结：

- 账套引入时，只显示 UfErpAct. Lst 一个文件。但只有两个文件同时存在，才能完成引入过程。

● 账套引入时，引入的业务内容会覆盖原有的业务内容。所以，在引入时，要确定数据源。

4．账套修改

第一步：打开系统管理窗口，执行【系统】|【注册】命令，打开"登录"对话框，在"登录"对话框操作员中输入"001"，输入密码"1"，单击"账套"下拉表框的【下三角】按钮，选择账套"［999］（default）河北华兴机械有限公司"，输入操作日期"2016－01－01"，单击【登录】按钮，完成注册，如图 3－17 所示。

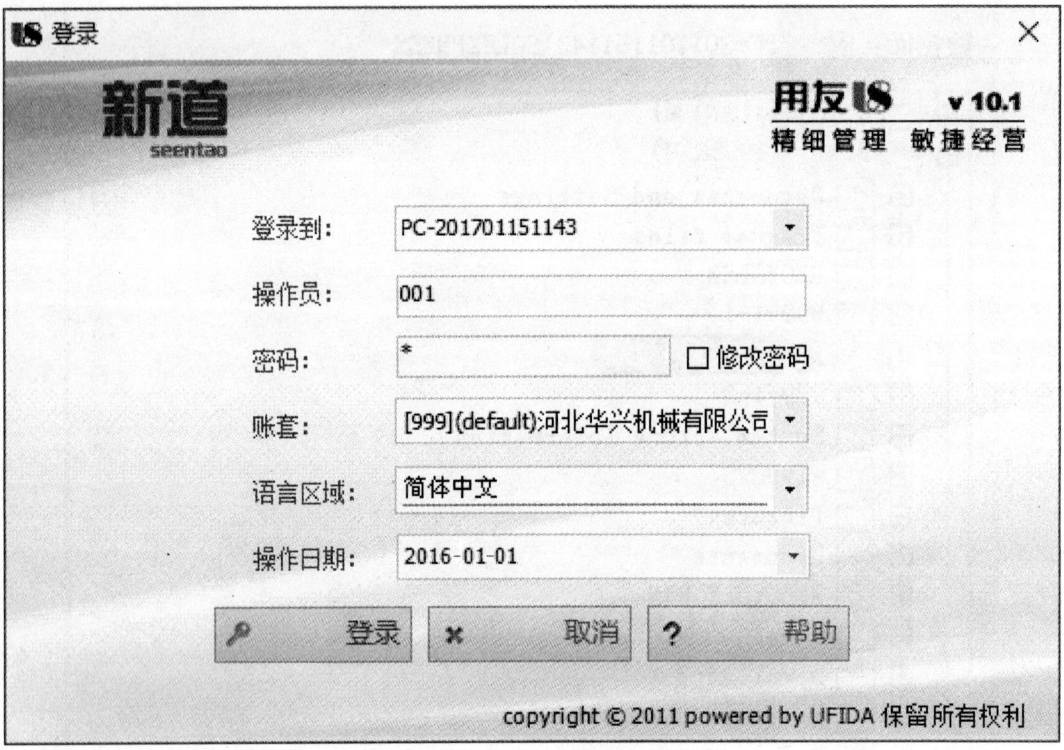

图 3－17　以账套主管的身份注册登录系统管理

第二步：执行【账套】|【修改】命令，打开"修改账套—账套信息"对话框。

第三步：单击【下一步】按钮，打开"修改账套—单位信息"对话框，再单击【下一步】按钮，打开"修改账套—核算类型"对话框，单击【下一步】按钮，打开"修改账套—基础信息"对话框。

第四步：勾选"有无外币核算"前的复选框，如图 3－18 所示。

第五步：单击【完成】按钮，系统提示"确认修改账套了么?"，如图 3－19 所示。

第六步：单击【是】按钮，系统自动打开"编码方案"对话框，再单击【取消】按钮，系统自动打开"数据精度"对话框，再单击【确认】按钮，系统提示"修改账套成功"，如图 3－20 所示。

第七步：单击【确认】按钮，返回到系统管理窗口。

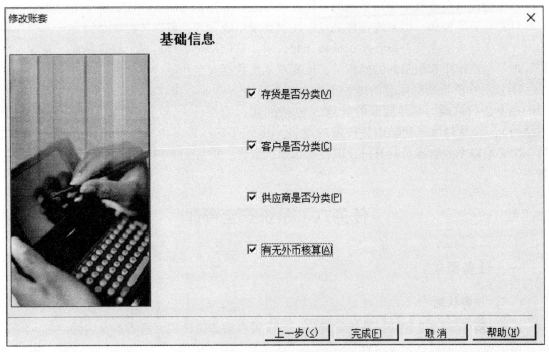

图 3-18 修改账套—基础信息

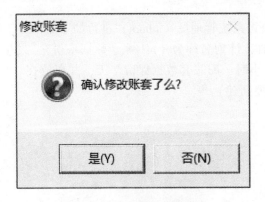

图 3-19 确认修改账套信息

图 3-20 "修改账套成功"的信息提示

操作总结：

• 在未使用相关信息的基础上，可以对账套的一些信息进行修改。可以修改的信息主要有以下几项：账套信息（账套名称允许修改）、单位信息（所有信息允许修改）、核算类型（行业性质允许修改）、基础信息（所有信息允许修改）、编码方案（允许修改）、数据精度（允许修改）。

• 如果账套中的信息已使用，则不能进行修改。例如，依据客户分类进行了客户档案的设置（基础设置），则"是否客户分类"不能进行修改。

• 只有账套主管才有权限修改相应的账套。

四、拓展提升

系统管理员与账套主管的权限区别是什么？

系统管理员负责整个应用系统的总体控制和维护工作，可以管理该系统中所有账套，不参与日常业务的操作。以系统管理员身份注册登录系统管理，可以进行账套的建立、引入和输出，并指定账套主管，设置操作员和分配权限，监控系统运行过程，清除异常任务等。系统管理员是系统中权限最高的操作员，他要对系统数据安全和运行安全负责。

账套主管负责所选账套的维护工作，拥有所有日常业务操作的权限。主要包括对所管理的账套进行修改、对年度账的管理（包括创建、清空、引入、输出以及各子系统的年末结转），以及对该账套操作员权限的设置。由于账套主管是由系统管理员指定的，因此第一次必须以系统管理员的身份注册，登录系统管理，但首先必须建立账套和指定相应的账套主管。

任务六　系统安全管理

一、任务概述

（一）任务认知

系统安全管理主要包括：系统运行监控、设置自动备份计划、清除系统运行异常、清除单据锁定和查看上机日志等内容。

（二）任务内容

2016 年 1 月 1 日，河北华兴机械有限公司系统管理员（admin）进行如下操作。

（1）设置自动备份计划。计划编号：bf1，计划名称为"bf1 账套数据备份"，发生天数为 1 天，从 8：00 开始，有效触发时间为 1 小时，旧账套数据保留 7 天，并存放在"D：bf1 账套数据备份"文件夹下（该文件夹需要新建）。

（2）手动删除系统异常任务。

（3）清除单据锁定。

（4）查看上机日志。

二、任务知识

1. 设置自动备份计划

设置自动备份计划的作用是自动定时对设置好的账套或账套库进行输出（备份）。设置备份计划的优势在于设置定时备份账套（账套库）功能、多个账套（账套库）同时输出功能，实现无人干预自动输出，有效减轻了系统管理员的工作量，保障了系统数据的安全。

2. 清除系统运行异常

在用友 ERP - U8V10.1 运行期间，如果遇到死机、病毒侵袭、网络阻断等意外事件，便会导致系统运行异常。用友 ERP - U8V10.1 提供了两种清除系统运行异常的方法，即自动清除和手动清除。用户在使用过程中，可在 U8 服务管理器中设置服务端异常超时和服务端失效超时的时间，提高使用中的安全性和高效性。如果用户服务端超过限制时间未工作或由于不可预见的原因非法退出某系统，则系统会视此为异常任务，在系统管理主界面提示信息"运行状态异常"，系统会在达到服务端失效时间时，自动清除异常任务。在等待时间内，用户也可以选择【视图】｜【清除异常任务】命令，自行删除异常任务。

3．清除单据锁定

系统在使用过程中由于不可预计的原因可能会造成单据锁定，此时单据的正常操作将不能使用，可使用"清除单据锁定"功能，以恢复正常功能的使用。

4．上机日志

为了保证系统的安全运行，系统随时会对各个模块中每位操作员的上机时间、操作的具体功能等情况进行记录，形成上机日记，以使所有操作都有迹可循。

三、任务实施

1．设置自动备份计划

第一步：以系统管理员（admin）的身份注册进入系统管理，执行【系统】｜【设置备份计划】命令，打开"设置备份计划"对话框。

第二步：单击【增加】按钮，打开"备份计划详细情况"对话框，输入计划编号"bf1"、计划名称"bf1账套数据备份"、发生频率"每天"、开始时间"8：00"、有效触发为"1小时"、保留天数"7天"，选择"999"账套号，单击【增加】按钮。

第三步：打开"请选择账套备份路径"对话框，单击D盘，单击【新建文件夹】按钮，输入新建的文件夹名为"bf1账套数据备份"，单击【确定】按钮，系统显示选定的目录为"D：\bf1账套数据备份"，单击【确定】按钮，返回"备份计划详细情况"对话框，单击【增加】按钮，如图3-21所示，单击【取消】按钮，系统显示设置完成bf1备份计划，如图3-22所示，单击【退出】按钮，返回系统管理窗口。

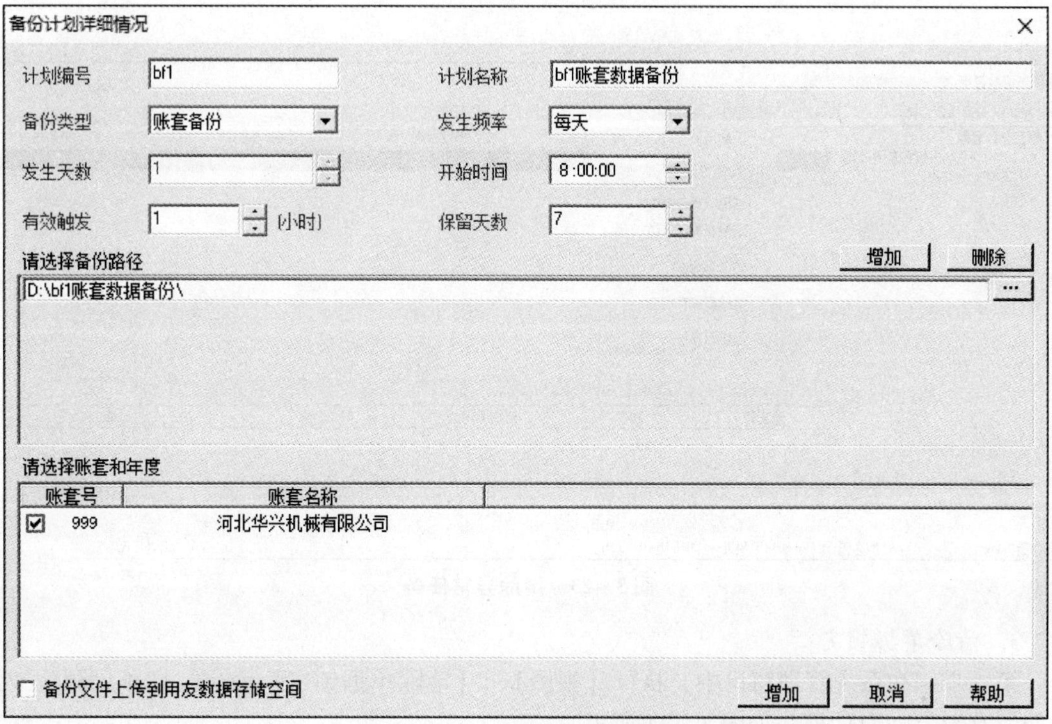

图3-21 备份计划详细情况

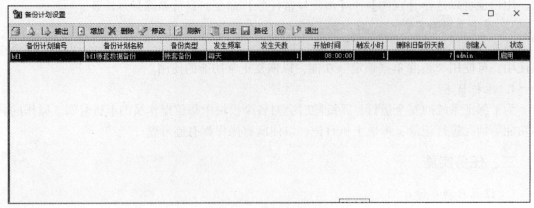

图 3-22　备份计划设置

操作总结：

- 已经设置了备份计划，且该计划正在启用的账套不能再次被选择。
- 选择账套备份时一次可选择多个账套号，且必须保证有一个账套号可以随时进行修改与选择。
- 对于系统输出的路径，只能是本地磁盘。
- 一个目录下只能存放一个账套备份数据。如果备份账套时所选择文件夹下已有账套备份，则新备份账套数据将覆盖原有账套备份数据。

2. 手动删除系统异常任务

操作步骤：在系统管理窗口中，执行【视图】｜【清除异常任务】命令，如图 3-23 所示。

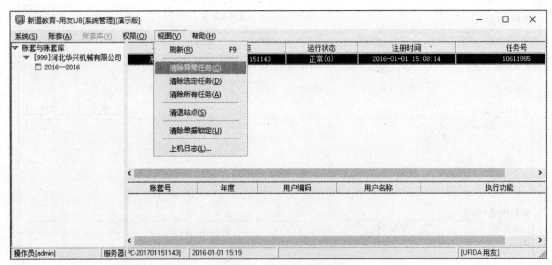

图 3-23　清除异常任务

3. 清除单据锁定

第一步：在系统管理窗口中，执行【视图】｜【清除单据锁定】命令，打开"删除工作站的所有锁定"对话框，如图 3-24 所示。

第二步：单击【确定】按钮。

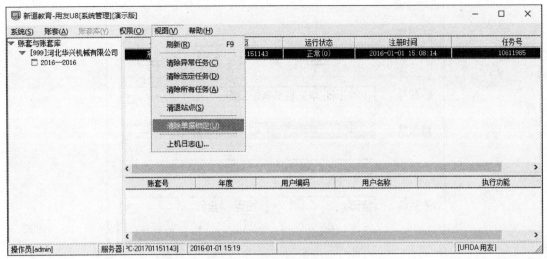

图 3 – 24　清除单据锁定

4．查看上机日志

第一步：在系统管理窗口中，执行【视图】|【上机日志】命令，打开"日志过滤"对话框，如图 3 – 25 所示。

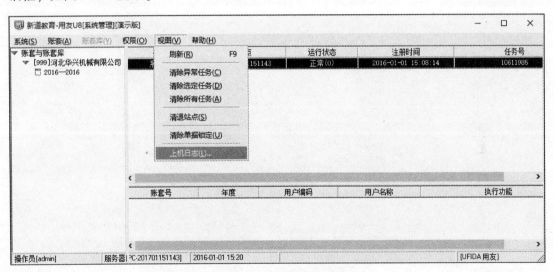

图 3 – 25　查看上机日志

第二步：输入或选择过滤条件，单击【确认】按钮，即可查看符合条件的上机日志，单击【取消】按钮，返回系统管理窗口，如图 3 – 26 所示。

任务总结：

● 用户可以对上机日志的内容进行删除。

● 删除时可以与过滤功能结合起来使用，即先利用过滤功能将需要删除的上机日志内容过滤处理或直接选择要删除的内容，然后在菜单条中单击【删除】按钮。

● 为了方便用户查看上机日志，系统还提供了排序功能，具体方法是：用户选择要进行排序的列，然后单击【排序】按钮。

图 3-26　日志过滤

- 上机日志是动态的，它随着系统的使用情况不断发生变化，因此要想看到最新的上机日志，就要实时刷新上机日志的内容，刷新的方法是：用鼠标在菜单栏中单击【刷新】按钮。

基础设置

任务一　认知企业应用平台

一、企业应用平台概述

用友 ERP – U8 应用系统包括财务会计、管理会计、生产制造、供应链、人力资源等多个子系统，不同的子系统如何注册应用？不同的子系统之间共享信息如何应用？对于这些问题，通过用友 ERP 中的"企业应用平台"进行解决。

企业应用平台集中了用友 ERP – U8 应用系统的所有功能，为各个子系统提供了一个公共的交流平台。用户注册进入"企业应用平台"后，再根据业务需要选择所用的子系统，无须再次经过验证就可进入任何子系统，避免了重复登录，还能利用数据共享和系统集成的优势。同时，各个子系统的基础档案信息将集中在企业应用平台中，企业人员对其进行维护。此外，通过企业应用平台还可以实现个性化业务工作与日常办公的协同进行。

需要说明的是，不同操作人员通过注册进行身份识别后进入企业应用平台看到的窗口是相同的。但由于不同的操作人员具有不同操作权限，因此，每个用户能进入的功能模块是不同的。

二、企业应用平台的主要内容

为了方便用户进行集中管理、快速进入各相关子系统，用友 ERP 系统中的企业应用平台的各功能模块都集中列示在"业务导航视图"中，主要包括"业务工作""基础设置"和"系统服务"3 个选项卡。在应用系统前，需要做很多准备工作，包括启用相关子系统、设置及修改编码方案和数据精度、根据本单位信息化管理的要求设置相应的基础档案等内容，这些功能模块都集中在"基础设置"选项卡；"业务工作"选项卡则包含了财务会计、生产制造、供应链、人力资源等进行日常业务工作所使用的子系统，提供了快速进入业务工作的途径。"系统服务"选项卡集中了系统管理、服务器配置、工具和权限等内容，如图4 – 1 所示。

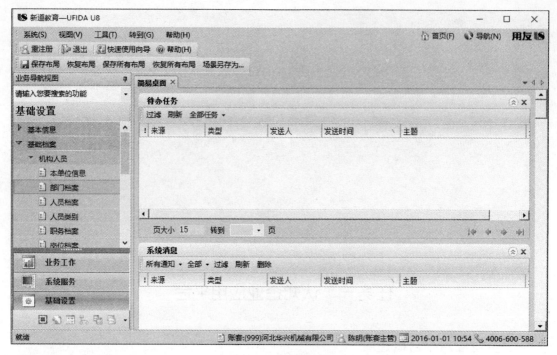

图 4 – 1　UFIDA U8 窗口

三、基础设置

基础设置是为系统的日常运行以及各子系统的应用所需要的共同信息的设置工作，主要包括基本信息设置、基础档案设置、业务参数设置、个人参数设置、单据设置等。

（1）基本信息设置。在基本信息设置中，可以对建账过程中的编码方案和数据精度进行修改，并进行系统启用设置。

（2）基础档案设置。基础档案是指系统日常业务处理必需的基础资料，是系统运行的基础。企业在进行会计信息化工作之前，应根据自身实际情况，做好基础数据的准备工作。

（3）业务参数设置。系统在建账后由于具体情况需要或业务变更，发生一些账套信息与核算内容不符的情况，可以通过此功能进行业务参数的调整和查看。

在企业日常信息化工作中，基础设置主要的任务就是完成基本信息设置和基础档案设置。

任务二　基 本 信 息

一、任务概述

（一）任务认知

基本信息功能中可以完成"会计期间""系统启用""编码方案"和"数据精度"的设

置。基本信息中的各项功能设置均在创建账套过程中体现，即若在创建账套过程中各项内容未进行设置或发生错误，则可以通过基本信息功能进行修改。

（二）任务内容

2016 年 1 月 1 日，由 999 账套的账套主管"陈明"的身份注册进入企业应用平台后，启用"总账"系统，启用日期为"2016 – 01 – 01"。

二、任务知识

（一）会计期间

会计期间设置用于确定每月的结账日期，是财务软件分辨会计凭证归属期的重要依据。

（二）系统启用

系统启用日期是指设定用友 ERP – U8 应用系统中各个子系统开始使用的日期。只有启用后的子系统才能进行操作。系统启用有两种方式：一是以系统管理员的身份登录【系统管理】，创建账套后启用系统；二是以账套主管的身份登录【企业应用平台】，在【基础设置】|【基本信息】中启用系统。

（三）编码方案及数据精度

编码方案主要用于设置有编码级次档案的分级方式和各级编码长度，在系统中所有子系统均需要用到编码方案。数据精度主要用于设置业务系统中的一些特定数据的小数位长度。编码方案及数据精度的修改有两种方式：一是以账套主管的身份登录【系统管理】，并在【修改账套】中修改编码方案及数据精度。二是以账套主管的身份登录【企业应用平台】，在【基础设置】|【基本信息】中修改编码方案及数据精度。

三、任务实施

第一步：以陈明的身份注册登录企业应用平台后，执行【基础设置】|【基本信息】|【系统启用】命令，打开"系统启用"对话框。

第二步：启用"总账"系统。单击"总账"前的复选框，弹出"日历"对话框，选择系统启用的具体日期，如图 4 – 2 所示。

第三步：单击【确定】按钮，系统弹出提示"确定要启用当前系统吗？"，单击【是】按钮，完成总账系统的启用，系统将自动记录启用日期和启用人。设置完毕后，单击【退出】按钮，如图 4 – 3 所示。

操作总结：

● "系统启用"对话框中所列出的子系统全部是已安装的子系统，未安装的子系统不会列示。

● 各子系统的启用日期必须大于或等于账套的启用日期。系统启用日期是该系统所需会计资料准备的截止日期。例如，总账系统启用日期为 2016 年 1 月 1 日，则总账中的各会计科目的期初余额为 2016 年 1 月期初余额。

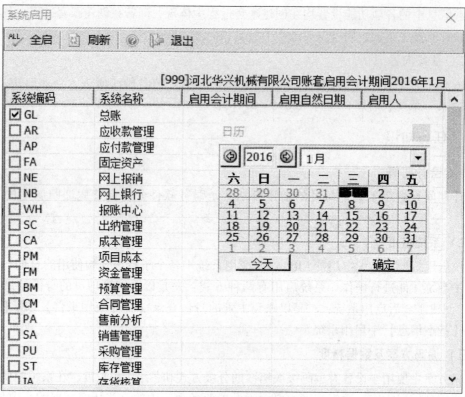

图 4 – 2　系统启用界面

图 4 – 3　已启用的系统

任务三 机构人员的设置

一、任务概述

(一) 任务认知

企业日常任何业务的开展，都离不开相关的部门和人员。部门和人员是企业正常运转的前提。同样在系统中，不管是哪个子系统的应用，都需要涉及部门和人员。因此，在基础设置中，首先要进行的就是机构人员的设置。企业需要确定好机构人员信息的分类编码方案，并据此设置机构人员信息。

机构人员的设置主要包括设置部门档案、人员类别和人员档案三部分的内容。

(二) 任务内容

在企业应用平台中，以账套主管陈明的身份，进行如下操作。

(1) 设置河北华兴机械有限公司部门档案信息，如表 4-1 所示。

表 4-1 部门档案信息

部门编码	部门名称	部门属性
1	总经理办公室	综合管理
2	财务部	财务管理
3	销售部	市场营销
301	销售一部	市场营销
302	销售二部	市场营销
4	供应部	采购供应
5	制造部	生产制造
6	离休部	离休管理

(2) 设置河北华兴机械有限公司的人员类别信息，如表 4-2 所示。

表 4-2 人员类别信息

档案编码	档案名称
101	管理人员
102	销售人员
103	采购人员
104	生产管理人员
105	生产一线人员 A
106	生产一线人员 B
201	离休人员
202	退休人员

（3）设置河北华兴机械有限公司的人员档案信息，如表4-3所示。

表4-3　人员档案

职员编号	职员姓名	性别	人员类别	所属部门	职员属性	是否在职	是否操作员	是否业务员
101	李力	男	管理人员	总经理办公室	总经理	在职	否	否
201	陈明	男	管理人员	财务部	会计主管	在职	是	否
202	王晶	女	管理人员	财务部	出纳	在职	是	否
203	马方	男	管理人员	财务部	会计	在职	是	否
204	张洁	女	管理人员	财务部	会计	在职	是	否
301	李静	女	销售人员	销售一部	部门经理	在职	否	是
302	付晓倩	女	销售人员	销售一部	销售人员	在职	否	是
303	陈清明	男	销售人员	销售二部	部门经理	在职	否	是
304	张楠	女	销售人员	销售二部	销售人员	在职	否	是
401	刘凤美	女	采购人员	供应部	部门经理	在职	否	是
402	张翔	男	采购人员	供应部	采购人员	在职	否	是
501	刘苗苗	女	生产管理人员	制造部	部门经理	在职	否	否
502	张兴	男	生产一线工人 A	制造部	一线工人	在职	否	否
503	李斌	男	生产一线工人 A	制造部	一线工人	在职	否	否
504	王可	男	生产一线工人 B	制造部	一线工人	在职	否	否
601	王强	男	退休人员	离休部	离退	离退	否	否

二、任务知识

1. 设置部门档案

部门是指某使用单位下辖的具有分别进行财务核算和业务管理要求的单元体，不一定与企业实际的职能部门相对应。部门档案主要用于设置企业各个职能部门的相关信息，包括部门编码、部门名称、部门负责人和部门属性等。

2. 设置人员类别

企业可用人员类别来对人员进行分类设置和管理，主要用于薪资管理系统中工资费用的分配与分摊。

3. 设置人员档案

设置的人员是指企业的各个职能部门中参与企业的业务活动，且需要对其进行核算和业务管理的职员。

应先设置好部门档案才能在这些部门下设置具体的人员档案。如果企业不需要对职员进行核算和管理，则可以不设置人员档案。

三、任务实施

1. 设置部门档案

第一步：在"企业应用平台"中，打开工作列表中的"基础设置"选项卡，执行【基础档案】｜【机构人员】｜【部门档案】命令，打开"部门档案"设置窗口。

第二步：单击【增加】按钮，在右窗口的"部门编码""部门名称""部门属性"文本框中分别输入"1""总经理办公室""综合管理"，输入完毕，单击【保存】按钮，系统自动将录入的部门显示在左下方的区域内，如图4-4所示。

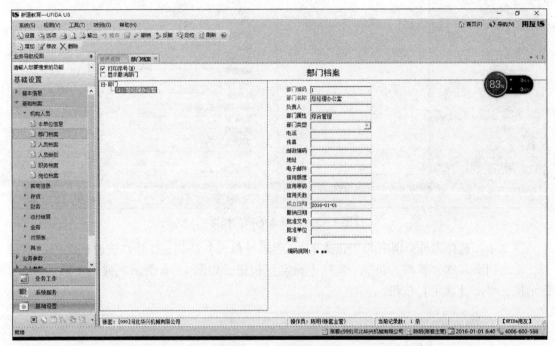

图4-4 设置部门档案

第三步：增加其他部门档案，重复第二步骤，已设置的部门档案如图4-5所示。设置完毕后，单击【关闭】按钮，返回企业应用平台窗口。

操作总结：

• 若在"基础设置"中打开"机构人员设置"，发现应有的功能都看不到，可能是尚未启用总账子系统。

• 在设置"部门档案"时还未设置"人员档案"，此时还不能设置部门档案中的负责人。设置部门负责人的具体步骤为：录入部门档案；录入职员档案；修改部门档案；选择负责人。

• 建立部门档案时，要遵循先建上级部门再建下级部门的原则；部门编码必须符合编码规则。

• 部门编码和部门名称必须录入，其他内容可以为空。

2. 设置人员类别

第一步：在"企业应用平台"中，打开工作列表中"基础设置"选项卡，执行【基础档案】｜【机构人员】｜【人员类别】命令，打开人员类别设置窗口。

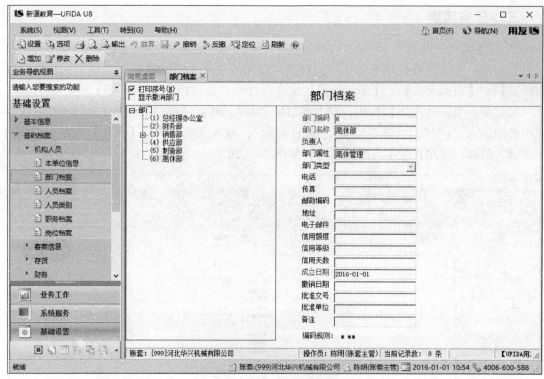

图 4 – 5　已设置的部门档案

　　第二步：选择人员类别中的"正式工"，单击【修改】按钮，打开"修改档案项"对话框，录入档案名称"管理人员"，单击【确定】按钮，如图 4 – 6 所示。弹出"确认修改"提示框，单击【确定】按钮。

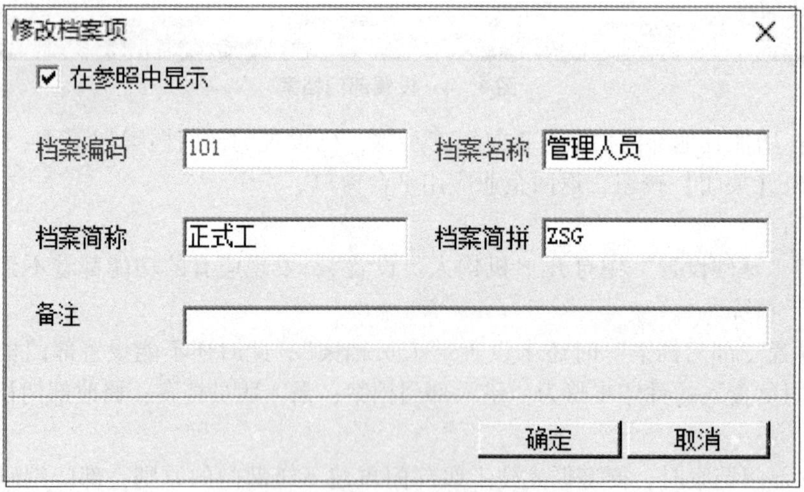

图 4 – 6　修改人员类别档案

　　第三步：修改人员类别中的"销售人员""采购人员"，重复第二步骤。
　　第四步：单击【增加】按钮，打开"增加档案项"对话框，录入档案编码"104"、档案名称"生产管理人员"，单击【确定】按钮，如图 4 – 7 所示。

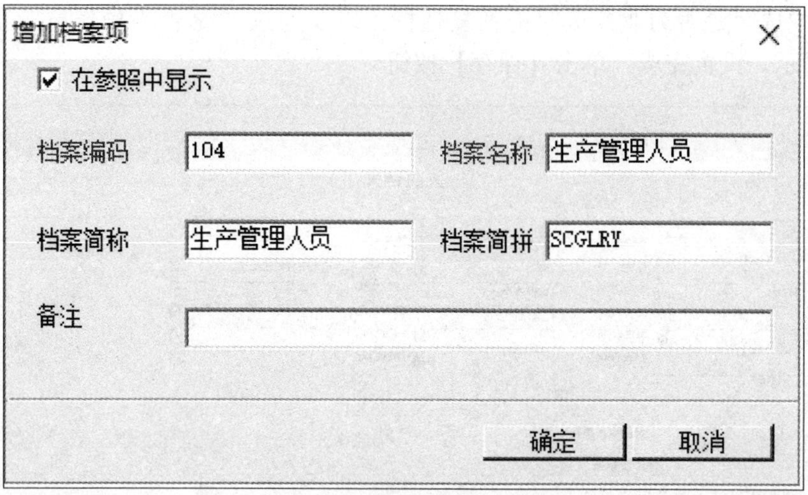

图 4 - 7　增加人员类别档案

第五步：设置其他人员类别档案，重复第四步骤，已设置的人员类别档案如图 4 - 8 所示。设置完毕后，单击【退出】按钮，返回企业应用平台窗口。

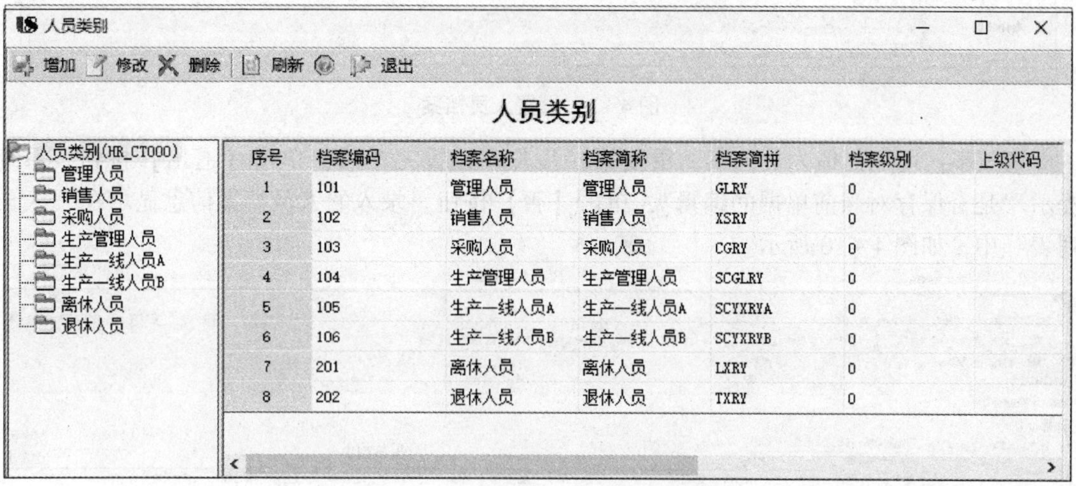

图 4 - 8　已设置的人员类别档案

操作总结：

● 人员类别与工资费用的分配、分摊有关，工资费用的分配及分摊是薪资管理系统的一项重要功能。人员类别的设置是为工资分摊生成做准备，可以按不同的入账科目设置不同的人员类别。

● 人员类别名称可以修改或删除，但已使用的人员类别名称不能删除。

3. 设置人员档案

第一步：在"企业应用平台"中，打开工作列表中的"基础设置"选项卡，执行【基础档案】｜【机构人员】｜【人员档案】命令，打开"人员档案"设置窗口，单击【增加】按钮。

第二步：在打开的"人员档案"对话框中，选择"基本"信息选项卡并输入相关信息。

其中，蓝色字段（人员编码、人员姓名、人员类别、行政部门、性别）等为必输项，其他为任选项，勾选"是否为业务员"前的复选框，以及勾选"是否为操作员"前的复选框，如图 4 – 9 所示。设置完毕，单击【保存】按钮。

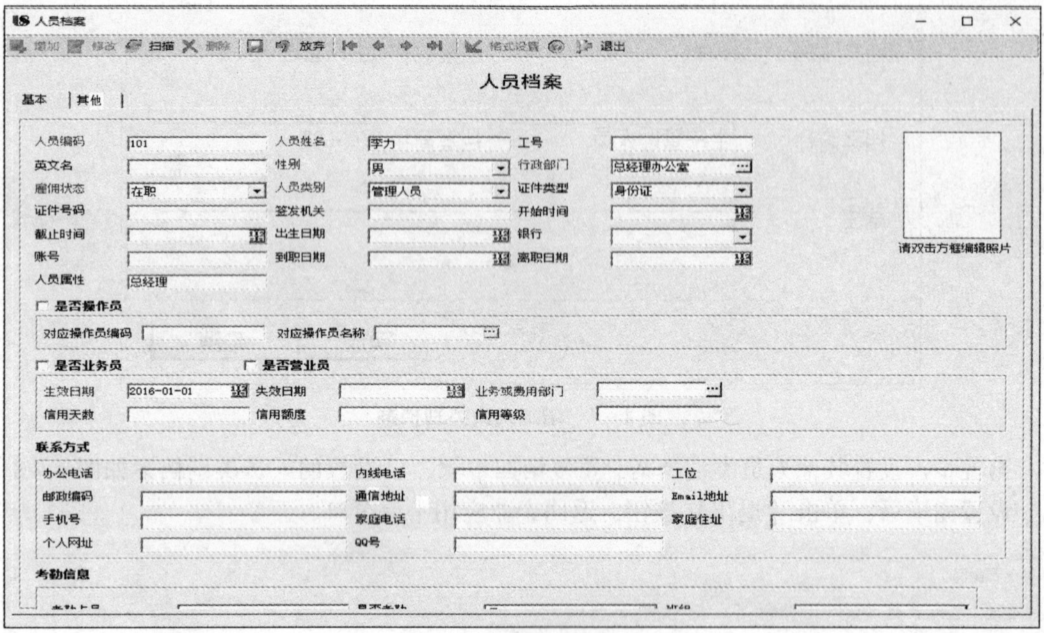

图 4 – 9　设置人员档案

第三步：增加其他人员档案，重复第二步骤。设置完毕后，单击【退出】按钮。系统提示"是否保存对当前单据的编辑"，单击【否】按钮。录入的人员档案信息显示在"人员列表"中，如图 4 – 10 所示。

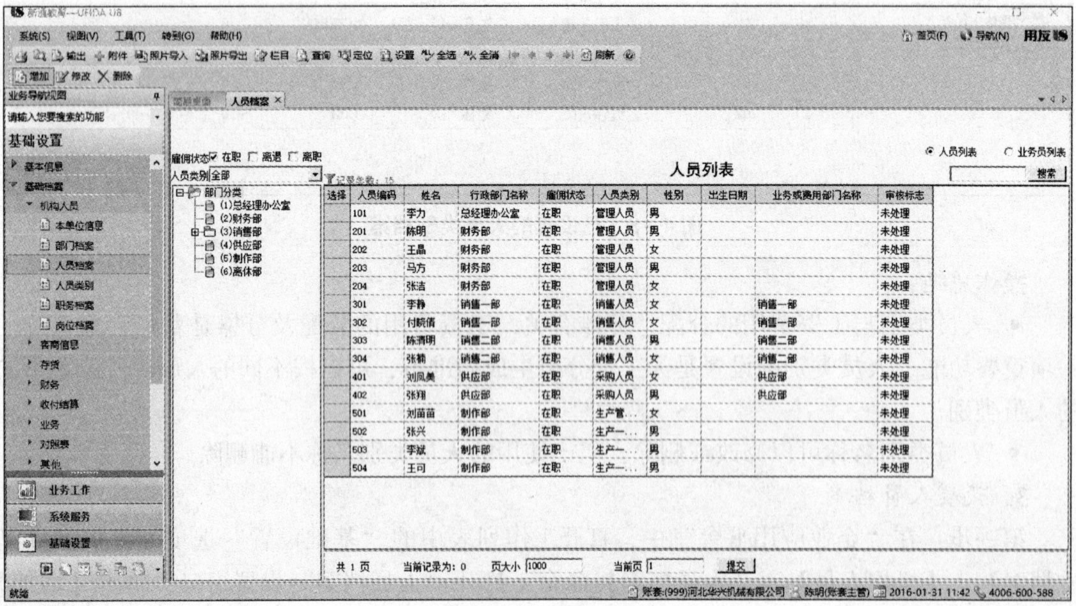

图 4 – 10　人员列表

操作总结：

• 业务员是指此人员在做各种出入库单据、收付款处理业务时，作为业务员被选入。当此人员为业务员时，需要勾选"是否业务员"的选项。

• 当此人员为操作员时，需要勾选"是否操作员"选项，并且在对于操作员名称栏中单击 ⋯ 按钮，打开"参照"对话框，双击对应操作员的编码，完成操作员编码的修改。

• 在人员列表中双击要修改的人员，进入"人员档案"窗口，单击【修改】按钮，即可进入修改状态进行修改。其中，人员编号不可修改。

• 在人员列表中双击要删除的人员，进入"人员档案"窗口，单击【删除】按钮，即可删除此人员的档案。其中，如果此人员已选为部门负责人，则必须先取消部门负责人，方可删除此人员。

任务四 设置客商信息

一、任务概述

（一）任务认知

企业在进行经营活动时，最常发生的就是采购和销售业务，所以就会用到企业客商信息。同样在系统中，不管是采购管理、库存管理、应付款管理，还是销售管理、应收款管理以及财务核算等模块中，均会用到客商信息。为便于后续顺利地应用客商信息，我们需要提前对客商信息进行设置。这就是基础设置中的设置客商信息。客商信息的设置主要包括设置地区分类、客户分类、客户档案、供应商分类和供应商档案等内容。

（二）任务内容

在企业应用平台中，以账套主管陈明的身份设置地区分类、客户分类、客户档案分类、供应商分类和供应商档案。

（1）设置地区分类如表4-4所示。

表4-4　地区分类

地区分类编码	地区分类名称
01	本地
02	外地

（2）设置客户分类如表4-5所示。

表4-5　客户分类

分类编码	分类名称
01	商业企业
02	工业企业

（3）设置客户档案如表4-6所示。

表 4－6　客户档案

编码	客户名称	客户简称	邮编	地区分类	所属分类	开户行	银行账号	电话
001	河北宏大集团	宏大集团	050031	01	01	建设银行石家庄裕华路支行	8905189	86268066
002	河北神兴公司	神兴公司	050030	01	01	建设银行石家庄中山路支行	4302656	86268166
003	大连万达公司	万达公司	116000	02	01	农业银行大连滨海路支行	8428825	86267461
004	河北鑫泉公司	鑫泉公司	050000	01	01	农业银行石家庄联盟路支行	6032682	86267677

（4）设置供应商分类如表 4－7 所示。

表 4－7　供应商分类

分类编码	分类名称
01	商业企业
02	工业企业

（5）设置供应商档案如表 4－8 所示。

表 4－8　供应商档案

编码	客户名称	客户简称	邮编	地区分类	所属分类	开户行	银行账号	电话
001	河北信达集团	信达集团	050021	01	02	工商银行石家庄裕华路支行	8664321	62681411
002	河北隆昌公司	隆昌公司	050000	01	02	工商银行石家庄中山路支行	3568725	62671945
003	北京昊天公司	昊天公司	100000	02	02	建设银行北京金融街支行	4267972	62683023
004	河北宝琳公司	宝琳公司	050000	01	02	建设银行石家庄学苑路支行	5482671	62677346

二、任务知识

（一）设置地区分类

为方便企业按地区进行业务数据的统计、分析，企业可根据自身管理的要求对客户、供应商的所属地区进行分类，建立地区分类体系。

（二）设置客户及供应商分类

企业可以根据自身管理的要求对客户、供应商进行分类，以方便业务的开展和业务数据的统计和分析。建立客户、供应商分类后，必须将客户、供应商设置在最末级的分类之下。如果在建账时选择了客户分类、供应商分类，就必须先建立分类，再进行档案设置；若建账时未选择对客户和供应商分类，则直接设置客户档案和供应商档案。

（三）设置客户及供应商档案

客户（供应商）档案主要应用于设置往来客户（供应商）的档案信息，以便于对客户（供应商）资料进行管理和业务数据的录入、统计及分析。

建立客户（供应商）档案的主要目的是便于企业进行销售和采购业务中所发生往来账款的核算和管理。

三、任务实施

1. 设置地区分类

第一步：在"企业应用平台"中，打开工作列表中的"基础设置"选项卡，执行【基础档案】|【客商信息】|【地区分类】命令，打开"地区分类"设置窗口。

第二步：单击【增加】按钮，在右侧"分类编码""分类名称"栏目中分别输入"01""本地"，如图4-11所示，录入完毕，单击【保存】按钮。

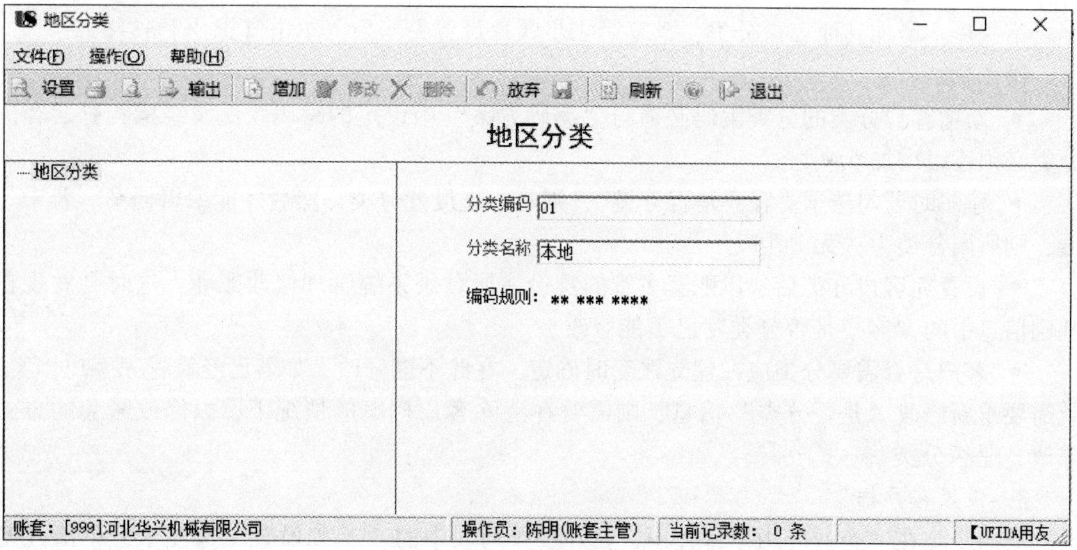

图4-11 设置地区分类

第三步：增加其他地区分类，重复第二步骤。设置完毕后，单击【退出】按钮，如图4-11所示。

2. 设置客户分类

第一步：在"企业应用平台"中，打开工作列表中的"基础设置"选项卡，执行【基础档案】|【客商信息】|【客户分类】命令，打开"客户分类"设置窗口。

第二步：单击【增加】按钮，在右侧的"分类编码""分类名称"栏目中分别输入

"01" "商业企业"，如图 4 - 12 所示，录入完毕，单击【保存】按钮。

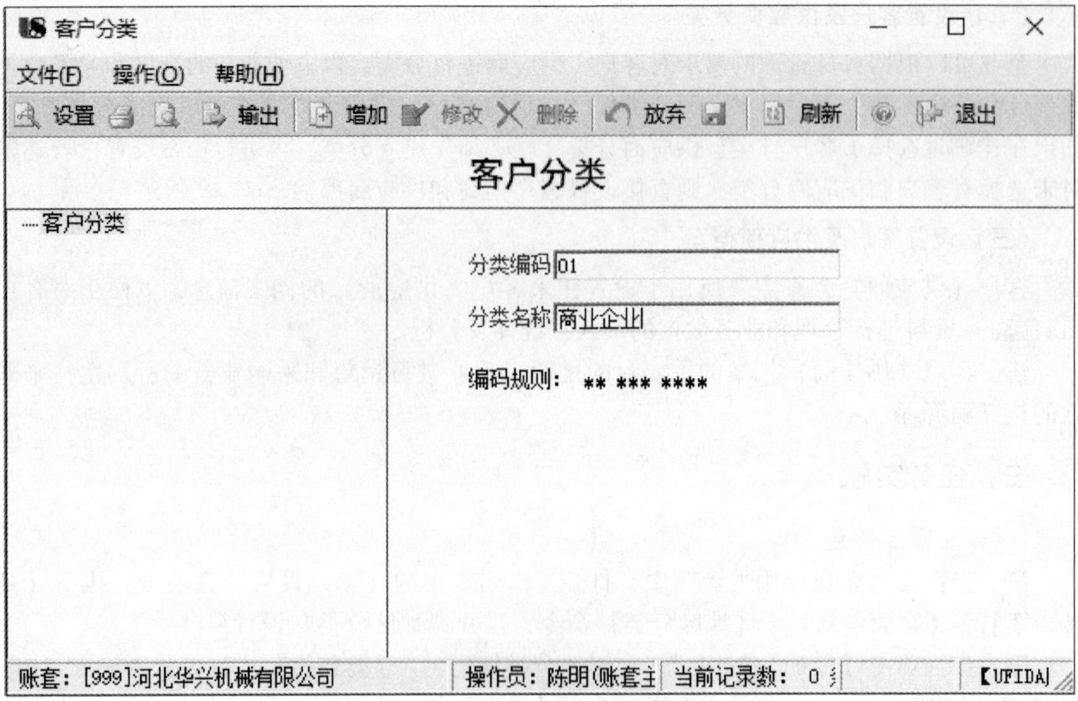

图 4 - 12 设置客户分类

第三步：增加其他客户分类，重复第二步骤。设置完毕后，单击【退出】按钮。

操作总结：

• 新增客户分类的分类编码必须与"编码方案"中设定的编码级次及结构相符。客户分类必须逐级增加。

• 建账时若勾选了"客户是否分类"，则必须先设置分类，然后才能编辑档案。若未勾选，则所属分类为"无分类"。

• 设置完客户分类后，以账套主管的身份注册登录系统管理修改账套，这时会发现在基础信息中的"客户是否分类"已不能修改。

• 客户是否需要分类应在建立账套时确定，在此不能修改，如若已经设置完客户档案，就需要重新修改"是否分类"信息，则需要在清除客户档案的情况下，以修改账套的方式修改"是否分类"。

3. 设置客户档案

第一步：在"企业应用平台"中，打开工作列表中的"基础设置"选项卡，单击【基础档案】|【客商信息】|【客户档案】按钮，打开"客户档案"设置窗口，单击【增加】按钮，打开"增加客户档案"设置窗口。

第二步：在"增加客户档案"设置窗口中选择"基本"信息选项卡的"客户编码" "客户名称" "客户简称" "地区分类" "所属分类"文本框中分别录入"001" "河北宏大集团" "宏大集团" "01" "01"，选择"联系"信息选项卡，录入邮政编码、联系电话等信息，如图 4 - 13 所示，单击 银行 按钮，在打开的"客户银行档案"窗口中，单击【增加】按钮，录入开户银行、银行账户、账户名称、默认值等信息，其中默认值为"是"，如

图 4 - 14 所示。录入完毕，单击【保存】按钮，单击【退出】按钮，返回到"增加客户档案"设置窗口，单击【保存并新增】按钮，保存所设置的客户档案信息并可继续设置其他客户档案信息。

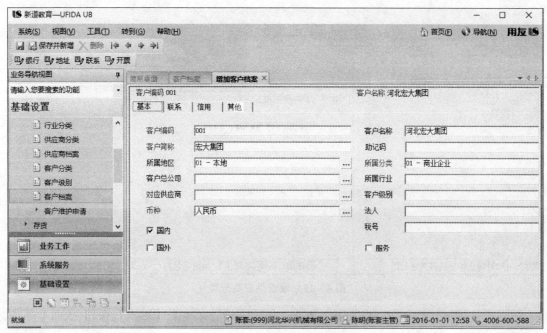

图 4 - 13 增加客户基本档案

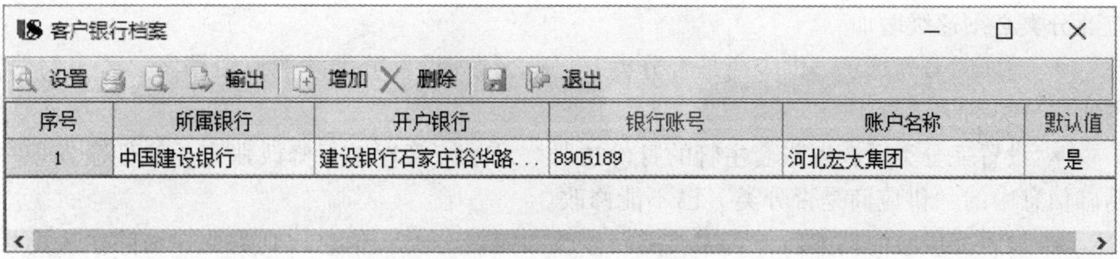

图 4 - 14 增加客户银行档案

第三步：增加其他客户档案，重复第二步骤。设置完毕后，关闭"增加客户档案"设置窗口，系统返回到"客户档案"设置窗口。

任务总结：

- 客户编码必须唯一，且符合编码规则。
- "客户编码""客户简称""所属分类""币种"等蓝色字段为必输项，其他信息自行输入。

4. 设置供应商分类

第一步：在"企业应用平台"中，打开工作列表中的"基础设置"选项卡，执行【基础档案】|【客商信息】|【供应商分类】命令，打开"供应商分类"设置窗口。

第二步：单击【增加】按钮，在右侧的"分类编码""分类名称"栏目中分别输入"01""商业企业"，如图 4 - 15 所示，录入完毕，单击【保存】按钮。

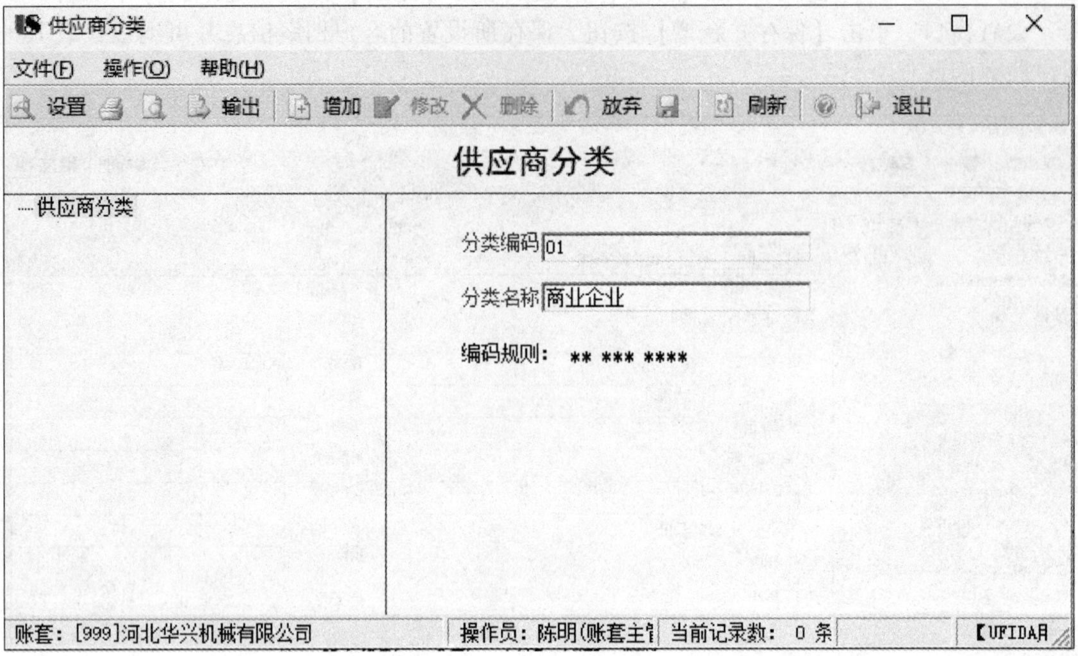

图 4 – 15　设置供应商分类

第三步：增加其他分类，重复第二步骤。设置完毕后，单击【退出】按钮。

任务总结：

• 新增供应商分类的分类编码必须与 "编码方案" 中设定的编码级次及结构相符。供应商分类必须逐级增加。

• 建账时若勾选了 "供应商是否分类"，则必须先设置分类才能编辑档案。若未勾选，则所属分类为 "无分类"。

• 设置完分类后，以账套主管的身份注册登录系统管理进行修改账套，我们会发现在基础信息中的 "供应商是否分类" 已不能修改。

• 设置完供应商档案后，若需要重新修改 "是否分类" 信息，则需要在清除供应商档案后才能在系统管理中以修改账套的方式修改对应的 "是否分类" 信息。

5. 设置供应商档案

第一步：在 "企业应用平台" 中，打开工作列表中的 "基础设置" 选项卡，执行【基础档案】|【客商信息】|【供应商档案】命令，打开 "供应商档案" 设置窗口。

第二步：在 "增加客户档案" 设置窗口选择 "基本" 信息选项卡的 "客户编码" "客户名称" "客户简称" "地区分类" "所属分类" 文本框中分别录入 "001" "河北信达集团" "信达集团" "01" "02"，选择 "联系" 信息选项卡，录入邮政编码、联系电话等信息，如图 4 – 16 所示，单击 银行 按钮，在打开的 "客户银行档案" 窗口中，单击【增加】按钮，录入开户银行、银行账户、账户名称、默认值等信息，其中默认值为 "是"，如图 4 – 17 所示，录入完毕，单击【保存】按钮，单击【退出】按钮，返回到 "增加供应商档案" 设置窗口，单击【保存并新增】按钮，保存所设置的客户档案信息并可继续设置其他供应商档案信息。

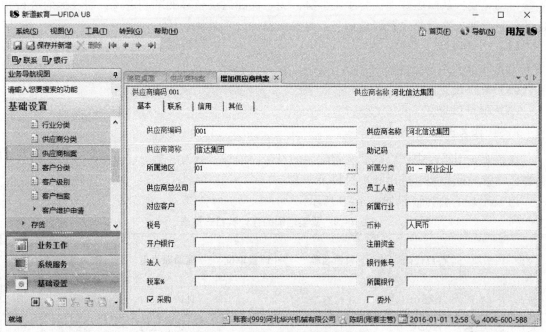

图 4-16 增加供应商基本档案

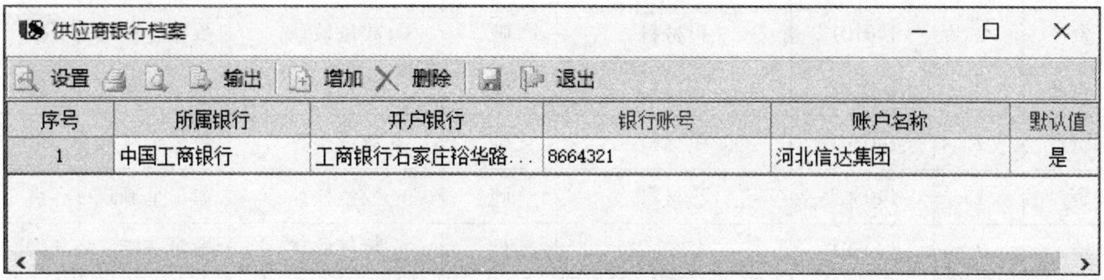

图 4-17 增加供应商银行档案

第三步：增加其他供应商档案，重复第二步骤。设置完毕后，关闭"增加供应商档案"设置窗口，系统返回"供应商档案"设置窗口。

任务总结：

- 供应商编码必须唯一，并且必须符合编码规则。
- "供应商编码""供应商简称""所属分类""币种"等蓝色字段为必输项，其他信息自行输入。

任务五 设置财务信息

一、任务概述

（一）任务认知

手工核算的条件下，各类会计单证（凭证、账簿以及报表）都是由会计人员借助自身的专业判断手工记录在会计单证上的。而在信息化的条件下，某些工作内容和专业判断可由系统自动完成，从而更好地代替手工核算。为了保障后续核算的顺利进行，需要提前进行相应的信息设置，这就是设置财务信息。财务信息的设置具体包括：

（1）会计科目。

（2）凭证类别。

（3）外币设置。

（4）项目目录。

（二）任务内容

在企业应用平台中，以账套主管陈明的身份，增加、修改、删除、批量复制和指定会计科目，设置凭证类别、外币和项目目录。

（1）增加的会计科目如表 4 - 9 所示。

表 4 - 9　需要增加的会计科目一览表

类型	级次	科目代码	科目名称	计量单位	辅助账类型	账页格式	余额方向
资产	2	100201	工行存款		日记、银行	金额式	借
资产	2	100202	建行存款		日记、银行	金额式	借
资产	2	100203	存款		日记、银行、外币	外币金额式	借
资产	2	140101	甲材料	吨	数量核算	数量金额式	借
资产	2	140102	乙材料	吨	数量核算	数量金额式	借
资产	2	140301	甲材料	吨	数量核算	数量金额式	借
资产	2	140302	乙材料	吨	数量核算	数量金额式	借
资产	2	140501	A 产品	件	数量核算	数量金额式	借
资产	2	140502	B 产品	件	数量核算	数量金额式	借
负债	2	220201	应付款项		供应商往来	金额式	贷
负债	2	220202	暂估应付款项			金额式	贷
负债	2	222101	应交增值税			金额式	贷
负债	3	22210101	进项税额			金额式	贷
负债	3	22210102	已交税金			金额式	贷
负债	3	22210103	转出未交增值税			金额式	贷
负债	3	22210104	销项税额			金额式	贷
负债	3	22210105	进项税额转出			金额式	贷
负债	3	22210106	转出多交增值税			金额式	贷
负债	2	222102	未交增值税			金额式	贷
负债	2	222103	应交所得税			金额式	贷

续表

类型	级次	科目代码	科目名称	计量单位	辅助账类型	账页格式	余额方向
负债	2	222104	应交城市维护建设税			金额式	贷
负债	2	222105	应交教育费附加			金额式	贷
权益	2	410401	其他转入			金额式	贷
权益	2	410402	提取法定盈余公积			金额式	贷
权益	2	410403	提取任意盈余公积			金额式	贷
权益	2	410404	应付普通股股利			金额式	贷
权益	2	410405	未分配利润			金额式	贷
成本	2	500101	直接材料		项目核算	金额式	借
成本	2	500102	直接人工		项目核算	金额式	借
成本	2	500103	制造费用		项目核算	金额式	借
损益	2	600101	A产品	件	数量核算	数量金额式	贷
损益	2	600102	B产品	件	数量核算	数量金额式	贷
损益	2	640101	A产品	件	数量核算	数量金额式	借
损益	2	640102	B产品	件	数量核算	数量金额式	借
损益	2	660101	广告费		部门核算	金额式	借
损益	2	660102	差旅费		部门核算	金额式	借
损益	2	660103	其他		部门核算	金额式	借
损益	2	660201	工资及福利费		部门核算	金额式	借
损益	2	660202	折旧费		部门核算	金额式	借
损益	2	660203	办公费		部门核算	金额式	借
损益	2	660204	其他		部门核算	金额式	借
损益	2	660301	利息费			金额式	借
损益	2	660302	其他			金额式	借

（2）需要修改的会计科目如表4-10所示。

表 4 – 10 需要修改的会计科目一览表

类型	级次	科目代码	科目名称	计量单位	辅助账类型	账页格式	余额方向
资产	1	1001	库存现金		日记	金额式	借
资产	1	1002	银行存款		日记、银行	金额式	借
资产	1	1121	应收票据		客户往来	金额式	借
资产	1	1122	应收账款		客户往来	金额式	借
资产	1	1123	预付账款		供应商往来	金额式	借
资产	1	1221	其他应收款		个人往来	金额式	借
负债	1	2201	应付票据		供应商往来	金额式	贷
负债	1	2203	预收账款		客户往来	金额式	贷
损益	1	6601	销售费用		部门核算	金额式	借
损益	1	6602	管理费用		部门核算	金额式	借

（3）批量复制会计科目。

对已增加"1405 库存商品"的明细科目，利用"批量复制"功能增加"6001 主营业务收入"科目、"6401 主营业务成本"科目的所有下级科目，如表 4 – 11 所示。

表 4 – 11 需要批量复制的会计科目一览表

类型	级次	科目代码	科目名称	计量单位	辅助账类型	账页格式	余额方向
损益	2	600101	A 产品	件	数量核算	数量金额式	贷
损益	2	600102	B 产品	件	数量核算	数量金额式	贷
损益	2	640101	A 产品	件	数量核算	数量金额式	借
损益	2	640102	B 产品	件	数量核算	数量金额式	借

（4）删除会计科目，将"1821 独立账户资产"科目删除。

（5）指定现金、银行及现金流量会计科目。

根据公司业务的需要，指定"1001 库存现金"为现金总账科目，指定"1002 银行存款"为银行总账科目。

（6）设置凭证类别，如表 4 – 12 所示。

表 4 – 12 凭证类别

凭证类别	限制类型	限制科目
收款凭证	借方必有	1001，100201，100202
付款凭证	贷方必有	1001，100201，100202
转账凭证	凭证必无	1001，100201，100202

（7）设置外币及汇率。

币符：USD；币名：美元；2016 年 1 月 1 日，固定汇率 1∶6.58。

（8）项目目录（见表4-13～表4-16）。

表4-13 项目大类定义

项目大类名称	项目级次
产品核算	1

表4-14 核算科目定义

项目科目定义	核算科目
产品核算	直接材料（500101）
	直接人工（500102）
	制造费用（500103）

表4-15 项目分类定义

项目大类名称	分类编码	分类名称
产品核算	1	产成品
产品核算	2	半成品

表4-16 项目目录定义

项目大类名称	项目编号	项目名称	是否结算	所属分类
产品核算	01	A产品	否	1
	02	B产品	否	1

二、任务知识

（一）会计科目

会计科目是填制会计凭证、登记会计账簿、编制会计报表的基础。会计科目设置的完整性影响会计过程的顺利实施，会计科目设置的明细程度直接影响会计核算的详细、准确程度。

1. 会计科目的基本内容

会计科目主要包括科目编码、科目名称、科目类型、账页格式、数量核算、外币核算、辅助核算以及银行账、日记账等内容。

（1）科目编码。

依照编码规则设定企业所应用的科目编码。科目编码必须唯一。一级科目的编码为4位。

（2）科目名称。

科目名称指会计科目的汉字名称。总账科目的名称和部分明细科目的名称必须和企业会计准则中的名称一致。

（3）科目类型。

科目类型即按会计科目性质对会计科目进行划分，分为资产、负债、共同类、所有者权益、成本和损益6类。

（4）账页格式。

用友 ERP 系统提供金额式、数量金额式、外币金额式、数量外币式 4 种格式。依据会计核算的需要和会计科目的特点选取所对应的账页格式。

（5）数量核算和外币核算。

为方便企业财务核算，用友 ERP 系统提供了数量核算和外币核算。若所涉及的科目需要进行数量核算或者外币核算，则需要勾选"数量核算"或"外币核算"，并且需要录入数量核算的单位或者外币的币种。另外，此科目对应的账页格式要一致。

（6）辅助核算。

与手工会计相比，信息化下会计核算方面大量运用了辅助核算。辅助核算是为了满足企业对某些具体会计业务的核算和管理，包括客户往来、供应商往来、个人往来、部门核算和项目核算等内容。辅助核算可以减少重复设置明细核算科目的工作量，例如"应收账款""应付账款"等往来科目，需要按照每个往来单位设置明细科目，若企业往来单位较多，会使企业明细科目数量庞大。但应用了辅助核算就可将线性数据传递变为二维数据传递。又如应付账款、应付票据和预付账款科目涉及对大量供应商的明细核算，而将科目的辅助核算类型设定为"供应商往来"，就可以调用相关供应商的档案，不用再建立供应商明细账了。通过辅助核算设置还可以便捷地对某一类往来、部门或项目进行管理，从而为管理者提供准确、全面的会计信息。

2. 会计科目的类型

（1）增加会计科目。

在系统中，系统已经预设了绝大部分的会计科目，使得增设会计科目的工作量大大减轻。但预设的会计科目为一级科目。所以，企业必须在此基础上，依据企业财务核算的需要增加明细科目。

（2）修改会计科目。

由于企业业务类型和行业性质的多样性，在财务核算上会有一些特殊要求，用友 ERP 预设的会计科目在编码方案、科目名称、账页格式、辅助核算等方面可能会与用户要求不一致，这时就需要对不符合要求的会计科目进行修改。一般情况下，修改会计科目多集中在"辅助核算"方面。

（3）批量复制会计科目。

如果某一科目的下级与另一个或几个科目的下级内容相同，则可以将某一科目的下级科目成批复制到另一科目中作为下级科目。

（4）删除会计科目。

如果某些会计科目暂时不需使用或者不适合企业科目体系的特点，可以在未使用该科目之前将其删除。

（5）指定会计科目。

指定会计科目是确定出纳的专管科目。被指定为现金、银行总账科目的可以查询现金日记账、银行日记账，进行银行对账，以及在制单中进行支票控制和资金赤字控制，从而实现现金、银行存款管理的保密性。

一般情况下，库存现金科目要设置为日记账；银行存款科目要设置为日记账和银行对账。指定的现金流量科目供 UFO 编制现金流量表取数时使用，所以在录入凭证时，对指定的现金流量科目系统自动弹出窗口要求指定当前分录的现金流量项目。

（二）设置凭证类别

根据企业管理和核算要求，将会计凭证进行分类编制，系统提供了设置凭证类别的功能，以便于管理、记账和汇总，用户还可以对每种类别的凭证设置一些限制条件，以利于其填制凭证时，系统对使用凭证类别发生的错误给予自动提示。但是，无论如何分类都不会影响记账结果。

第一次使用总账系统，首先应正确选择凭证的分类方式。系统提供以下五种常用分类方式进行定义。

（1）记账凭证。

（2）收款、付款、转账凭证。

（3）现金、银行、转账凭证。

（4）现金收款、现金付款、银行收款、银行付款、转账凭证。

（5）自定义凭证类别。

选择"分类方式"后，可以设置该种凭证的限制条件和限制科目，以提高凭证处理的准确性。凭证类别的限制条件是指限制该凭证类别的使用范围。

（三）设置外币及汇率

如果企业有外币核算业务，那么在填制凭证时使用的汇率应先在基础档案的外币设置中定义，以便制单时调用，减少输入汇率的次数和差错。当汇率变化时，也应预先在此定义，否则制单时不能正确录入汇率。

对于使用固定汇率（即使用月初或年初汇率）作为记账汇率的用户，在填制每月的凭证前，应预先在此录入该月的记账汇率，否则，在填制该月外币凭证时，将会出现汇率为零的错误。

对于使用变动汇率（即使用当日汇率）作为记账汇率的用户，在填制该天凭证前，应预先在此录入该天的记账汇率。

（四）项目目录

项目是指企业在核算管理中进行专门经营或管理的内容。企业中项目核算的种类可能多种多样，如在建工程、新产品开发、对外投资等都是单独作为项目管理进行核算的。在手工条件下，项目核算一般是设置大量明细科目，然后根据科目开设账页，再在账页中开设收入、成本、费用等专栏进行明细核算，工作量比较大。在信息化的条件下，则通过专设项目核算辅助账，将相同特性的项目定义为一个项目大类，然后在每一个大类下进行项目管理，使其与总账业务处理过程同步进行核算管理，从而减小工作量。

在系统中项目核算的前提是进行项目目录设置。项目目录设置一般是按照项目大类、核算科目、项目结构、项目分类定义、项目目录定义的顺序进行。

三、任务实施

1. 增加会计科目

第一步：在"企业应用平台"中，打开工作列表中的"基础设置"选项卡，执行【基础档案】｜【财务】｜【会计科目】命令，打开"会计科目"窗口，如图4-18所示。

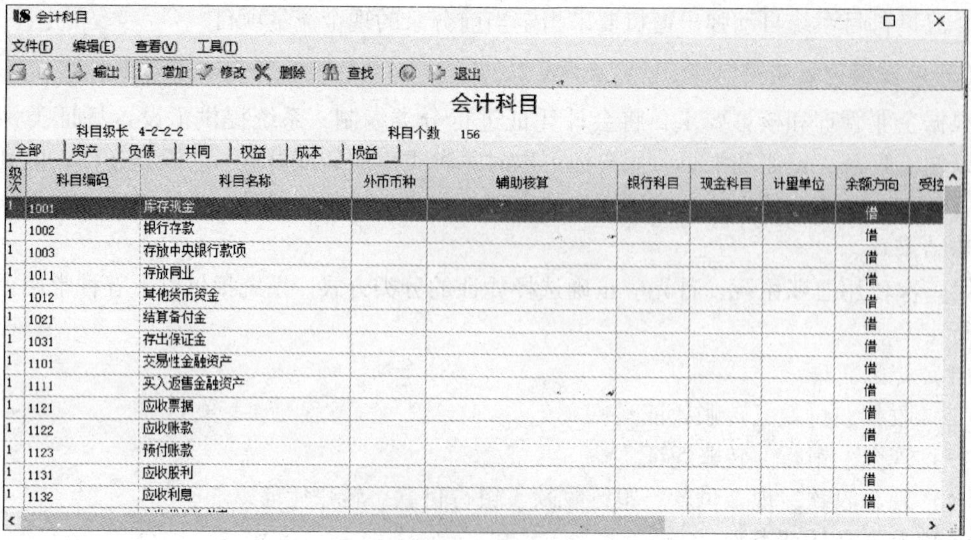

图 4 – 18　会计科目

第二步：单击工具栏上的【增加】按钮，或选择【编辑】|【增加】命令（或按 F5 键），打开"新增会计科目"对话框，录入科目编码、科目名称，确定是否勾选"日记账""银行账"前面的复选框，选择"是否需要进行数量核算"，并且需要选择对应的账页格式，以及选择"是否需要进行辅助核算"等，如图 4 – 19 所示，相关信息录入完毕，单击【确定】按钮，系统自动按科目编码顺序保存增加的会计科目。

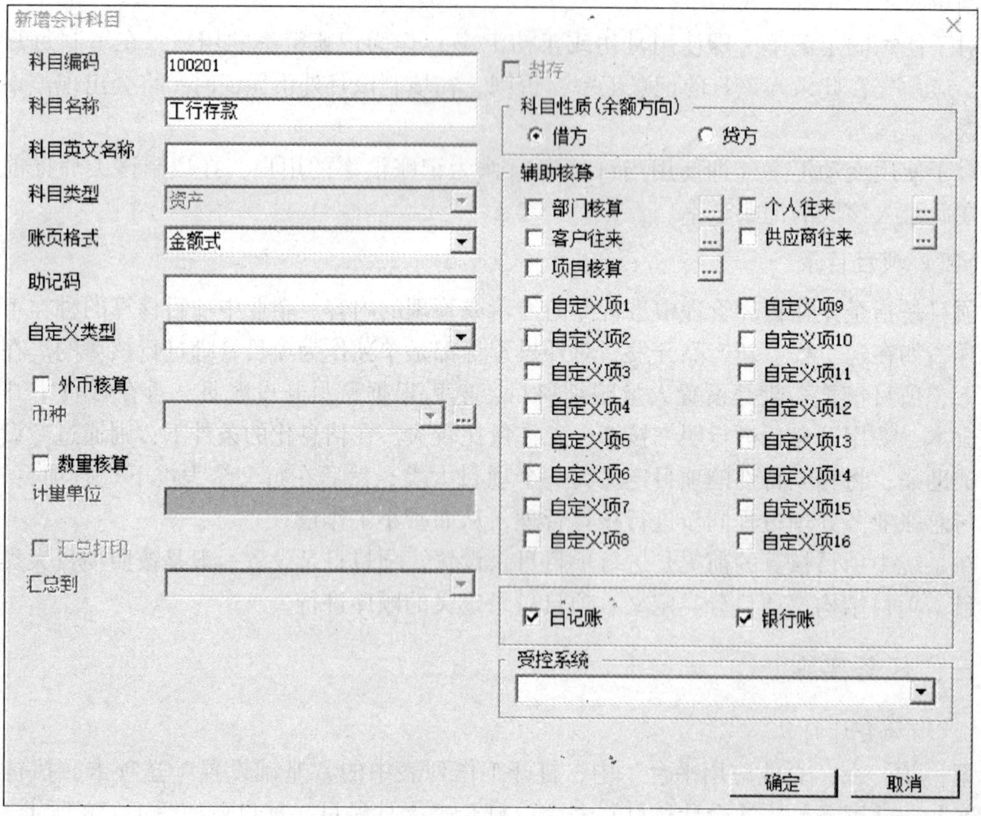

图 4 – 19　新增会计科目

第三步：增加其他科目，重复第二步骤。设置完毕后，单击【关闭】按钮，返回"会计科目"设置窗口。

操作总结：

• 增加会计科目时，要遵循先建上级再建下级的原则，编码的长度及每级位数要符合编码规则。

• 会计科目编码是唯一的，科目名称在同级次中也是唯一的。

• 勾选"数量核算"或"外币核算"时，要保持与所对应账页格式保持一致。

• 会计科目已经使用后再增加明细科目，系统自动将上级科目的数据结转到新增的第一个明细科目中，以保证账账相符。

2. 修改会计科目

第一步：在"会计科目"窗口中，将光标移到需要修改的会计科目所在行，单击【修改】按钮（或双击该会计科目），打开"会计科目_ 修改"对话框。

第二步：单击对话框右下角的【修改】按钮，进入科目修改的可编辑状态，根据需要对所选科目进行修改，如对"应收账款"科目，勾选"客户往来"前面的复选框，把受控系统自动设置为"应收系统"，并修改为"空白"，如图 4 - 20 所示，修改完毕后，单击【确定】按钮进行保存。单击【返回】按钮，返回"会计科目"窗口。

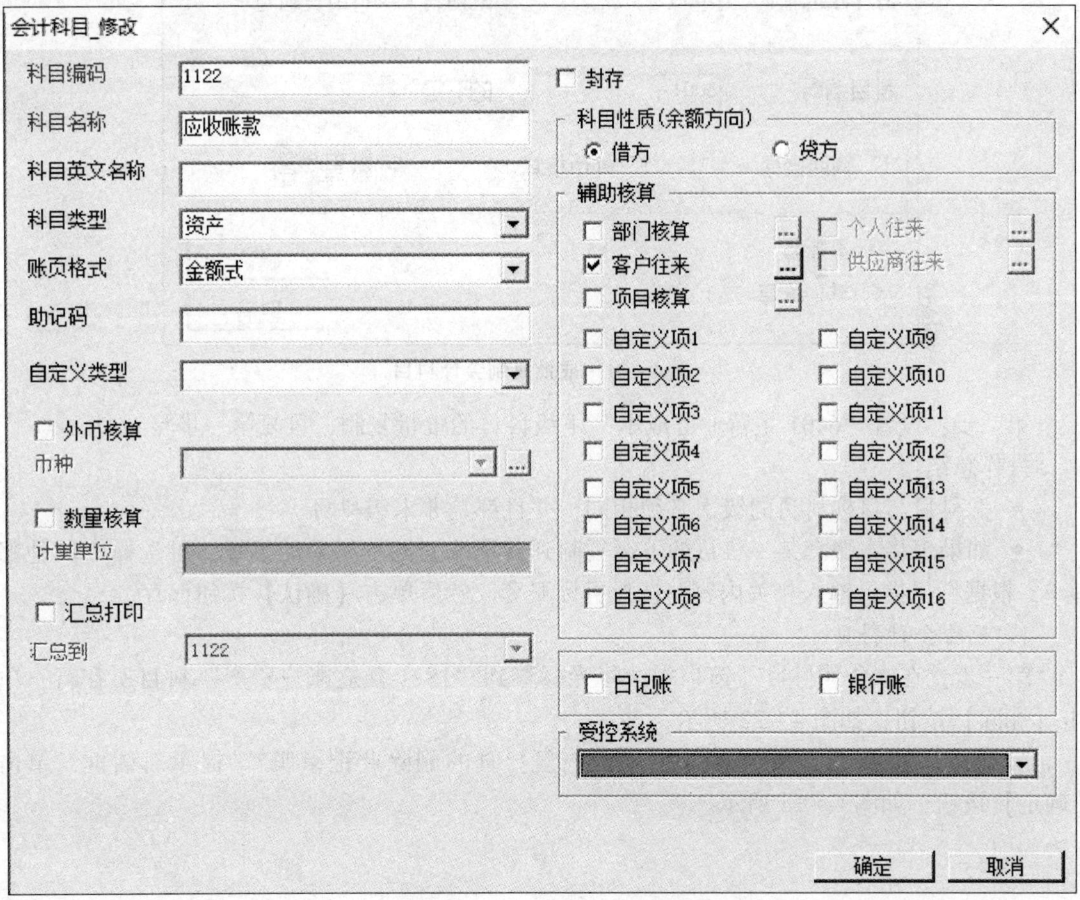

图 4 - 20 修改会计科目

第三步：修改其他科目，重复第一和第二步骤。

操作总结：

- 勾选"数量核算"或"外币核算"时，要与所对应账页格式保持一致。
- 已经使用过的末级会计科目不能再修改科目编码。
- 下级科目的余额方向和科目类型为上级科目的余额方向和科目类型，不允许修改。
- 已有数据的会计科目，应先将该科目及下级科目余额清零后再进行修改。
- 科目若只能由特定系统（如应收系统、应付系统和存货核算）使用，在此可以指定受控系统。

3. 批量复制会计科目

第一步：在"会计科目"窗口中，执行【编辑】|【成批复制】命令，打开"成批复制"对话框，输入需要复制科目的源科目代码"1405"和目标科目代码"6001"，并根据需要勾选"数量核算"前面的复选框，如图 4 – 21 所示，设置完毕，单击【确认】按钮保存。

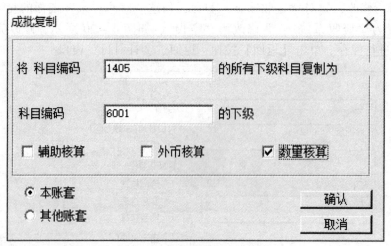

图 4 – 21　成批复制会计科目

第二步：设置"6401 主营业务成本"下级科目的批量复制，重复第一步骤。

操作总结：

- 源科目与目标科目的级次必须相同，并且都是非末级科目。
- 如果想将本账套某一科目的下级复制到其他账套同一科目的下级，可选择"其他账套"，根据栏目提示输入相关内容并选择目标账套，然后单击【确认】按钮保存。

4. 删除会计科目

第一步：在"会计科目"窗口中，将光标移到"1821 独立账户资产"科目所在行，单击【删除】按钮，如图 4 – 22 所示。

第二步：系统弹出"记录删除后不能恢复！真的删除此记录吗?"提示对话框，单击【确定】按钮，如图 4 – 23 所示。

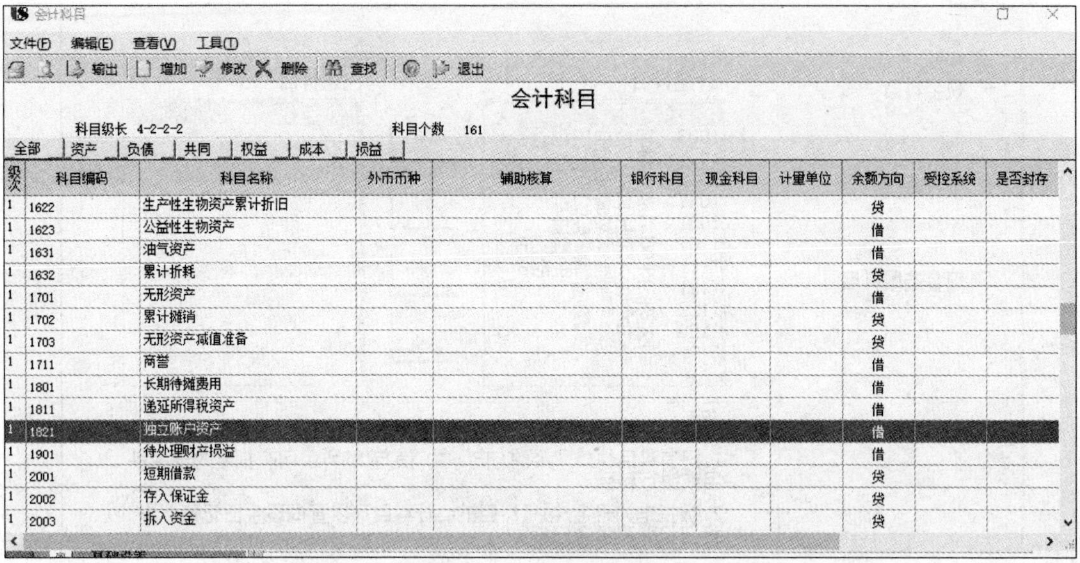

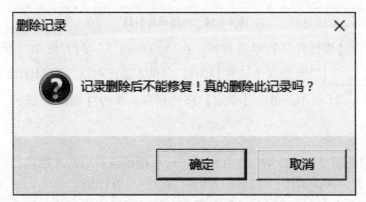

图 4-22 删除会计科目

图 4-23 确认删除会计科目

操作总结：

● 删除科目后不能被自动恢复，但可通过增加科目功能来完成。

● 非末级科目不能删除，必须先删除该科目的所有下级科目。

● 已有数据的会计科目，应先将该科目及其下级科目余额清零后再删除，否则会出现对账不平。

● 被指定的会计科目不能删除。如需删除，必须先取消指定。

5. 指定会计科目

第一步：在"会计科目"窗口中，执行【编辑】|【指定科目】命令，打开"指定科目"对话框。

第二步：选择【现金科目】单选按钮，在"待选科目"列表框中选择"1001 库存现金"科目，单击 ＞ 按钮或双击该科目，将"1001 库存现金"科目添加到"已选科目"列表框中，如图 4-24 所示。

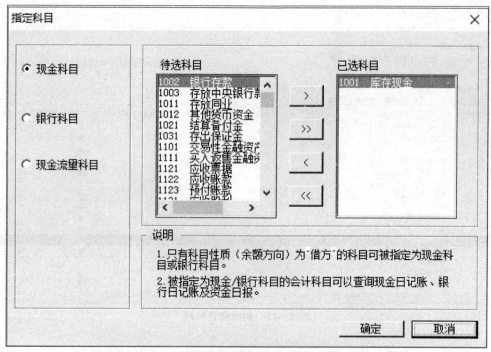

图 4-24 指定现金科目

第三步：选择【银行科目】单选按钮，在"待选科目"列表框中选择"1002 银行存款"科目，单击 > 按钮或双击该科目，将"1002 银行存款"科目添加到"已选科目"列表框中，如图 4-25 所示，单击【确定】按钮保存，单击【退出】按钮，返回"企业应用平台"窗口。

操作总结：

• 指定会计科目是指定出纳的专管科目。只有指定科目后，才能执行出纳签字，从而实现现金、银行管理的保密性，才能查看现金、银行存款日记账。

• 在指定"现金科目""银行科目"之前，应在建立"库存现金""银行存款"科目时选中"日记账"复选框。

• 指定的现金流量科目，在填制凭证时提示输入现金流量项目。

6. 设置凭证类别

第一步：在"企业应用平台"，打开工作列表中的"基础设置"选项卡，执行【基础档案】|【财务】|【凭证类别】命令，打开"凭证类别预置"对话框，选择"收款凭证 付款凭证 转账凭证"分类方式，单击【确认】按钮，如图 4-26 所示。

第二步：在打开的"凭证类别"设置窗口，单击【修改】按钮，再双击"收款凭证"的【限制类型】单元格，单击 ▼ 按钮，选中"借方必有"，双击【限制科目】单元格，输入限制科目的编码"1001, 1002"；再双击"付款凭证"的【限制类型】单元格，单击 ▼ 按钮，选中"贷方必有"，双击【限制科目】单元格，输入限制科目的编码"1001, 1002"；再双击"转账凭证"的【限制类型】单元格，单击 ▼ 按钮，选中"凭证必无"，双击【限制科目】单元格，输入限制科目的编码"1001, 1002"，如图 4-27 所示。

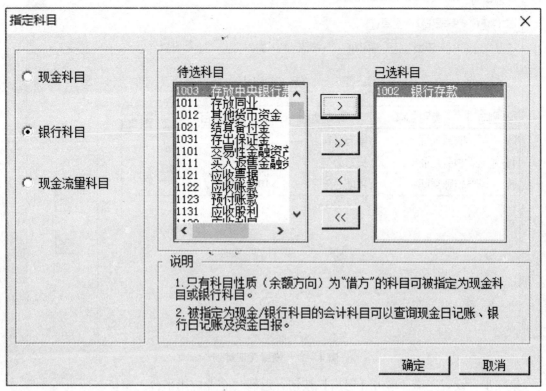

图 4 – 25 指定银行科目

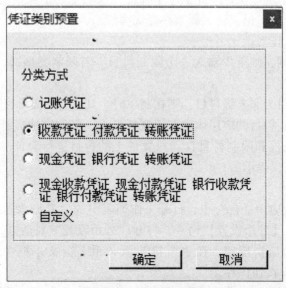

图 4 – 26 凭证类别预置

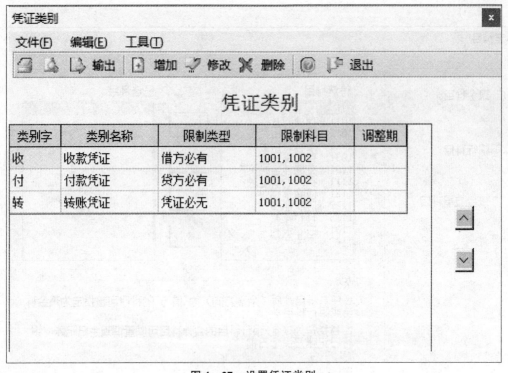

图 4-27 设置凭证类别

第三步：设置完毕，单击【退出】按钮，返回"企业应用平台"窗口。

操作总结：

• 凭证类别的前后顺序决定了凭证库中凭证以及明细账中账项的排列顺序。例如，设置凭证类别排列顺序为收、付、转，那么在查询明细账、日记账时，同一日的凭证，将按照收、付、转的顺序进行排列。

• 若选有科目限制，则至少输入一个限制科目。若限制类型选"无限制"，则不能录入限制科目。

• 若选有限制科目为非末级科目，则在制单时，其所有下级科目都将受到同样限制。

• 限制条件和限制科目的应用体现在填制凭证上。填制完成凭证保存时，系统依据凭证类型所对应的限制条件和限制科目自动对凭证上的科目进行验证。满足条件的，可以保存，否则系统则给出错误提示。

7. 设置外币及汇率

第一步：在"企业应用平台"中，打开工作列表中的"基础设置"选项卡，执行【基础档案】|【财务】|【外币设置】命令，打开"外币设置"对话框。

第二步：单击【增加】按钮，在"币符"及"币名"文本框中分别输入"USD"和"美元"，单击【确认】按钮保存。

第三步：在"外币设置"对话框中，选中左侧框中的"美元"币种，单击【固定汇率】按钮，在"2016.01"的"记账汇率"栏目中输入"6.58"，如图 4-28 所示。输入完毕，单击【退出】按钮，系统弹出"是否退出"提示框，单击【是】按钮，返回"企业应用平台"窗口。

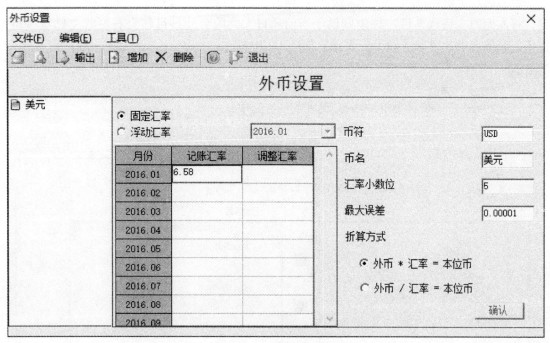

图 4-28 设置外币及汇率

8. 项目目录

第一步：在"企业应用平台"中，打开工作列表中的"基础设置"选项卡，执行【基础档案】│【财务】│【项目目录】命令，打开"项目档案"对话框。

第二步：单击【增加】按钮，打开"项目大类定义—增加"对话框。录入新项目大类名称"产品核算"，单击【下一步】按钮。定义"项目级次"，采用系统默认设置，单击【下一步】。定义项目栏目，采用系统默认设置，单击【完成】按钮，如图 4-29 所示。

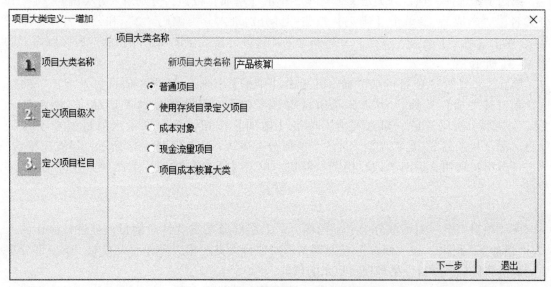

图 4-29 设置项目目录—定义项目大类

第三步：单击项目大类右侧 按钮，选中"项目大类—产品核算"，然后单击 功能键，将左侧的"待选科目"栏中归属于当前项目大类的会计科目移至右侧的"已选科目"栏中，完成选中，单击【确定】按钮。如图4-30所示。

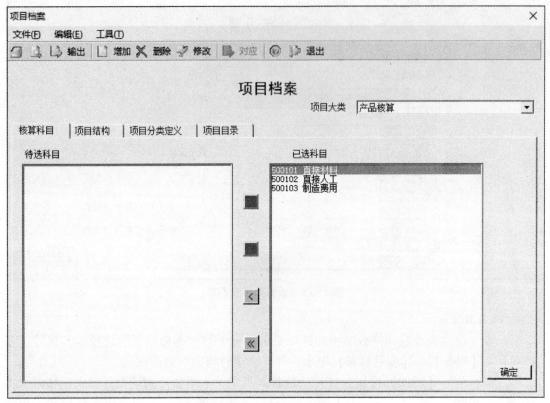

图4-30 设置项目目录—指定核算科目

第四步：选择"项目分类定义"选项，单击【增加】按钮，分别录入分类编码"1"和分类名称"产成品"，单击【确定】按钮。再分别录入分类编码"2"和分类名称"半成品"，单击【确定】按钮。系统自动将新增的项目分类显示在选项卡左侧的空白区域内。如图4-31所示。

第五步：选择"项目目录"命令，单击【维护】按钮，打开"项目目录维护"对话框，单击【增加】按钮，分别录入项目编号"01"、项目名称"A产品"、是否结算"否"、所属分类码"1"，录入完成，单击【增加】按钮，再分别录入项目编号"02"、项目名称"B产品"、是否结算"否"、所属分类码"1"，如图4-32所示，设置完毕后，单击【退出】按钮，返回"项目档案"窗口。单击【退出】按钮，返回"企业应用平台"窗口。

操作总结：

• "项目档案"对话框分为上下两部分，上层部分是主要针对项目大类进行操作的区域。"增加""删除"和"修改"功能键是针对项目大类的相应操作而设置的。下层部分主要完成核算科目、项目分类和项目目录的设置。

• 项目大类的名称是该项目的总称，而不是会计科目名称。如在建工程按具体工程项目核算，其项目大类名称应为"工程项目"而不是"在建工程"。

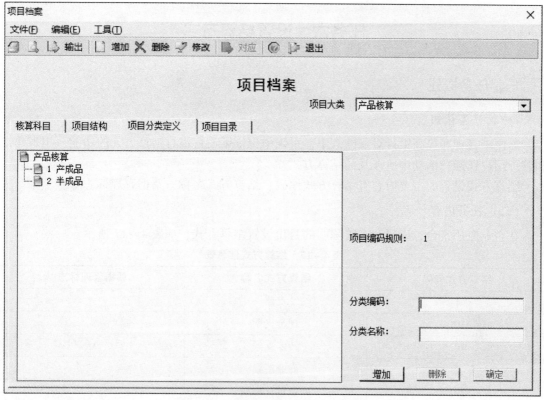

图4-31 设置项目目录—定义项目分类

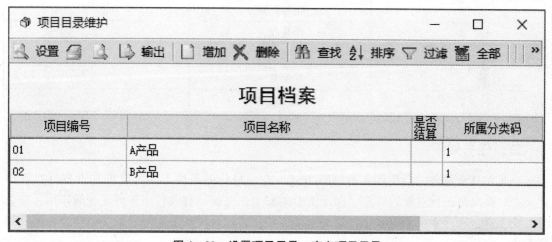

图4-32 设置项目目录—定义项目目录

• "项目档案"窗口中,"核算科目"选项卡中的待选科目是指设置科目时选择了辅助核算中"项目核算"功能的科目。一个项目大类可以指定多个核算科目,一个核算科目只能指定到一个项目大类。

• 为便于统计,可对同一项目大类下的项目进一步分类,即定义项目分类。若无分类,也必须定义项目分类为"无分类"。

• 在"项目目录维护"对话框中若多出一行,可按"Esc"键退出。

• 标识结算后的项目将不能再使用。

任务六　设置结算方式

一、任务概述

（一）任务认知

为便于管理和提高银行对账的效率，系统中提供了设置银行结算方式的功能，用来建立和管理用户在经营活动中所涉及的结算方式。

结算方式设置的主要内容有结算方式编码、结算方式名称、票据管理标志等。

（二）任务内容

在企业应用平台，以账套主管陈明的身份设置结算方式，如表 4-17 所示。

表 4-17　结算方式信息表

结算方式编码	结算方式名称	票据管理标志
1	支票	
101	现金支票	√
102	转账支票	√
2	商业汇票	
201	商业承兑汇票	
202	银行承兑汇票	
3	银行汇票	
4	委托收款	
5	托收承付	
6	汇兑	
7	现金缴款单	

二、任务知识

企业在日常业务中会使用多种结算方式。在信息化的条件下，可以事先设置好结算方式，这对提高与银行对账的效率，保证资金的安全、完整和有效利用起到显著的作用，在总账系统、资金管理系统、应收应付管理系统、销售管理系统和采购管理系统中均会使用到结算方式。

三、任务实施

设置结算方式（见表 4-17）。

第一步：在"企业应用平台"中，打开工作列表中的"基础设置"选项卡，执行【基础档案】|【收付结算】|【结算方式】命令，打开"结算方式"窗口。

第二步：单击【增加】按钮，输入"结算方式编码"和"结算方式名称"，根据需要选择"是否票据管理"以及"对应票据类型"，输入完毕，单击按钮，如图 4-33 所示。

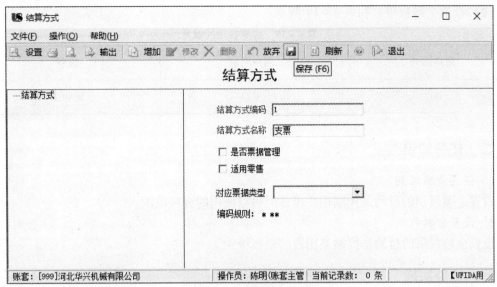

图4-33 设置结算方式

第三步：设置其他结算方式，重复第二步操作，设置完毕，单击【退出】按钮，返回"基础设置"窗口。

操作总结：

● 在总账系统中，结算方式将会在使用"银行账"类科目填制凭证时使用，并可作为银行对账的一个参数。

● 若选中"是否票据管理"复选框，则在执行该种结算方式时，系统会提示记录发生该笔业务的票据信息，否则不会提示。

● 结算方式一旦被使用，则不能修改和删除。

任务七 分配金额权限

一、任务概述

（一）任务认知

企业在日常业务中会涉及一些会计业务金额，例如采购订单审核的金额额度、科目制单的金额额度，对于某些用户来说是有限制的。分配金额权限分为设置金额级别和设置金额权限两部分。

（二）任务内容

在企业应用平台，以账套主管陈明的身份设置金额级别和金额权限。

（1）设置金额级别，如表4-18所示。

表4-18 金额级别的设置

科目编码	科目名称	级别一	级别二	级别三	级别四	级别五	级别六
1001	库存现金	1 000	2 000	3 000	4 000	5 000	6 000

（2）设置金额权限，如表 4 – 19 所示。

表 4 – 19　金额权限的设置

用户编号	用户名称	级别
002	王晶	级别三

二、任务知识

1. 设置金额级别

设置金额级别的目的是控制用户操作时可以使用的金额范围。

2. 设置金额权限

设置金额权限的目的是控制某用户的金额级别。

三、任务实施

1. 设置金额级别

第一步：在"企业应用平台"中，打开工作列表中的"系统服务"选项卡，执行【权限】|【金额权限分配】命令，打开"金额权限设置"窗口，单击 级别 按钮，打开"金额级别设置"窗口。

第二步：单击【增加】按钮，录入科目编码、相应级别等信息，录入完毕，单击 按钮。单击【退出】按钮，返回"金额权限设置"窗口，如图 4 – 34 所示。

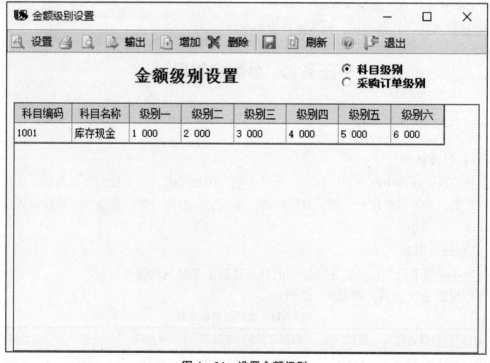

图 4 – 34　设置金额级别

操作总结：

● 设置科目金额级别时，上下级科目不能同时出现，如果对某科目设置上级，则对该科目所有下级科目适用。

● 从级别一至六级，金额必须逐级递增，不允许中间为空，但允许最后有不设置的级别，不设置金额的级别表示没有限额。

● 用户可对"科目""采购订单"设置不同的级别，分别保存。

2. 设置金额权限

在"金额权限设置"窗口中，单击 增加 按钮，录入用户编码、级别等信息，录入完成，单击 按钮。设置完毕，单击【关闭】按钮，返回"企业应用平台"窗口，如图 4 – 35 所示。

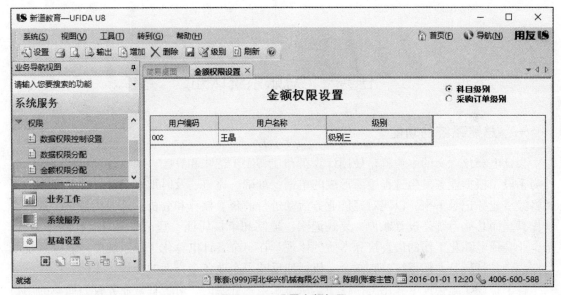

图 4 – 35 设置金额权限

操作总结：

● 设置科目级别后，当对一个用户设置了一个级别，相当于该用户对所有的已设置级别的科目具有相同的金额限制。

● 金额权限控制中有三种情况不受控制：调用常用凭证生成的凭证、期末转账结转生成的凭证、在外部系统生成的凭证，如果超出金额权限，保存凭证时则不受限制。

总账系统

任务一　总账系统认知

一、总账系统的功能

会计电算化含义的本源就是使用计算机和代替手工记账和算账，即以计算机和相应的软件为手段，根据业务发生过程中所形成的单据，准确、完整、及时地以会计凭证和账表的形式将经济业务记录下来，以便对经济业务活动进行监督、核算和分析，从而代替手工进行会计核算。而总账系统是设置账户、复式记账、填制和审核凭证、登记账簿等工作的子系统，是企业会计电算化工作的最直接和本质的体现。在整个会计电算化工作系统中，总账系统既是核心，又是最基本的系统，它综合、概括地反映了企业各个方面的会计工作内容。

各个企业实施会计电算化工作往往是从总账系统开始的。对于日常业务较为简单的用户来说，仅需依靠总账系统即可实现会计核算的基本要求；而对于日常业务较为复杂的企业来说，则必须在总账的基础上，依靠其他业务管理系统来实现对日常业务的有效管理。总账系统主要包括系统初始化、凭证处理、账簿管理、往来管理、出纳管理、期末管理等子系统。总账系统的模块结构如图 5-1 所示。

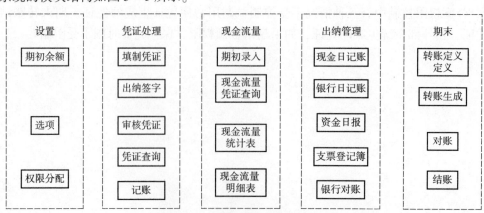

图 5-1　总账系统的模块结构

二、总账系统的数据传递关系

总账系统的操作从系统的初始化设置工作开始到结账结束。因业务类型的不同操作流程有所区别。总账系统数据传递如图 5 – 2 所示。

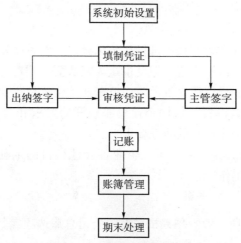

图 5 – 2　总账系统数据传递

三、总账系统与其他业务管理系统之间的数据传递关系

总账系统是用友 ERP 软件的核心，其他业务管理系统的数据都必须传输到总账系统中，同时总账系统要把数据传递到其他子系统，进行处理。总账系统与其他系统之间的数据传递关系如图 5 – 3 所示。总账系统接收应收系统、应付系统、固定资产管理系统、薪资系统等系统生成的凭证，对其进行审核、记账，同时又向财务分析系统、UFO 报表系统提供财务数据，生成会计报表及其财务分析表。

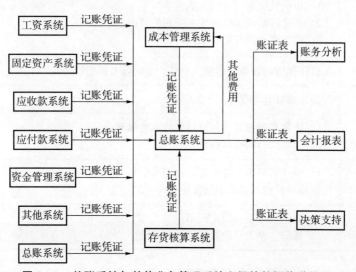

图 5 – 3　总账系统与其他业务管理系统之间的数据传递关系

任务二 总账系统初始化

一、任务概述

（一）任务内容

总账系统在启用后，首先要对系统进行初始化设置，即总账初始化。总账初始化一般由账套主管完成。通俗地讲，初始化就是把变量赋为默认值，把控件设为默认状态，把没准备的准备好，从而为应用和运行总账提供保障。总账初始化操作主要包括以下内容：

（1）总账系统选项参数设置。依据企业总账核算的要求和规则，对系统的选项进行设置，从而使系统功能符合企业自身的业务要求。

（2）期初余额录入和试算平衡。录入企业各会计科目的期初余额，并进行试算平衡，从而完成企业的财务建账工作。

（二）任务资料

（1）设置总账系统选项参数。华兴机械有限公司总账选项参数如表 5 - 1 所示。

表 5 - 1 华兴机械有限公司总账选项参数

选项卡	参数设置
凭证	1. 制单序时控制 2. 支票控制 3. 赤字控制：资金及往来科目 4. 可以使用应收、应付、存货受控科目 5. 凭证编号方式采用系统编号 6. 取消"现金流量科目必录现金流量科目"选项
权限	1. 出纳凭证必须经由出纳签字 2. 不允许修改、作废他人填制的凭证 3. 明细账查询权限控制到科目
凭证打印	打印凭证的制单、出纳、审核、记账等人员的姓名
预算控制	超出预算允许保存
账簿	1. 账簿打印位数、每页打印行数按标准设定 2. 明细账打印按月排页
会计日历	1. 会计日历为 1 月 1 日—12 月 31 日 数量小数位和单价小数位设置为"2"
其他	1. 外汇汇率采用固定汇率 2. 部门、个人、项目按编码方式排序

2. 录入总账系统期初余额并进行试算平衡。华兴机械有限公司总账期初余额如表 5 - 2 所示。

表5-2　华兴机械有限公司总账期初余额

科目代码	科目名称	计量单位	方向	期初余额/元	辅助核算数据
1001	库存现金		借	30 900.00	
1002	银行存款		借	1 250 000.00	
100201	工行存款		借	1 000 000.00	
100202	建行存款		借	250 000.00	
1012	其他货币资金		借	150 400.00	
1101	交易性金融资产		借	20 000.00	
1121	应收票据		借	351 000.00	日期：2015.12.25；凭证号：转-24；客户：宏大集团；业务员：付晓情；摘要：销售；方向：借；金额：351 000元；票号：101225
1122	应收账款		借	234 000.00	1. 日期：2015.12.26；凭证号：转-25；客户：鑫泉集团；业务员：付晓情；摘要：销售；方向：借；金额：117 000元；票号：101226 2. 日期：2015.12.27；凭证号：转-26；客户：万达集团；业务员：陈清明；摘要：销售；方向：借；金额：117 000元；票号：101227
1221	其他应收款		借	8 000.00	1. 日期：2015.12.20；凭证号：付-18；部门：销售一部；个人：付晓情；摘要：借差旅费；方向：借；金额：5 000元 2. 日期：2015.12.22；凭证号：付-19；部门：销售二部；个人：陈清明；摘要：借差旅费；方向：借；金额：3 000元
1231	坏账准备		贷	1 170.00	
1401	材料采购		借	150 000.00	
140101	甲材料		借	100 000.00	
		吨		4 000.00	
140102	乙材料		借	50 000.00	
		吨		1 250.00	

续表

科目代码	科目名称	计量单位	方向	期初余额/元	辅助核算数据
1403	原材料		借	452 400.00	
140301	甲材料		借	150 000.00	
		吨		5 000.00	
140302	乙材料		借	302 400.00	
		吨		7 200.00	
1405	库存商品		借	1 750 000.00	
		件		75 000.00	
140501	A 产品		借	1 500 000.00	
		件		25 000.00	
140502	B 产品		借	250 000.00	
		件		50 000.00	
1411	周转材料		借	144 400.00	
1511	长期股权投资		借	280 000.00	
1601	固定资产		借	1 746 000.00	
1602	累计折旧		贷	478 600.00	
1701	无形资产		借	326 540.00	
1801	长期待摊费用		借	160 000.00	
2001	短期借款		贷	800 000.00	
2201	应付票据		贷	468 000.00	日期：2015.02.16；凭证号：转 – 15；客户：信达公司；业务员：刘凤美；摘要：购进；方向：贷；金额：468 000 元；票号：101216
2202	应付账款		贷	147 000.00	
220201	应付款项		贷	117 000.00	日期：2015.02.16；凭证号：转 – 116；客户：宝琳公司；业务员：刘凤美；摘要：购进；方向：贷；金额：117 000 元；票号：101217
220202	暂估应付款项		贷	30 000.00	
2211	应付职工薪酬		贷	43 590.00	

续表

科目代码	科目名称	计量单位	方向	期初余额/元	辅助核算数据
2221	应交税费		贷	354 360.00	
222102	未交增值税		贷	128 000.00	
222103	应交所得税		贷	213 560.00	
222104	应交城市维护建设费		贷	12 800.00	
2231	应付利息		贷	2 680.00	
2241	其他应付款		贷	6 800.00	
2501	长期借款		贷	900 000.00	
4001	实收资本		贷	1 000 000.00	
4002	资本公积		贷	682 052.00	
4101	盈余公积		贷	886 000.00	
4104	利润分配		贷	1 283 388.00	
410405	未分配利润		贷	1 283 388.00	

二、任务知识

(一) 总账系统选项参数

1. "凭证"选项

"凭证"选项的设置是为了进行凭证的操作，包括制单控制、凭证控制、凭证编号方式、现金流量参照科目等内容，"凭证"选项中的各个选项如图 5-4 所示。

(1) 制单控制。

【制单序时控制】：此项和"系统编号"选项连用。若选取该项，制单时凭证编号必须按日期顺序排列。例如，系统中已制单的凭证已经排到 1 月 20 日第 30 号，则新填制的凭证只能从 21 日第 31 号起排序，不能插入 1 月 20 日以前的凭证。

注意：若凭证的类别是"收款凭证、付款凭证、转账凭证"或者其他非记账凭证，则在进行序时控制时，使不同类别的凭证各自进行序时控制，各自编号。

【支票控制】：若选择此项，在制单时使用银行科目编制凭证时，系统针对票据管理的结算方式进行登记，若录入支票号在支票登记簿中已存，系统提供登记支票报销的功能；否则，系统提供登记支票登记簿的功能。

【赤字控制】：若选择了此项，在制单时，当"资金及往来科目"或"全部科目"的最新余额出现负数时，系统将予以提醒，并提供提示、严格两种方式。

【可以使用应收受控科目】：如果勾选，表示该科目为应收款管理系统的受控科目，则只能在应收系统使用该科目生成凭证，在总账系统不能使用该科目填制凭证。

【可以使用应付受控科目】：如果勾选，表示该科目为应付款管理系统的受控科目，则只能在应付系统使用该科目生成凭证，在总账系统不能使用该科目填制凭证。

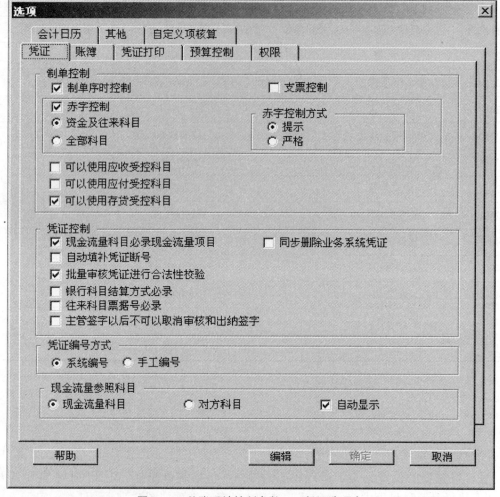

图 5-4 总账系统控制参数——凭证选项卡

【可以使用存货受控科目】：如果勾选，表示该科目为存货管理系统的受控科目，则只能在存货管理系统使用该科目生成凭证，在总账系统不能使用该科目填制凭证。

注意：【可以使用应收受控科目】【可以使用应付受控科目】和【可以使用存货受控科目】三个选项设置是为了防止重复制单，避免总账和相关业务"应收款管理""应付款管理""存货管理"系统的对账不平。

（2）凭证控制。

【现金流量科目必录现金流量项目】：如果勾选，表示在录入凭证时如果使用现金流量科目，则必须输入现金流量项目及金额。

【自动填补凭证断号】：如果选择凭证编号方式为系统编号，则在新增凭证时，系统按凭证类别自动查询本月的第一个断号默认为本次新增凭证的凭证号。如无断号则为新号，与原编号规则一致。

【批量审核凭证进行合法性校验】：如果勾选，则在批量审核凭证时对凭证进行二次检查，提高凭证输入的正确率，合法性校验与保存凭证时的合法性校验相同。

【银行科目结算方式必录】：选中该选项，则填制凭证时结算方式必须录入；若录入的结算方式时勾选了"是否票据管理"，则票据号也控制为必录，否则票据号不控制必录。不选中该选项，则结算方式和票据号都不控制必录。

【往来科目票据号必录】：选中该选项，填制凭证时往来科目必须录入票据号。

【同步删除外部系统凭证】：选中该选项，外部系统删除凭证时相应地将总账凭证同步删除。否则，将总账凭证作废，不予删除。

（3）凭证编号方式。

系统在"填制凭证"功能中一般按照凭证类别按月自动编制凭证编号，即"系统编号"；但有的企业需要系统允许在制单时手工录入凭证编号，即"手工编号"。是否勾选由企业根据自身的核算要求进行选择。

（4）现金流量参照科目。

用来设置现金流量录入界面的参照内容和方式。"现金流量科目"选项勾选时，系统只参照凭证中的现金流量科目；"对方科目"选项勾选时，系统只显示凭证中的非现金流量科目。"自动显示"选项勾选时，系统依据前两个选项将现金流量科目或对方科目自动显示在指定现金流量项目的界面中，否则需要手工参照选择。

2."权限"选项卡

"权限"选项中各选项如图5-5所示。其中：

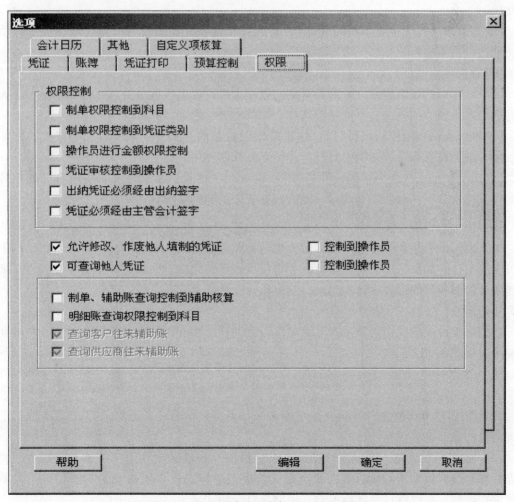

图5-5 总账系统控制参数——权限选项卡

【制单权限控制到科目】：选择此项，则在制单时，操作员只能使用具有相应制单权限的科目进行制单。

注意：要在系统管理的"功能权限"中设置科目权限，再选择此项，权限设置有效。

【制单权限控制到凭证类别】：选择此项，则在制单时，只显示此操作员有权限的凭证类别。同时在凭证类别参照中按人员的权限过滤出有权限的凭证类别。

注意：要在系统管理的"功能权限"中设置凭证类别权限，再选择此项，权限设置有效。

【操作员进行金额权限控制】：选择此项，可以对权限不同的人员进行金额大小的控制，例如主管可以对 10 万元以上的经济业务制单，一般财务人员只能对 5 万元以下的经济业务制单等，这样可以减少由于不必要的责任事故带来的经济损失。

【凭证审核控制到操作员】：若对凭证审核范围有明确分工或者审核只能由特定人员完成，则应选择此项。

【出纳凭证必须经由出纳签字】：若要求现金、银行科目凭证必须由出纳人员核对签字后才能记账，则应选择此项。

【凭证必须经由主管会计签字】：若要求所有凭证必须由主管签字后才能记账，则应选择此项。

【允许修改、作废他人填制的凭证】：若选择了此项，在制单时可修改或作废别人填制的凭证，否则不能修改。

【可查询他人凭证】：如允许操作员查询他人凭证，则选择"可查询他人凭证"。

注意：这里的查询凭证，主要是查询同级别人员或者上级人员的凭证。如果是上级人员查询下级人员填制的凭证，不论是否选择，则都能进行查询。

【明细账查询权限控制到科目】：这里是权限控制的开关，在系统管理中设置明细账查询权限，必须在总账系统选项中打开，才能起到控制作用。

【制单、辅助账查询控制到辅助核算】：设置此项权限，制单时才能使用有辅助核算属性的科目录入分录，辅助账查询时只能查询有权限的辅助项内容。

（二）期初余额录入

录入期初余额是企业在启用账套后，将期初业务数据录入系统中，这是初始化工作中必不可少的工作。如果是年初建立账套，可直接录入年初余额。如果是非年初建立账套，则录入建账月份前各月的借方累计发生额、贷方累计发生额和建账月份的期初余额，系统将自动计算年初余额。

在用友软件中的期初余额录入界面可以看到期初余额有 3 种不同的颜色。总账系统期初余额录入如图 5-6 所示。

（1）数据栏为白色，表示该科目是末级科目且不带有辅助核算项，可以直接录入科目余额。

（2）数据栏为灰色，表示该科目是非末级科目，此余额不需录入，系统将根据其下级明细科目的余额自动汇总计算并显示。

（3）数据栏为黄色，表示该科目是末级科目但带有辅助核算项，在录入期初余额时需将光标移至设有辅助项的科目处，双击鼠标，进入"辅助核算期初录入"窗口，录入辅助核算期初数据，系统将自动计算汇总其辅助核算金额并显示。

科目名称	方向	币别/计量	期初余额
库存现金	借		
银行存款	借		
工行存款	借		
建行存款	借		
中行存款	借		
	借	美元	
存放中央银行款项	借		
存放同业	借		
其他货币资金	借		
结算备付金	借		
存出保证金	借		
交易性金融资产	借		
买入返售金融资产	借		
应收票据	借		
应收账款	借		
预付账款	借		
应收股利	借		
应收利息	借		
应收代位追偿款	借		
应收分保账款	借		
应收分保合同准备金	借		
其他应收款	借		
坏账准备	贷		
贴现资产	借		

图 5 - 6　总账系统期初余额录入

三、任务实施

(一) 设置总账系统选项参数

第一步：以用户 "001 陈明" 登录企业应用平台，在 "业务工作" 选项卡下执行【财务会计】|【总账】|【设置】|【选项】命令，打开 "选项" 对话框，系统默认为 "凭证" 选项卡界面，如图 5 - 7 所示。

第二步：单击【编辑】按钮，单击 "支票控制" 前的复选框；单击 "可以使用应收受控科目" 前的复选框；单击 "可以使用应付受控科目" 前的复选框；取消 "现金流量科目必录现金流量项目" 前复选框的 "对勾" 符号。操作界面如图 5 - 8 所示。

第三步：单击 "权限" 选项卡，单击 "出纳凭证必须由经出纳签字" 前的复选框；取消 "允许修改、作废他人填制的凭证" 前复选框的 "对勾" 符号；单击 "明细账查询权限控制到科目" 前的复选框。操作界面如图 5 - 9 所示。

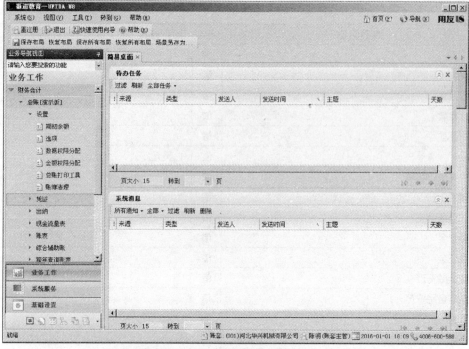

图 5-7 打开总账系统"选项"

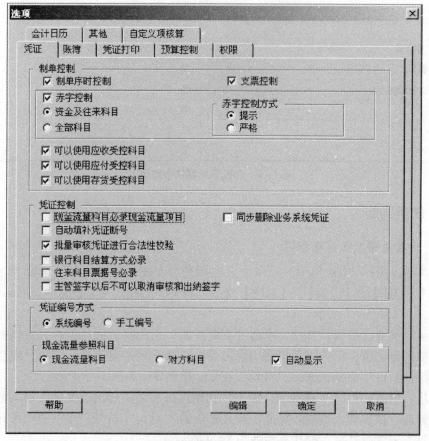

图 5-8 总账系统选项——"凭证"选项卡

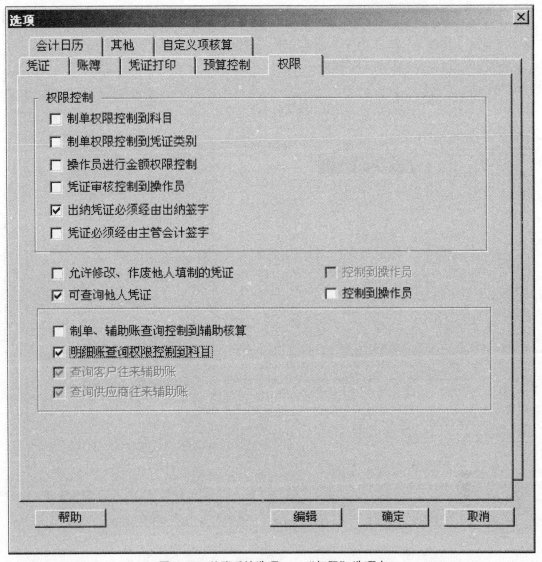

图 5 - 9 总账系统选项——"权限"选项卡

第四步：单击"会计日历"选项卡，修改"数量小数位"为"2"，修改"单价小数位"为"2"。操作界面如图 5 - 10 所示。

第五步：以上步骤设置完毕后，单击【确定】按钮，返回企业应用平台。

（二）录入总账系统期初余额并试算平衡

1. 录入一般科目的期初余额（以"库存现金""材料采购——甲材料"为例）

第一步：以用户"001 陈明"登录企业应用平台，在"业务工作"选项卡下执行【财务会计】|【总账】|【设置】|【期初余额】命令，打开"期初余额录入"对话框，系统显示所有已设置的会计科目列表，找到"库存现金"科目所在行，可以看到其数据栏为白色，双击此数据栏并直接录入该科目的期初余额"30 900"，操作界面如图 5 - 11 所示。

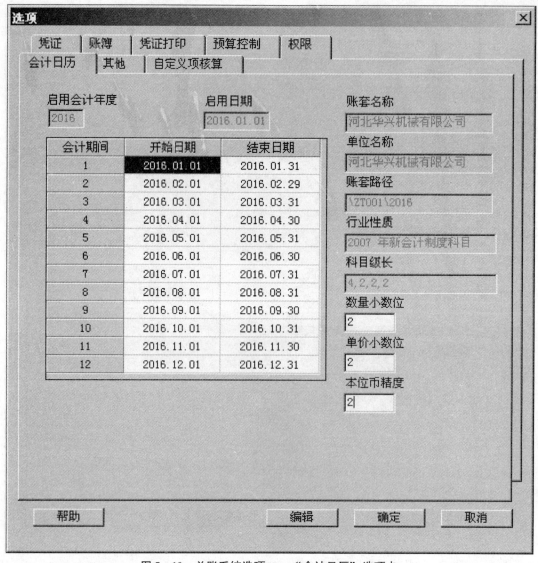

图 5 – 10　总账系统选项——"会计日历"选项卡

　　第二步：继续在会计科目列表中找到"材料采购—甲材料"科目所在行，可以看到其数据栏依然为白色，双击此数据栏并直接录入该科目的期初余额"100 000"，同时将光标移至该行的下一行，可以看到在"币别/计量"栏处显示"吨"，双击此行数据栏并直接录入该科目的期初数量"4 000"，操作界面如图 5 – 12 所示。

　　2. 录入辅助核算科目的期初余额（以"应收票据"为例）

　　第一步：在企业业务平台"业务工作"选项卡下，执行【财务会计】|【总账】|【设置】|【期初余额】命令，打开"期初余额录入"对话框，系统显示所有已设置的会计科目列表，找到"应收票据"科目的所在行，可以看到其数据栏为黄色，双击数据栏，打开与辅助核算项对应的"辅助期初余额"录入窗口，如图 5 – 13 所示。

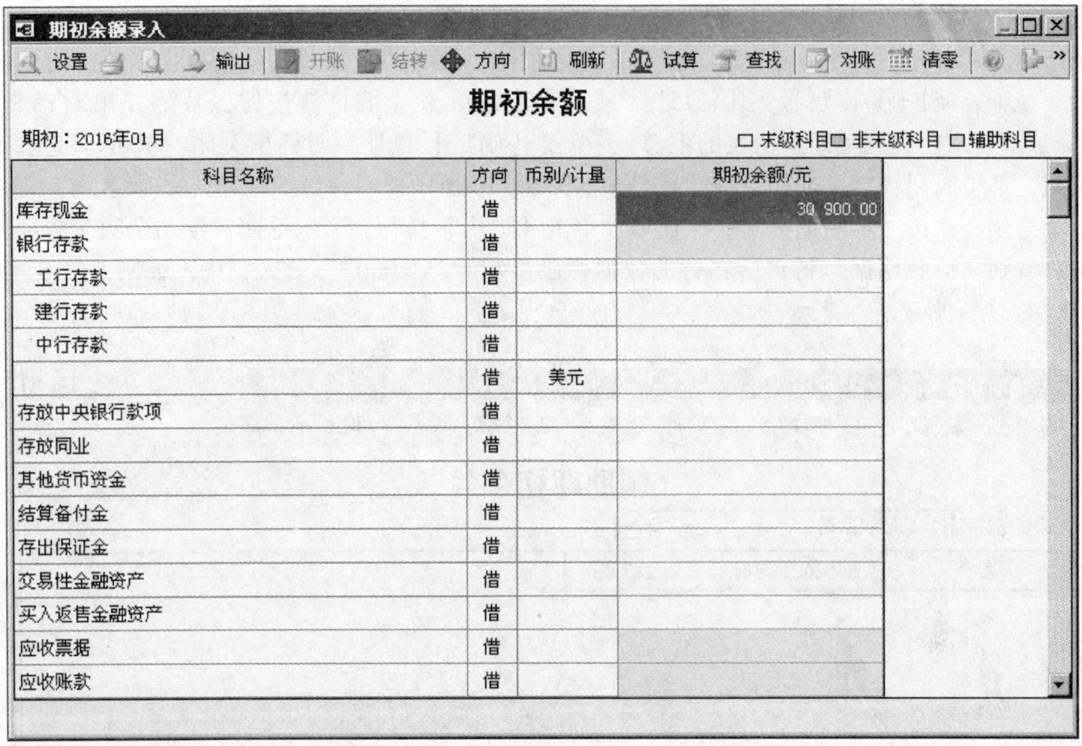

图 5－11　录入期初余额——“库存现金”

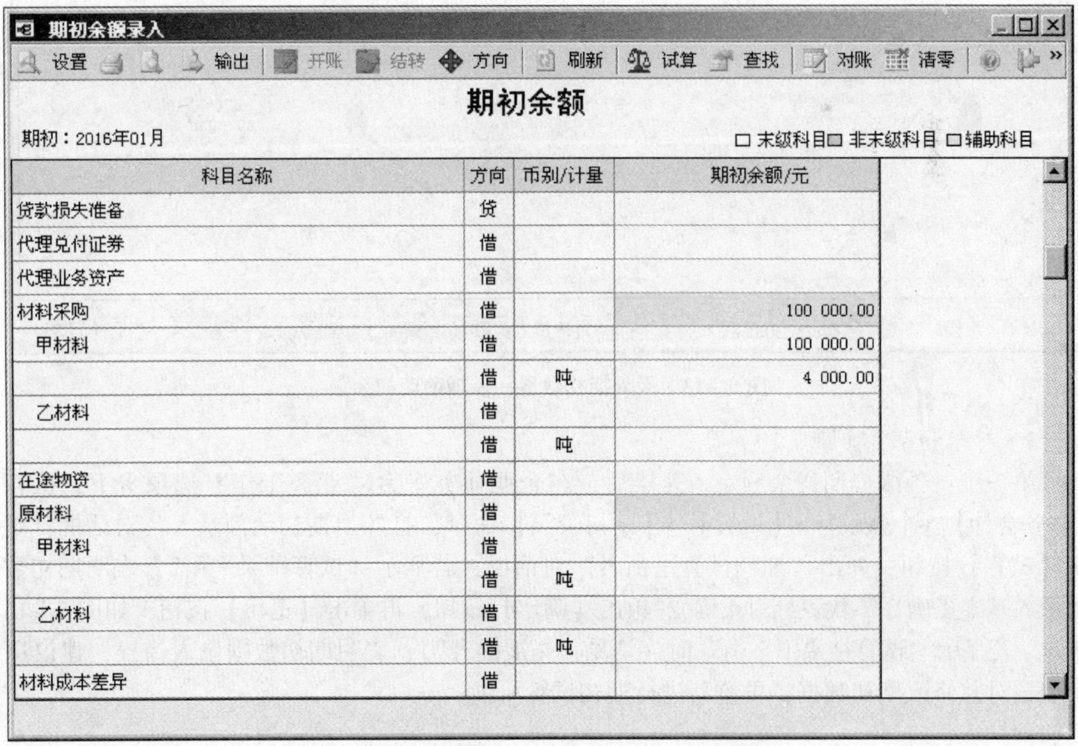

图 5－12　录入期初余额及数量——“甲材料”

第二步：在"辅助期初余额"录入窗口，单击【往来明细】按钮，在打开的"期初往来明细"窗口，单击【增行】按钮，录入"应收票据"科目的期初往来明细资料："日期：2015-12-25，凭证号：转-24，客户：宏大集团，业务员：付晓情，摘要：销售，方向：借，金额：351 000，票号：101225"，录入完毕，单击【汇总】按钮，系统弹出对话框"完成了往来明细到辅助期初表的汇总"，单击【确定】按钮，对话框关闭，单击"退出"按钮，系统回到"辅助期初余额"窗口，如图5-14所示。

第三步：在"辅助期初余额"窗口，单击【退出】按钮，系统返回"期初余额"界面，可以看到"应收票据"科目所在行的数据栏已显示"351 000"，录入完毕，如图5-15所示。

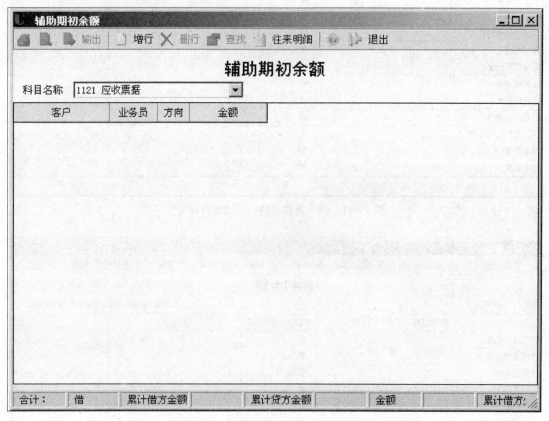

图5-13 录入期初数量——辅助期初余额

3. 对账和试算平衡

第一步：各账户期初余额录入完毕后，在企业业务平台"业务工作"选项卡下，执行【财务会计】|【总账】|【设置】|【期初余额】命令，打开"期初余额录入"对话框，单击【试算】按钮，弹出"期初试算平衡表"对话框，若显示"试算结果平衡"，表明期初数据录入基本正确（不代表绝对正确），单击【确定】按钮，再单击【退出】按钮，如图5-16所示。若显示"试算结果不平衡"时（请见"拓展提升"），表明期初数据录入错误，建议进一步核对并修改期初数据，再重新进行期初试算平衡。

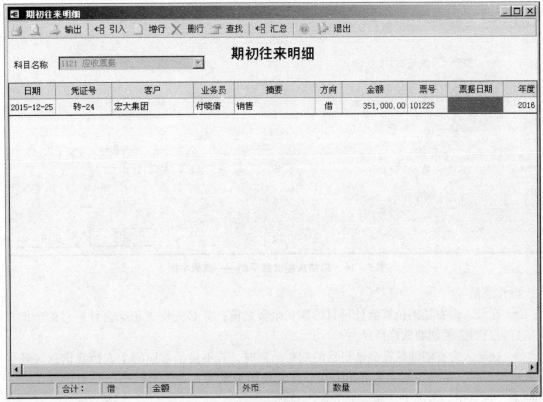

图 5 – 14 录入期初数量——期初往来明细

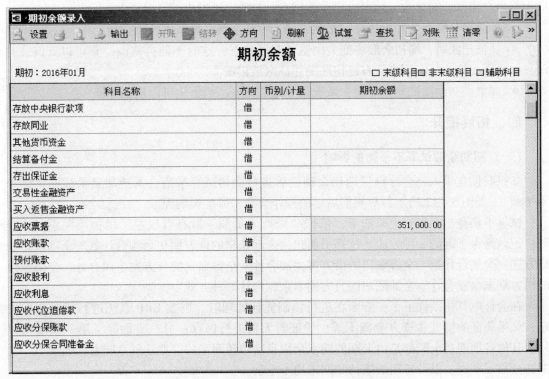

图 5 – 15 录入期初数量——"应收票据"

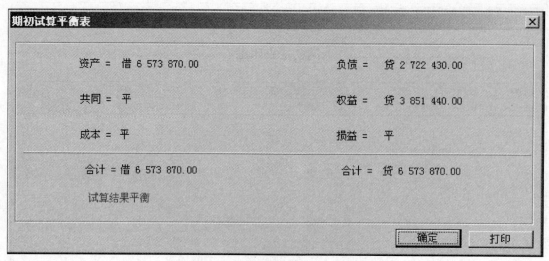

图 5 − 16　期初余额试算平衡——结果平衡

操作总结：

● 在录入带有辅助核算会计科目的期初余额之前，务必先设置正确会计科目的辅助核算信息以及对应的辅助核算目录。

● 在录入带有辅助核算会计科目的期初余额时，若不显示对应的个人档案信息（或录入人员编码时，系统提示"人员非法"），可能是因为未录入"人员档案"信息，或在"人员档案"设置中，未选中"是否业务员"选项。

● 在录入带有辅助核算会计科目的期初余额时，如果在辅助核算项对应的期初录入窗口中多出空白行，而导致无法退出，可按键盘"ESC"键退出。

● 如果会计科目为外币核算，必须先录入本币余额，再录入外币余额。

● 凭证记账后，期初余额将变为浏览、只读状态，这时不能再修改，只可以查询或打印，如果需要修改，必须将所有已记账的凭证取消记账。

● 如果期初余额试算不平衡，系统将不允许记账，但仍然可以填制凭证。

四、拓展提升

（一）期初余额试算不平衡的影响

如果我们在录入完会计科目期初余额之后进行期初试算平衡，系统却显示试算"结果不平衡"，如图 5 − 17 所示，对我们后续的操作会产生哪些影响呢？

试算平衡是指在借贷记账法下，依据"资产 = 负债 + 所有者权益"的恒等关系，检查账户记录是否正确的一种方法。试算平衡包括全部账户的借方期初余额合计数 = 全部账户的贷方期初余额合计数、全部账户的借方发生额合计 = 全部账户的贷方发生额合计、全部账户的借方期末余额合计 = 全部账户的贷方期末余额合计三种方式。

在会计电算化条件下，一方面在进行填制凭证处理时，用友 ERP 系统进行了强制性设定，如果凭证的借方和贷方金额不等，凭证时无法进行保存；另一方面除了第一次期初以外，其他各期期初余额都是由上期的期末余额自动结转而来的。那这就意味着，如果第一次期初余额不平衡，以后各期的期初和期末均不平衡。

所以，在用友 ERP 系统中，如果期初余额试算不平衡，则会产生以下结果：

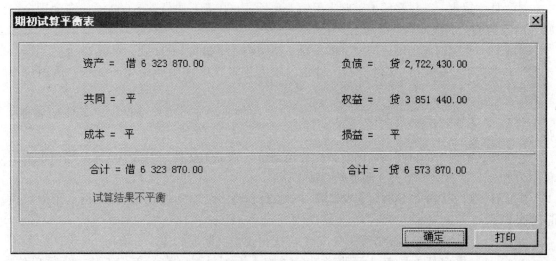

图 5 - 17　期初余额试算平衡——结果不平衡

（1）不影响凭证的填制。因为填制凭证产生的只是发生额，余额是否平衡与发生额无关。所以，可以填制凭证并保存。

（2）影响记账。因为记账的效果不仅是把账户的发生额自动登记到对应账户上，除此之外，还会产生余额。在期初余额不平衡，若能够记账，则会造成以后各期的余额皆不平衡，所以，在期初余额不平衡的情况下，是不能记账的。

任务三　凭证处理

一、任务概述

（一）任务认知

总账系统的初始化设置工作完成后，就进入凭证处理阶段。凭证处理就是对日常业务进行账务处理，是企业依据财务软件进行会计电算化的代表，同样是进行后续期末管理和报表管理的基础和前提。凭证处理业务一般由具有相应权限的会计岗位人员完成，具体任务内容包括：

（1）凭证的输入。

（2）出纳签字（可在选项中勾选，一般企业均选择）。

（3）凭证的审核。

（4）记账。

（二）任务资料

（1）根据经济业务进行凭证录入，河北华兴机械有限公司 2016 年 1 月发生的经济业务如下：（要求制单日期与业务发生日期保持一致）

①1 日，冲销上年末暂估入账的甲材料，数量 1 000 吨，暂估单价 30 元。

②1 日，财务部王晶签发现金支票（xj001）从工商行提取现金 1 200 元备用（附原始凭证 2 张）。

③2 日，销售一部付晓倩出差归来报销差旅费 4 000 元，原借款 5 000 元，多余现金交回（附原始单据 1 张）。

④3 日，收到河北宝琳公司发来的发票，注明购入甲材料 1 000 吨，单价 25 元，当即开出建行转账支票（zz001）支付贷款。材料已于上年末入库（附原始凭证 2 张，适用税率 17%）。

⑤6 日，销售一部李静到北京出差，预借差旅费 800 元，以现金付讫（附原始凭证 1 张）。

⑥7 日，销售一部付晓倩向河北神兴公司销售 A 产品 100 件，单价 100 元，增值税适用税率为 17%，货款对方暂欠（附原始凭证 2 张）。

⑦8 日，财务部王晶填制现金交款单（xj002），将多余现金 100 元送存工行（附原始凭证 1 张）。

⑧11 日，总经理李力报销医药费 60 元，支付现金（附原始凭证 1 张）。

⑨12 日，供应部刘凤美从河北隆昌公司购入下列材料（数量单位：吨；金额单位：元），如表 5－3 所示，材料未到（附原始凭证 3 张，其中甲材料 2 张，乙材料 1 张）。

表 5－3　购进材料明细

材料名称	数量	单价	总买价	增值税	贷款结算方式
甲材料	3 000	25	75 000	12 750	签发商业承兑汇票
乙材料	1 250	40	50 000	8 500	签发商业承兑汇票
合计	4 250		125 000	21 250	

⑩16 日，制造部向仓库领用下列材料（数量单位：吨；金额单位：元），如表 5－4 所示（附原始凭证 2 张）。

表 5－4　领用材料明细

品种 用途	甲材料			乙材料			合计
	数量	单价	金额	数量	单价	金额	金额
生产 A 产品领用	1 500	30	45 000	400	45	18 000	63 000
生产 B 产品领用	1 200	30	36 000	2000	45	90 000	126 000
车间一般消耗用	100	30	3 000				3 000
管理部门耗用				100	45	4 500	4 500
合计	2 800		84 000	2500		112 500	196 500

⑪17 日，财务部王晶签发工行转账支票（zz002）300 元支付办公费，其中生产车间负担 200 元，管理部门负担 100 元（附原始凭证 2 张）。

⑫18 日，财务部王晶签发建行转账支票（zz003），支付车间管理部门固定资产修理费 1 200 元（附原始凭证 2 张）。

⑬24 日，财务部王晶签发工行转账支票（zz004），支付广告费 9 800 元（附原始凭证 2 张）。

⑭25 日，销售一部李静向大连万达公司出售下列产品（数量单位：件；金额单位：元）如表 5-5 所示，收到对方签发并承兑的商业汇票一张（附原始凭证 2 张）。

表 5-5 销售产品明细

产品名称	数量	单价	售价	增值税
A 产品	2 000	90	180 000	30 600
B 产品	32 000	10	320 000	54 400
合计	34 000		500 000	85 000

⑮28 日，收到外商投入无形资产一项，价值 70 000 元（附原始凭证 2 张）。

⑯28 日，诉讼获胜，收到对方签发的建行转账支票（zz005），获得赔偿 100 000 元（附原始凭证 2 张）。

⑰29 日，销售一部李静出差归来，报销差旅费 1 000 元，补给现金 200 元（附原始凭证 2 张）。

⑱29 日，收到河北神兴公司的转账支票 11 700 元（zzs001），为前欠货款，财务部王晶存入银行（附原始凭证 2 张）。

⑲30 日，财务部王晶以现金方式报销财务部购买办公用品费用 550 元（附原始凭证 1 张）。

⑳30 日，收到电力公司的通知，支付电费，用电分配情况如表 5-6 所示，经审核后财务部王晶签发工行转账支票（zz006）支付（附原始凭证 2 张）。

表 5-6 用电费用分配表

使用部门	耗电量/度	单价/（元·度$^{-1}$）	金额/元
车间办公室	8 000	0.65	5 200
行政部门	3 000	0.52	1 560
合计	11 000		6 760

（2）对符合条件的凭证进行出纳签字、审核凭证。

（3）删除第 19 笔业务填制的凭证。

（4）修改第 18 笔业务填制的凭证，修改内容：转账支票金额"10 000"，票号"zzs002"。

（5）对本月符合条件的凭证记账。

（6）修改第 13 笔业务填制的凭证，修改内容：支付广告费金额为 10 000 元。

二、任务知识

1. 填制凭证

填制凭证是总账系统业务处理的起点，也是所有数据中最主要的来源之一。日常业务处理首先从填制凭证开始。空白凭证从内容上可分为凭证头和凭证体两部分，凭证头包括：凭证类别、凭证编号、凭证日期和附单据数等内容。凭证体则包括：摘要、科目名称、辅助信息、方向和金额等内容。记账凭证如图 5-18 所示。

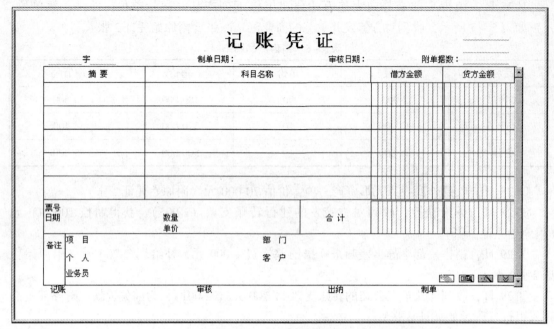

图 5 - 18　记账凭证界面

（1）凭证类别：依据基础设置时定义的凭证类别，在填制凭证时系统会依据凭证类别所对应的限制条件和限制科目自动检查凭证科目和逻辑关系的正确性。在填制凭证时必须确定凭证类别，并且凭证的内容只有符合凭证类别的限制条件和限制科目，才能保存。

（2）凭证编号：用友 ERP 系统按月按凭证类别分别对所填制的凭证进行顺序编号。凭证编号由凭证类别和凭证顺序号组成，如"收 0001""付 0003""转 0004"等，不同类别的凭证各编各号，没有交叉，不能重号。凭证编号一般由系统自动生成，如果有被删除的凭证，会出现凭证断号，可以通过"断号整理"使其恢复编号的连贯性。

（3）凭证日期：包括年、月、日，系统是按照凭证日期的顺序登记相关账簿的。如果在选项设置中选择了"制单序时控制"，则凭证日期必须随着凭证号递增，不能出现凭证号递增而凭证日期倒置的现象。

（4）附单据数：指所填制的凭证所付的原始凭证的张数。该内容系统允许空白，表示没有付原始单据。

（5）摘要：用于说明本行分录所反映的业务内容。摘要是凭证中每行必须填制的内容，摘要内容要求言简意赅。每行分录的摘要内容可以相同，也可以不相同。

（6）科目名称：填写分录时输入的会计科目，必须是末级科目。可以在科目空白栏中直接输入科目的编码、中文科目名称、英文科目名称或助记码，也可以利用系统的参照功能输入相应的科目。

（7）辅助信息：主要指所涉及的科目存在辅助核算功能，所需要填写的与辅助核算所要求的信息，主要包括支票登记簿中结算方式和支票号、客商信息、部门信息、人员信息、数量核算的数量及价格说明等。

（8）金额：科目的发生额不能为零，但可以为红字，红字以负号形式录入，用友 ERP系统要求会计科目的借方金额必须等于贷方金额，否则凭证不能保存。

（9）方向：科目的发生额方向，即借方和贷方。如果输入的金额方向不符，可按空格键调整金额方向。

2．出纳签字

（1）出纳签字并非用友 ERP 系统信息传递的必然流程，是可选择项目，在"总账初始化"选项设置中选取。在企业实际工作中，为了保障资金安全和强化内控防范风险，一般都会进行选择。

（2）出纳签字一般由具有出纳权限的操作人员来进行，其功能是对制单员填制的带有现金或银行存款的凭证进行检查核对，主要核对出纳凭证的出纳科目金额是否正确。签字时认为错误或有异议的凭证，应交予填制人员修改后再核对。

（3）出纳签字命令在执行时，操作员可以对单张凭证进行"出纳签字"，也可以成批进行"出纳签字"。

3．审核凭证

（1）审核凭证是用友 ERP 系统信息传递的必然流程。只有经过审核的凭证，才能进行记账处理。

（2）审核凭证是指具有审核权限的操作员对制单人填制的凭证从业务内容的真实性、会计分录的合理性和数据的准确性等方面进行的检查，目的是避免手工操作中可能出现的错误，并通过审核防止舞弊行为发生。

（3）审核凭证命令在执行时，操作员可以对单张凭证进行审核，也可以成批审核。

（4）审核时认为错误或有异议的凭证，应打上出错标记，同时可写入出错原因并交予填制人员修改后再审核。

注意：在企业中为加强对会计人员制单的管理，常常采用经主管会计签字后的凭证才有效的管理模式，即其他会计人员制作的凭证必须经主管签字才能记账。使用前提：在总账选项参数中勾选了"凭证必须经主管签字"，同时要注意：

①取消签字只能由签字人本人取消；

②签字人不能与制单人相同。

4．记账

（1）记账就是登记账簿，也称为登账或过账。记账的过程就是将凭证中的信息传递至账簿信息的过程。在手工条件下，记账是烦琐和易出错的。而在用友 ERP 系统中，操作员只需根据已填制的凭证选择记账范围，记账工作由计算机自动完成，不需要人工干预，大大减轻了财务人员记账的工作量，而且避免了手工记账中计算、登记差错的发生。

（2）记账后，各会计科目的发生额就登记到了所对应的账户中，而报表的数据主要是来自记账后的账簿信息。所以，记账在企业会计电算化工作中占有非常重要的地位。

（3）在记账前，要做好检查工作，具体包括：在记账前，应首先检查上月是否结账，若上月未结账，则本月不能记账；在第一次记账时，若期初余额不平衡，则本月不能记账；若系统内有未审核的凭证，则本月不能记账。

三、任务实施

（一）填制凭证

1．填制凭证（以第 2 笔业务为例）

第一步：新增一张空白记账凭证。在企业应用平台"业务工作"选项卡下，执行【财

务会计】|【总账】|【凭证】|【填制凭证】命令，打开"填制凭证"对话框；单击【增加】按钮，系统自动增加一张空白记账凭证。

第二步：填制凭证头部分。单击凭证类别旁边的■■按钮，打开下拉框，选择凭证类别，选择【付】字；根据业务资料直接输入制单日期"2016.01.01"、附单据数"2"。

第三步：输入凭证正文的第一条分录。输入摘要"提取备用金"；输入或参照选入第一条分录的会计科目名称（或科目代码，注意必须是末级科目）："库存现金"，输入会计科目对应的借方金额"1 200"，按"Enter"键进入第二条分录。

第四步：输入凭证正文的第二条分录。输入或参照选入第二条录的会计科目名称"银行存款/工行存款"，按"Enter"键，系统自动弹出"辅助项"录入窗口，依次录入：结算方式"101"、票号"xj001"、发生日期"2016 - 01 - 01"，单击【确定】按钮；输入会计科目对应的贷方金额"1 200"，如图 5 - 19 所示。

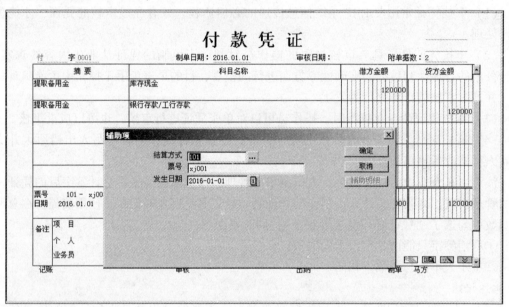

图 5 - 19　第 2 笔业务记账凭证 1

第五步：单击【保存】按钮，保存本张凭证，也可直接按下【增加】按钮填写下一张凭证。图 5 - 20 所示为保存后的凭证。

2. 填制凭证（以第 6 笔业务为例）

第一步：新增一张空白记账凭证。在企业应用平台"业务工作"选项卡下，执行【财务会计】|【总账】|【凭证】|【填制凭证】命令，打开"填制凭证"对话框。单击【增加】按钮，系统自动增加一张记账凭证。

第二步：填制凭证头部分。单击凭证类别旁边的■■按钮，打开下拉框，选择凭证类别，选择【转】字；根据业务资料直接输入制单日期"2016.01.07"和附单据数"2"。

第三步：输入凭证正文的第一条分录。输入摘要"销售产品"；输入或参照选入第一条分录的会计科目名称（或科目代码，注意必须是末级科目）："应收账款"，按"Enter"键，系统自动弹出"辅助项"录入窗口，依次录入：客户"神兴公司"，业务员"付晓情"，发生日期"2016 - 01 - 07"，单击【确定】按钮，输入第一条分录会计科目对应的借方金额"11700"，按"Enter"键进入第二条分录。凭证界面如图 5 - 21 所示。

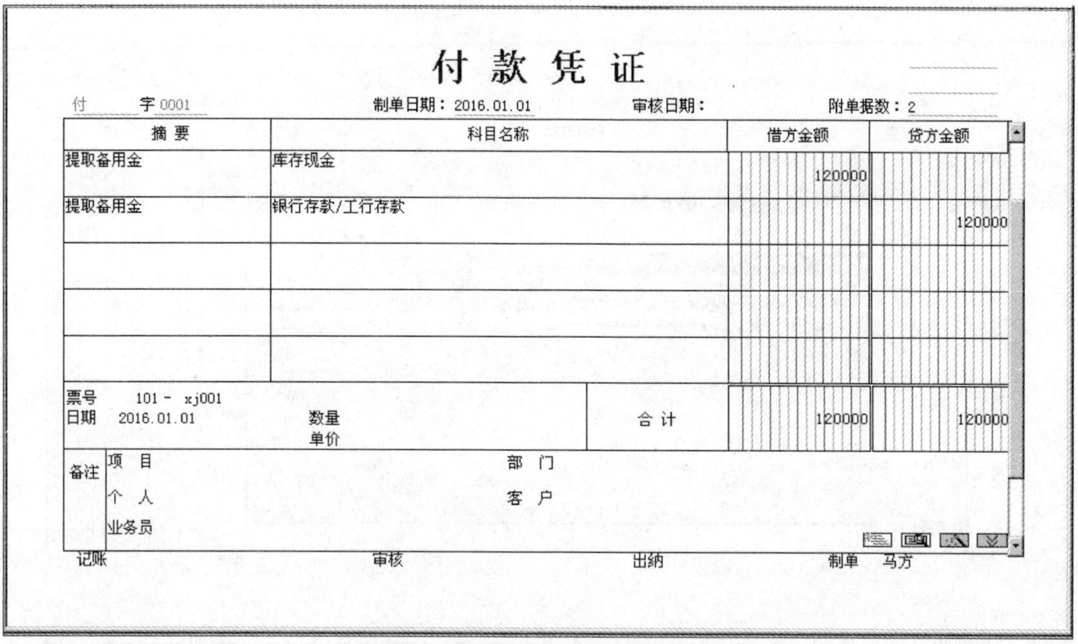

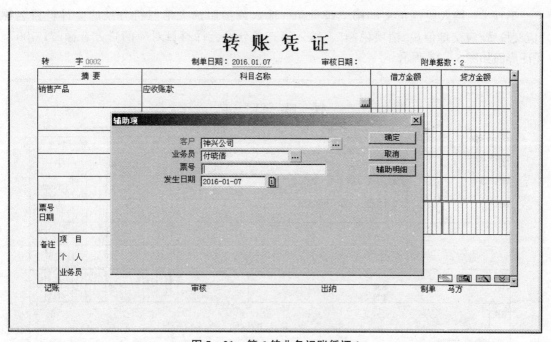

图 5 – 20　第 2 笔业务记账凭证 2

图 5 – 21　第 6 笔业务记账凭证 1

　　第四步：输入凭证正文的第二条分录。输入或参照选入第二条分录的会计科目名称"主营业务收入/A 产品"，按"Enter"键，系统自动弹出"辅助项"录入窗口，依次录入：数量"100"，单价"100"，单击【确定】按钮，系统自动计算并显示第二条分录的借方金额"11 700"，按下快捷键【空格】键，使金额方向调整到"贷方"，按"Enter"键进入第三条分录。凭证界面如图 5 – 22 所示。

转 账 凭 证
转 字 0002
制单日期：2016.01.07
审核日期：
附单据数：2
摘 要
科目名称
借方金额
贷方金额
销售产品
应收账款
1170000
销售产品
主营业务收入/A产品
辅助项
数量 100.00 件
单价 100
确定
取消
辅助明细
票号
日期
备注
项 目
个 人
业务员
记账
审核
出纳
制单 马方

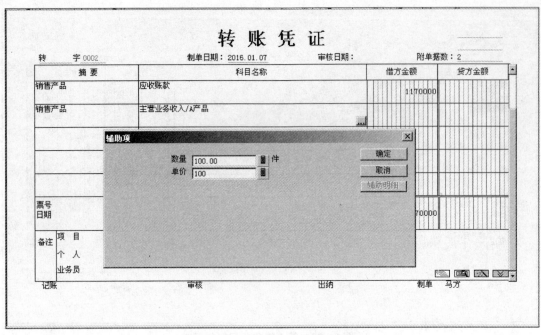

图 5－22　第 6 笔业务记账凭证 2

第五步：输入凭证正文的第三条分录。输入或参照选入第三行分录的会计科目名称“应交税费/应交增值税/销项税额”，输入第三条分录会计科目对应的贷方金额“1 700”。凭证界面如图 5－23 所示。

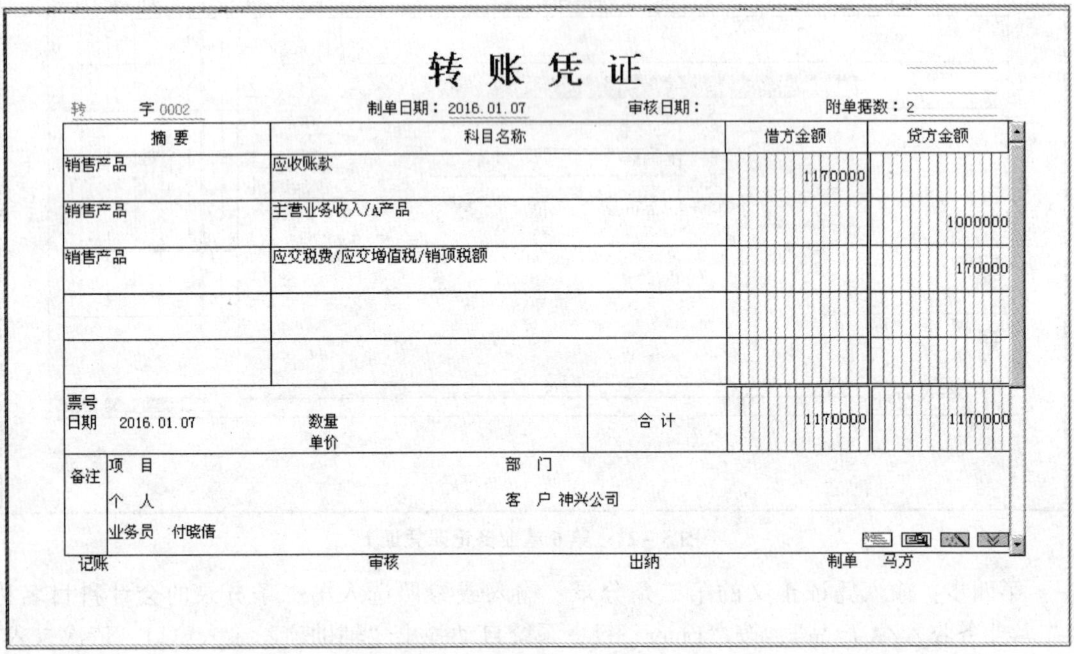

转 账 凭 证
转 字 0002
制单日期：2016.01.07
审核日期：
附单据数：2
摘 要
科目名称
借方金额
贷方金额
销售产品
应收账款
1170000
销售产品
主营业务收入/A产品
1000000
销售产品
应交税费/应交增值税/销项税额
170000
票号
日期 2016.01.07
数量
单价
合 计
1170000
1170000
备注
项 目
部 门
个 人
客 户 神兴公司
业务员 付晓倩
记账
审核
出纳
制单 马方

图 5－23　第 6 笔业务记账凭证 3

第六步：单击【保存】按钮，保存本张凭证，也可按下【增加】按钮直接进入“填写下一张凭证”界面。

3. 填制凭证（以第 10 笔业务为例）

第一步：新增一张空白记账凭证。在企业应用平台"业务工作"选项卡下，执行【财务会计】│【总账】│【凭证】│【填制凭证】命令，打开"填制凭证"对话框。单击【增加】按钮，系统自动增加一张记账凭证。

第二步：填制凭证头部分。单击凭证类别旁边的 按钮，打开下拉框，选择凭证类别，选择【转】字；根据业务资料直接输入制单日期"2016.01.16"和附单据数"2"。

第三步：输入凭证正文的第一条分录。输入摘要"领用原材料"；输入或参照选入第一条分录的会计科目名称（或科目代码，注意必须是末级科目，下同）："生产成本/直接材料"，按"Enter"键，系统自动弹出"辅助项"录入窗口，录入项目名称"A 产品"，单击【确定】按钮，输入第一条分录会计科目对应的借方金额"63 000"，按"Enter"键进入第二条分录。凭证界面如图 5 – 24 所示。

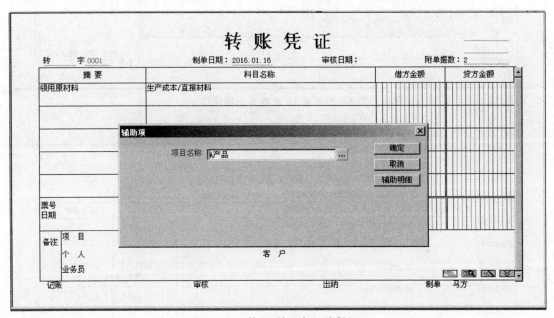

图 5 – 24　第 10 笔业务记账凭证 1

第四步：输入凭证正文的第二条分录。输入或参照选入第二条分录的会计科目名称"生产成本/直接材料"，按"Enter"键，系统自动弹出"辅助项"录入窗口，录入项目名称"B 产品"，单击【确定】按钮，输入第一条分录会计科目对应的借方金额"63 000"，按"Enter"键进入第三条分录。凭证界面如图 5 – 25 所示。

第五步：输入凭证正文的第三、四条分录。输入或参照选入第三条分录的会计科目名称"制造费用"，输入会计科目对应的借方金额"3 000"，按"Enter"键进入第四条分录，并按同样方法依次输入会计科目"管理费用/其他"，借方金额"4 500"，按"Enter"键进入第五条分录。

第六步：输入凭证正文的第五、六条分录。输入或参照选入第五条分录的会计科目名称"原材料/甲材料"，按"Enter"键，系统自动弹出"辅助项"录入窗口，依次录入：数量"2 800"，单价"30"，单击【确定】（见图 5 – 26），系统自动计算并显示借方金额"126 000"，按"空格"键使金额方向切换到"贷方"，按"Enter"键进入第六条分录，并按同样的方

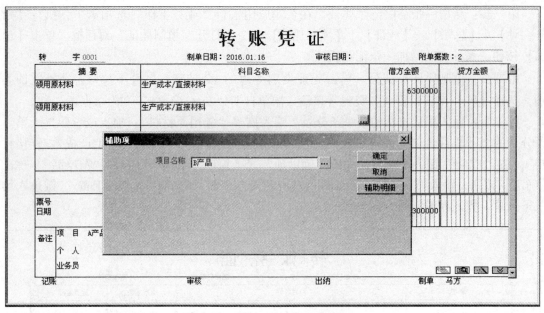

图 5 - 25　第 10 笔业务记账凭证 2

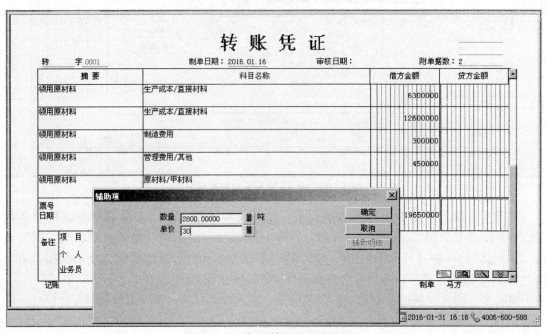

图 5 - 26　第 10 笔业务记账凭证 3

法依次输入会计科目"原材料/甲材料"，数量"2 500"，单价"45"，如图 5 - 27 所示。

　　第七步：单击【保存】按钮，保存本张凭证，也可直接按下【增加】按钮填写下一张凭证，如图 5 - 28、图 5 - 29 所示。

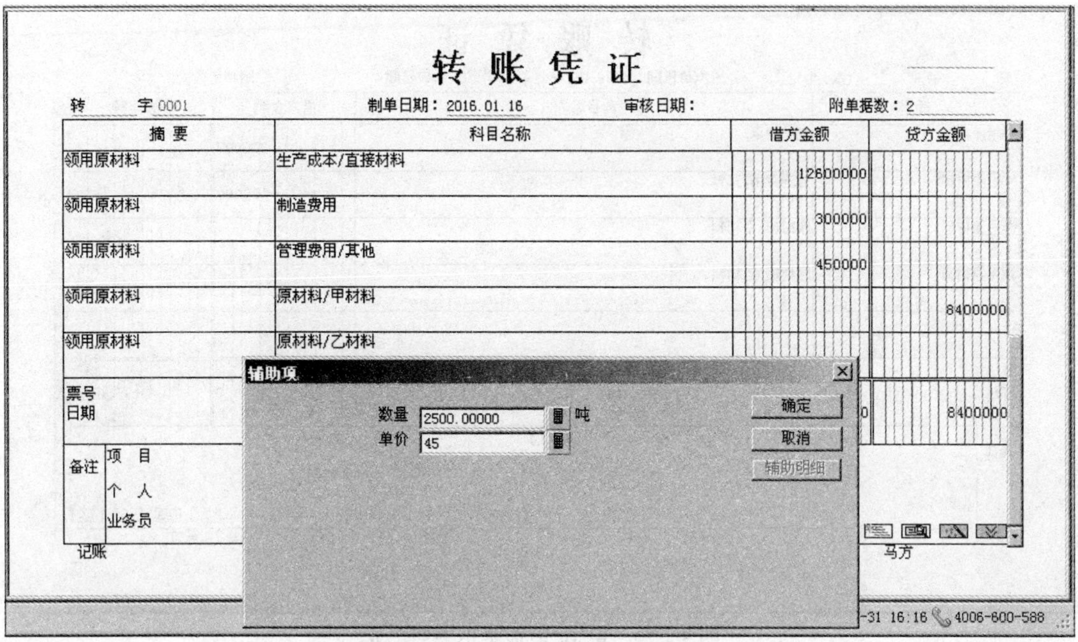

转 账 凭 证

| 转　字 0001 | 制单日期：2016.01.16 | 审核日期： | 附单据数：2 |
摘　要	科目名称	借方金额	贷方金额
领用原材料	生产成本/直接材料	12600000	
领用原材料	制造费用	300000	
领用原材料	管理费用/其他	450000	
领用原材料	原材料/甲材料		8400000
领用原材料	原材料/乙材料		

辅助项

数量 2500.00000 吨
单价 45

确定
取消
辅助明细

票号日期			8400000
备注	项　目		
	个　人		
	业务员		
记账			马方

-31 16:16 ☎ 4006-600-588

图 5 – 27 第 10 笔业务记账凭证 4

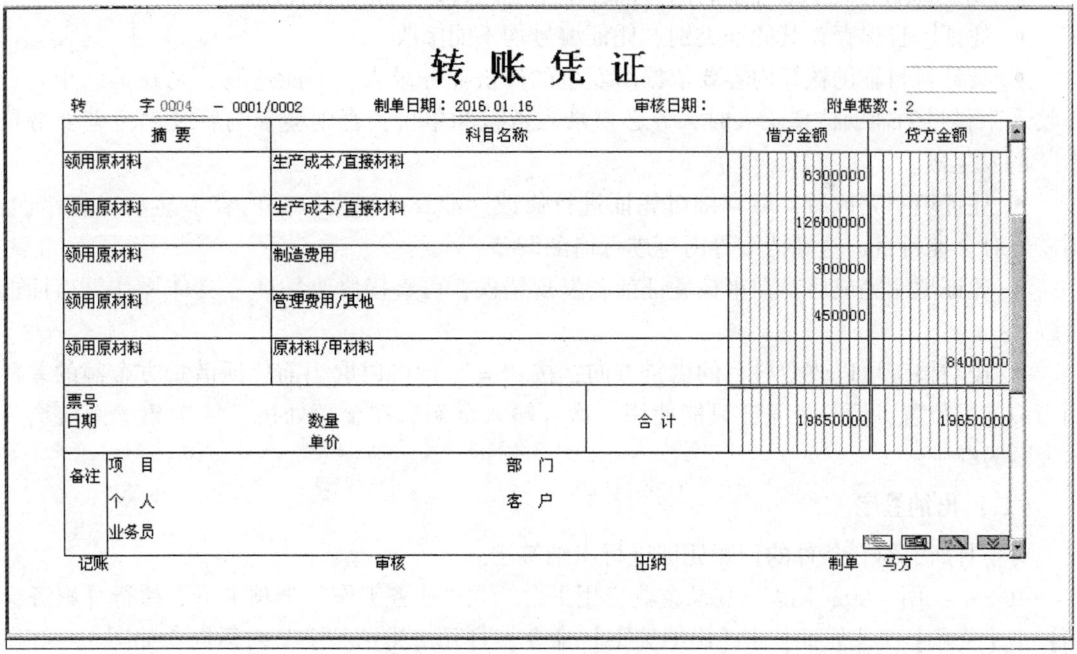

转 账 凭 证

| 转　字 0004 – 0001/0002 | 制单日期：2016.01.16 | 审核日期： | 附单据数：2 |
摘　要	科目名称	借方金额	贷方金额
领用原材料	生产成本/直接材料	6300000	
领用原材料	生产成本/直接材料	12600000	
领用原材料	制造费用	300000	
领用原材料	管理费用/其他	450000	
领用原材料	原材料/甲材料		8400000

票号日期	数量单价	合 计	19650000	19650000
备注	项　目	部　门		
	个　人	客　户		
	业务员			
记账	审核	出纳	制单	马方

图 5 – 28 第 10 笔业务记账凭证 5

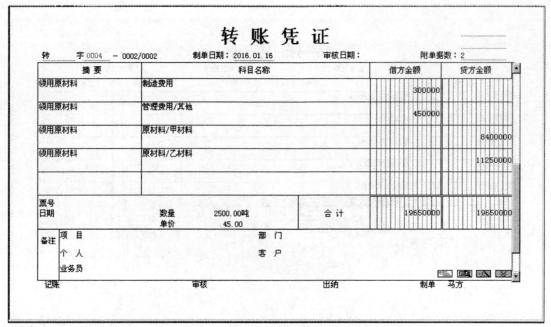

图 5 − 29   第 10 笔业务记账凭证 6

操作总结：

- 凭证日期应大于或等于启用日期，但不能超过计算机系统日期。
- 凭证一旦保存，其凭证类别、凭证编号均不能修改。
- 会计科目辅助核算内容要依据所发生的经济业务录入，不能遗漏。尤其是"主营业务收入"科目的辅助核算录入时，务必要录入数量和单价，否则会影响后续"主营业务成本"的发生额。
- 凭证填制完成后，可直接对凭证进行修改。涉及的辅助核算内容不显示或者错误，则需要对会计科目、基础档案等内容进行追溯调整。
- 凭证填制完成后，在审核凭证前若发现错误，可直接修改凭证（具体操作见后面的讲解）。
- 按空格键可以改变科目的借贷方向；按" = "键可以取当前凭证借贷方金额的差额到当前光标位置，但每张凭证只能使用一次；输入金额后在金额处按" − "键，系统会显示金额为红字。

（二）出纳签字

对本月所有符合条件的记账凭证进行出纳签字。

第一步：用"002 王晶"登录企业应用平台，在"业务工作"选项卡下，执行【财务会计】｜【总账】｜【凭证】｜【出纳签字】命令，打开"出纳签字"对话框，如图 5 − 30 所示，单击【确定】按钮，打开"出纳签字"对话框，如图 5 − 31 所示。

第二步：双击第 1 张凭证，打开凭证，单击【签字】按钮，逐张进行审核签字或者直接单击【批处理/成批出纳签字】按钮，系统弹出"签字结果"提示窗，单击【是】按钮，系统弹出"是否重新刷新凭证列表数据"提示窗，单击【是】按钮，进行成批审核签字。如果审核后发现凭证有错误，可立即取消审核签字，修改后，再重新审核。图 5 − 32 所示为出纳签字 3。

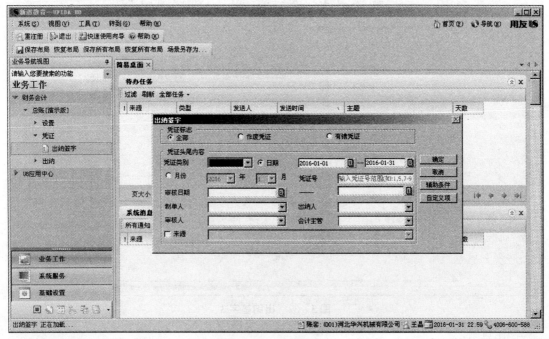

图 5 - 30 出纳签字 1

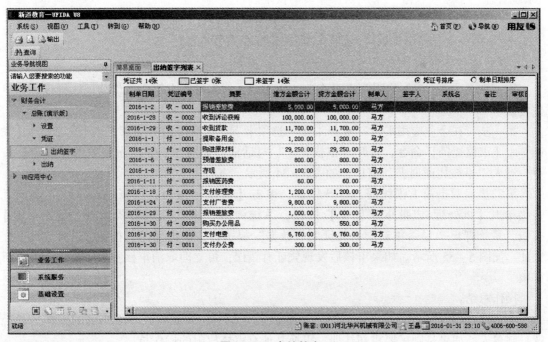

图 5 - 31 出纳签字 2

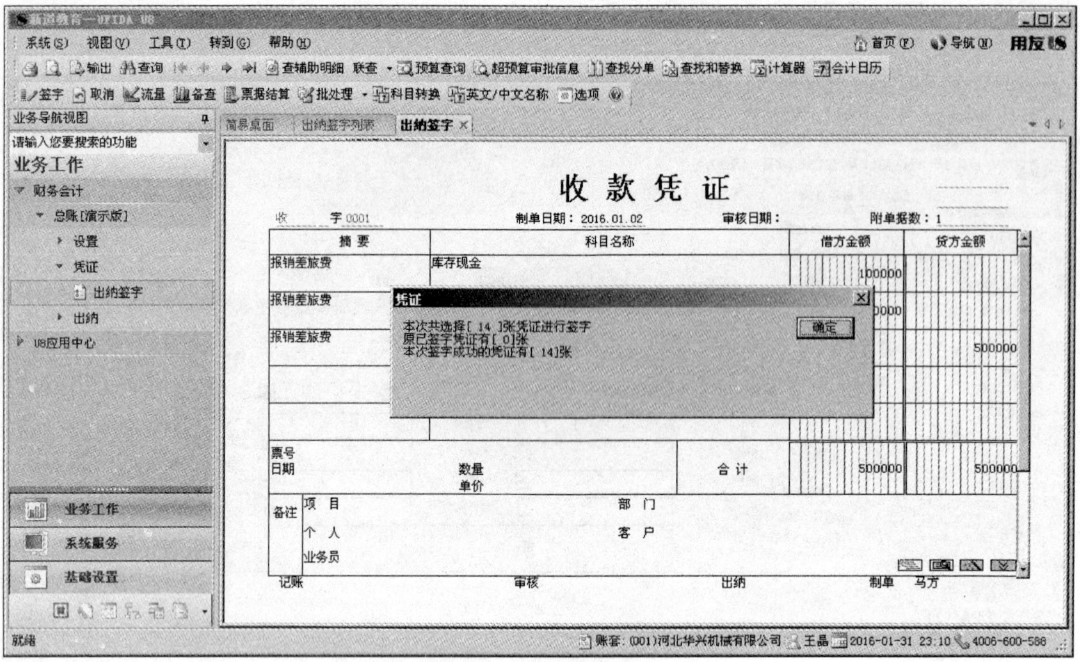

图 5 - 32　出纳签字 3

操作总结：

● 出纳签字由具有出纳签字权限的操作员进行，完成填制凭证后，更换操作员并通过"系统管理"中的"权限"来确认操作员的权限。

● 已签字的凭证，不能被修改、删除，只有取消签字才能进行。

● 取消签字只能由出纳本人进行，即使是账套主管也不行。

（三）审核凭证

用"账套主管：001 陈明"登录企业应用平台，对本月所有符合条件的记账凭证进行审核凭证。

第一步：在企业应用平台"业务工作"选项卡下，执行【财务会计】|【总账】|【凭证】|【审核凭证】命令，打开"审核凭证"对话框，如图 5 - 33 所示，单击【确定】按钮，进入"审核凭证列表"窗口，如图 5 - 34 所示。

第二步：双击第 1 张凭证，打开凭证，单击【审核】按钮，逐张进行审核签字或者直接单击【批处理/成批审核凭证】按钮，系统弹出"审核结果"提示窗，单击【是】按钮，系统弹出"是否重新刷新凭证列表数据"提示窗，单击【是】按钮，进行成批审核凭证，如图 5 - 35 所示。如果审核后发现凭证有错误，可立即取消审核签字修改后，再重新审核。

操作总结：

● 审核人和制单人不能是同一人。在审核凭证前一定要先检查一下当前的操作员是否就是制单人，如果是则需要重新注册，更换其他有审核权限的操作员。

● 在审核凭证中可以对有错误的凭证进行"标错"处理（标错凭证必须取消标错后才能审核），还可以取消审核（操作方式同取消出纳签字）。取消审核只能由审核人本人进行。

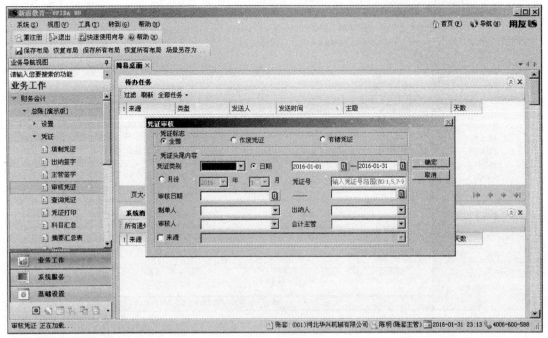

图 5 – 33　审核凭证 1

图 5 – 34　审核凭证 2

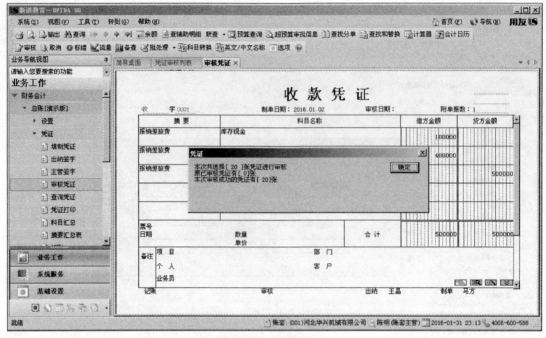

图 5 - 35　审核凭证 3

● 作废凭证不能被审核，也不能被标错。已标错的凭证可以直接修改、作废，但不能被审核，需先取消标错后才能审核。

● 凭证一经审核，就不能被修改、删除，只有被取消审核签字后才可以进行修改或删除。

（四）作废、删除凭证（第 19 笔业务凭证）

第一步：取消出纳签字。用"002 王晶"登录企业应用平台，"业务工作"选项卡下，执行【财务会计】|【总账】|【凭证】|【出纳签字】命令，打开"出纳签字"对话框，单击【确定】按钮，打开"出纳签字列表"窗口，如图 5 - 36 所示。双击"付 - 0009"凭证所在行，打开凭证，单击【取消】按钮，如图 5 - 37 所示。

操作总结：

● 在执行"出纳签字"命令时，首先要判断操作员是否具有"出纳签字"的权限，如果没有，通过【系统管理】中的【权限】为其赋权。

● 当执行"出纳签字"命令时，用友系统提示"没有符合条件的凭证"，则原因有两个。一是正确的提示，即系统中只存在转账凭证，不存在收款或付款凭证，所以"没有符合条件的凭证"。二是错误的提示，一般情况下是由没有指定会计科目或会计科目指定错误而引起的。

第二步：取消审核凭证。用"001 陈明"登录企业应用平台，在"业务工作"选项卡下，执行【财务会计】|【总账】|【凭证】|【审核凭证】命令，打开"审核凭证"对话框，单击【确定】按钮，打开"审核凭证列表"窗口，如图 5 - 38 所示。双击"付 - 0009"凭证所在行，打开凭证，单击【取消】按钮，如图 5 - 39 所示。

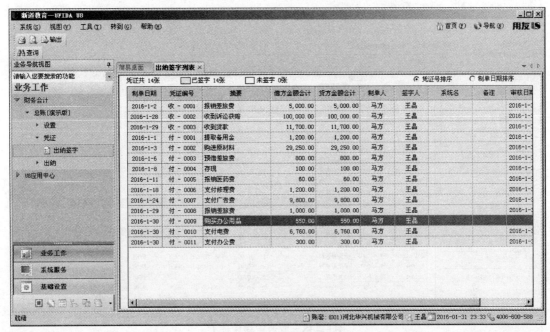

图 5 – 36　取消出纳签字 1

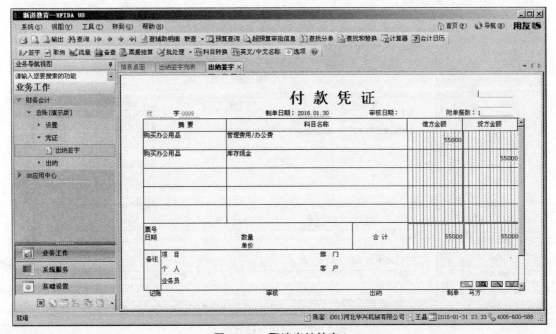

图 5 – 37　取消出纳签字 2

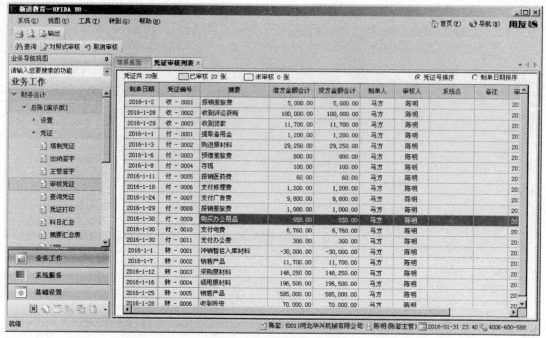

图 5－38　取消审核凭证 1

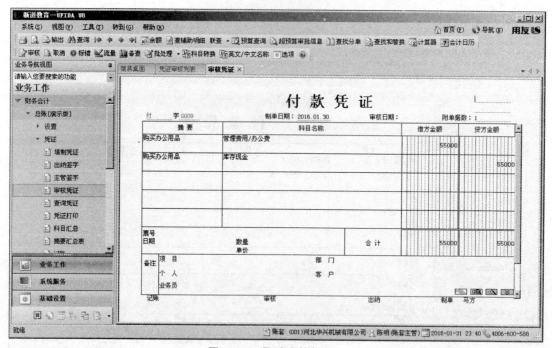

图 5－39　取消审核凭证 2

　　第三步：打开凭证。用"003 马方"登录企业应用平台，"业务工作"选项卡下，执行【财务会计】|【总账】|【凭证】|【填制凭证】命令，打开"填制凭证"对话框，通过单击 |◀ ◀ ▶ ▶| 按钮翻页查找，如图 5－40 所示或单击【查询】按钮，输入条件查找"付 －

0009"凭证，打开凭证，单击【作废/恢复】按钮，凭证左上角会显示"作废"字样，表示该凭证已作废，如图5-41所示。

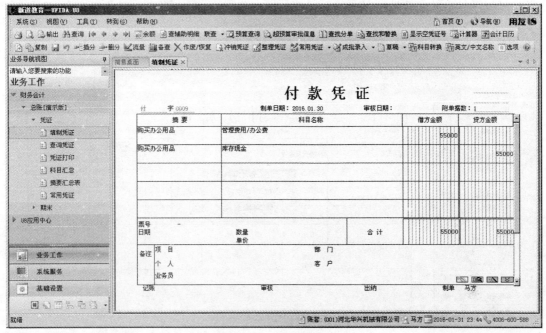

图5-40　作废凭证1

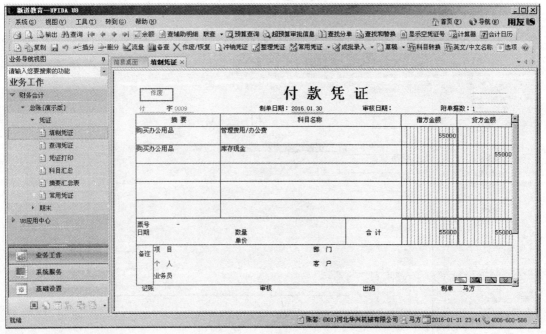

图5-41　作废凭证2

第四步：删除凭证。单击【整理凭证】按钮，在弹出的对话框中选择要整理的月份，单击【确定】按钮，如图5-42所示，打开"作废凭证表"对话框。双击需删除凭证所在行"删除?"选项，空白栏显示"Y"标记，单击【确定】按钮，如图 5-43 所示。系统提示"是否还需整理凭证断号"，选择凭证断号重新排列，如选择"按凭证号重排"，单击【是】按钮进行整理，凭证断号系统会自动补进，如图 5-44 所示。

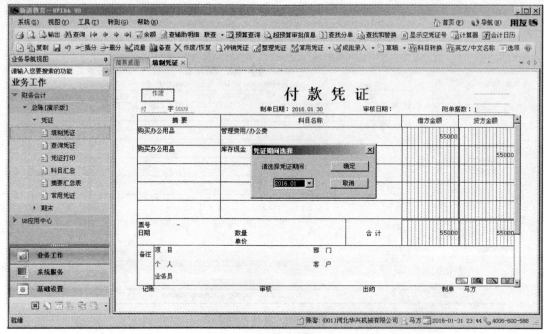

图 5-42 删除凭证 1

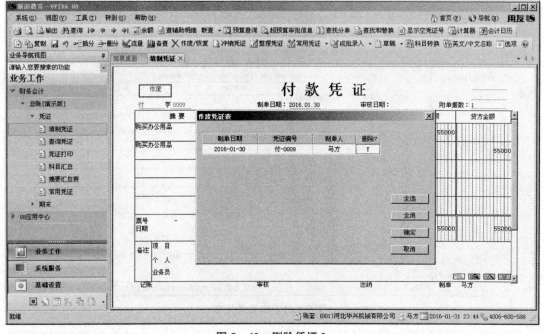

图 5-43 删除凭证 2

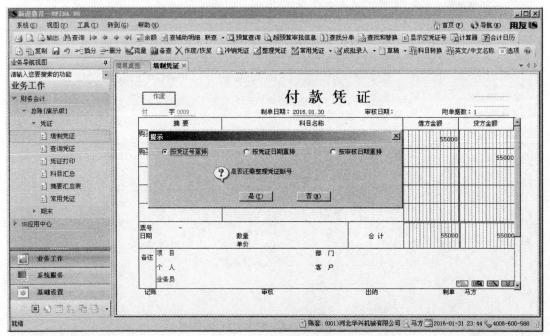

图 5 – 44　删除凭证 3

操作总结：

• 用友 ERP 系统未提供直接删除功能。若要删除凭证，必须分两步操作来完成，即先进行"作废"操作，然后进行"整理"操作。

• 对于已作废的凭证，可以再次单击【作废/恢复】按钮，取消"作废"标志，表示取消作废。

• 作废凭证不能修改，不能审核，但参与记账（相当于一张空白凭证）。

• 已记账的凭证不能直接作废删除，必须取消记账并取消审核后才可以进行。

• 如果在对作废凭证进行整理时，选择了不整理断号，但在总账系统的选项设置中选中了"自动填补凭证断号"及"系统编号"复选框，那么在填制新的凭证时可以由系统自动填补断号；否则，将会出现凭证断号。

（五）记账

用"账套主管 001 陈明"登录企业业务平台，对本月审核无误的记账凭证进行记账。

第一步：在企业应用平台"业务工作"选项卡下，执行【财务会计】｜【总账】｜【凭证】｜【记账】命令，打开"记账"对话框，如图 5 – 45 所示，在"记账范围"对话框中输入需要记账的凭证范围或直接单击【记账】按钮，系统默认对所有凭证进行记账。

第二步：系统打开"期初试算平衡表"对话框，显示试算结果平衡，单击【确定】按钮，如图 5 – 46 所示。

第三步：系统开始自动登记有关的总账、明细账、辅助账，等待片刻后，系统提示"记账完毕"，单击【确定】按钮，如图 5 – 47 所示。

第四步：单击【退出】按钮，返回企业应用平台。

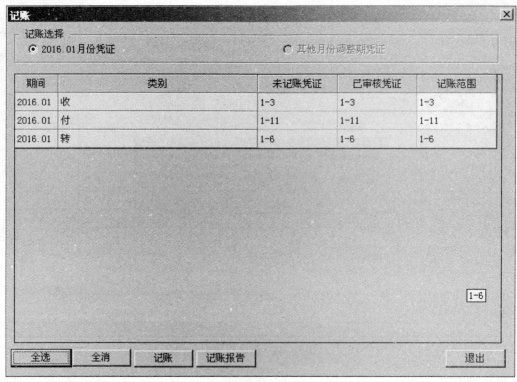

图 5 – 45　记账 1

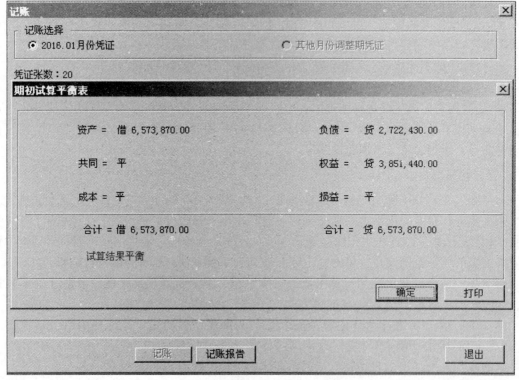

图 5 – 46　记账 2

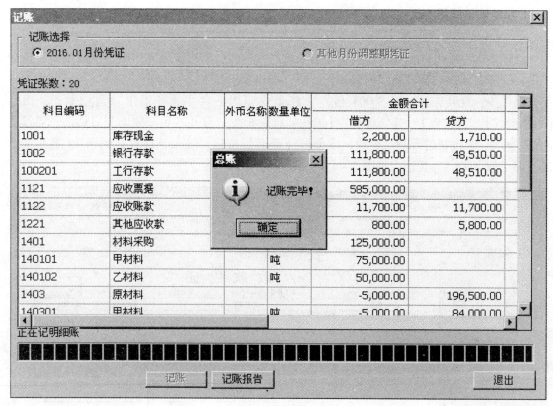

图 5-47 记账 3

操作总结：

• 未审核凭证不能记账，记账范围应小于等于已审核范围；作废凭证不需审核可直接记账。

• 登记账簿的过程处于全自动状态，不需要人工操作。记账属于成批数据处理，按次而不按张，记多次账不受限制。但为了每天打印日记账，每天至少应在当天业务输入完后记一次账。

• 记完账后的凭证不能在"填制凭证"功能中查询，只能在"查询凭证"功能中查询。

• 在记账后，就可以单击各类账簿（总账、明细账、日记账等）进行查阅。

• 期初余额试算不平衡不允许记账；未审核的凭证不允许记账；上月未结账本月不能记账。

• 如果不输入记账范围，系统默认对所有凭证记账。

• 作废凭证不需要审核可以直接记账，但该凭证相当于空白凭证。

• 选择记账范围，可输入连续编号范围，例如 1~4 表示 1 号至 4 号凭证；也可输入不连续编号，例如"5，6，9"，表示第 5 号、6 号、9 号凭证为记账凭证。

• 显示记账报告，是经过合法性检验后的提示信息。例如：此次要记账的凭证中有些凭证没有审核或未经出纳签字，则属于不能记账的凭证，此时可根据提示修改后再记账。当以上工作都确认无误后，单击【记账】按钮，系统开始登录总账、明细账、辅助账和多辅助账等有关账簿。

（六）修改凭证

1. 记账前的修改（第 18 笔业务凭证）

凭证填制完成后，在审核前可以由制单人直接修改，若已经做完出纳签字或审核凭证的工作，则需取消出纳签字或取消审核凭证。其操作步骤如下：

第一步：打开凭证。以"003 马方"在企业应用平台"业务工作"选项卡下，执行【财务会计】|【总账】|【凭证】|【填制凭证】命令，打开"填制凭证"对话框，通过单击 ◄◄ ◄ ► ►► 按钮进行翻页查找，或单击【查询】按钮，输入条件查找到第 18 笔业务凭证，即"收 –0003"凭证，如图 5 – 48 所示。

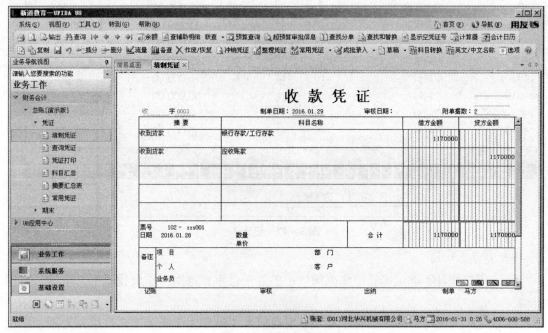

图 5 – 48 修改凭证 1

第二步：修改凭证的辅助项错误。将鼠标移到备注栏中错误的辅助项所在位置，当出现"笔头状光标"时双击鼠标（或者按"CTRL + S"组合键或双击右下角第三个按钮 ），在弹出的"辅助项"对话框中直接修改票号为"zzs002"，单击【确定】按钮，如图 5 – 49 所示。

第三步：修改凭证的金额错误。将鼠标移到借方金额，按"Backspace"键删除错误金额，并输入正确金额"10 000"，按"Enter"键进入第二条分录，用同样的方法将贷方金额修改为"10 000"，如图 5 – 50 所示。

第四步：单击【保存】按钮，系统弹出"凭证已成功保存！"，单击【确定】按钮，如图 5 – 51 所示。

2. 记账后的修改（第 12 笔业务凭证）

日常业务处理时，如果在未记账前发现凭证有错误，可以通过直接修改或取消审核签字后再修改的方法来保证凭证的正确性。如果凭证已经记账，按照有关规定，只能对错误凭证采取红字冲销法或者补充登记法进行更正，即对凭证采取有痕迹的修改，以保证留下必要的审计线索。

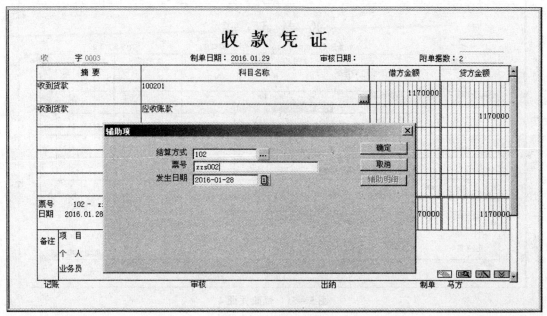

图 5-49 修改凭证 2

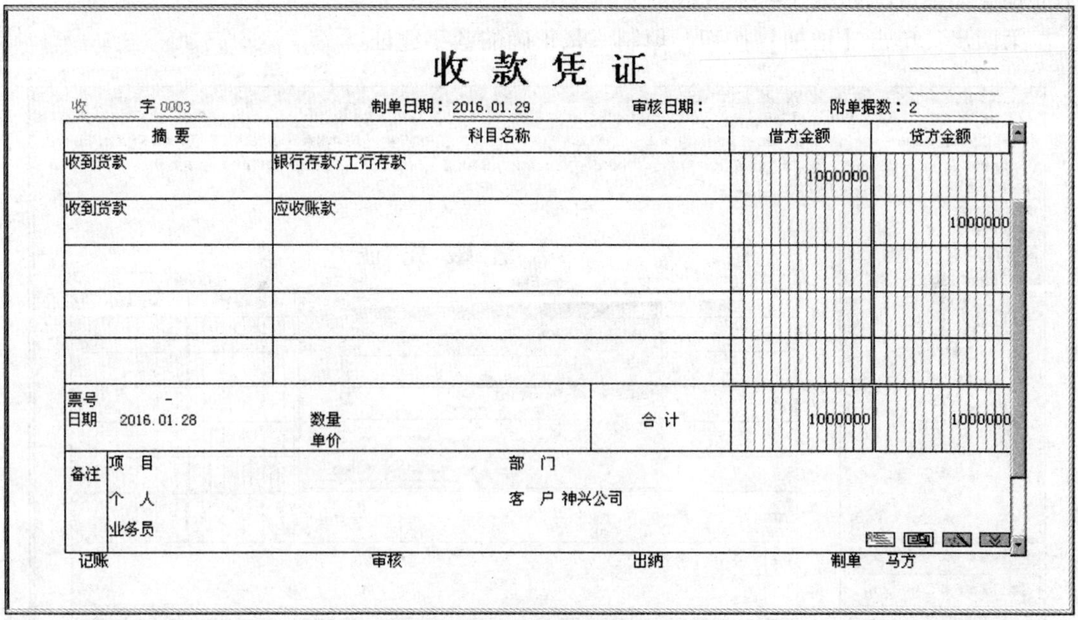

图 5-50 修改凭证 3

补充登记法相当于增加一张凭证，操作方法这里不再累述。红字冲销法，即将错误凭证采用增加一张红字凭证全额冲销，若需要可再增加一张蓝字正确的凭证进行补充。操作步骤如下：

第一步：以"003 马方"登录企业应用平台，在"业务工作"选项卡下，执行【财务会计】|【总账】|【凭证】|【填制凭证】命令，打开"填制凭证"对话框。

第二步：单击【冲销凭证】按钮，打开"冲销凭证"对话框，选择要冲销的凭证类别【付】，输入凭证号"0007"，单击【确定】按钮，如图 5-52 所示。

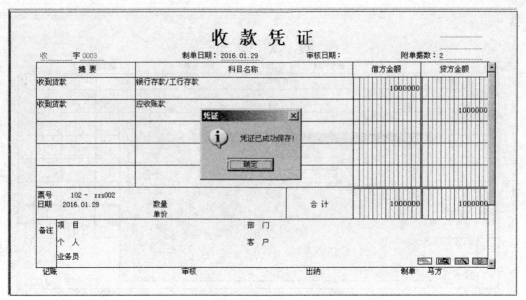

图 5 - 51　修改凭证 4

第三步：单击【保存】按钮，系统弹出"凭证已成功保存！"，单击【确定】按钮，红字冲销凭证生成，如图 5 - 53 所示。

第四步：单击【增加】按钮，填制一张正确的蓝字凭证。

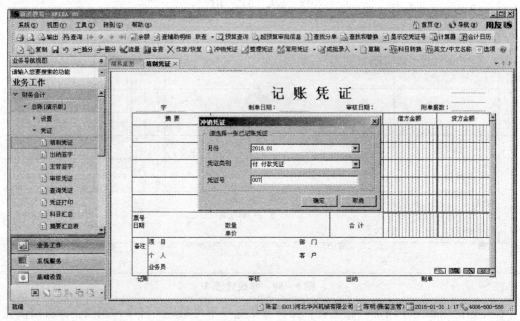

图 5 - 52　红字冲销凭证 1

操作总结：

• 对系统生成的红字凭证应视为正常凭证，仍然进行审核、记账等处理，只有这样才能有效冲销账簿上原有的错误记录。

• 在修改凭证时要依据凭证所处的不同状态进行修改。在修改后，一定要让所修改的凭证回到正确状态。

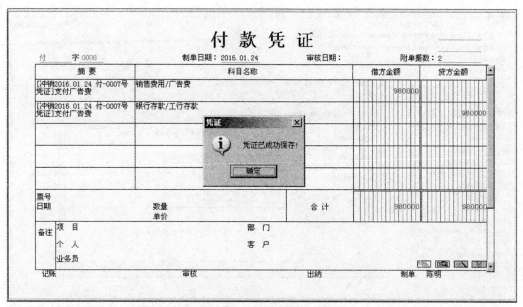

图 5 - 53 红字冲销凭证 2

- 理论上可以通过取消记账来进行无痕迹的修改，但这种方法不能在实务中应用。
- 外部系统传递过来的凭证不能在总账系统中进行修改，只能在生成凭证的系统中修改。
- 如果在总账系统的"选项"中没有选中"允许修改、作废他人填制的凭证"，则只能由原制单人在填制凭证功能中修改或作废凭证。
- 若在"选项"中设置了"制单序时"的选项，则在修改制单日期时，不能在前一编号凭证的制单日期之前。
- 若某笔涉及银行科目的分录已录入支票信息，并对该支票做过报销处理，修改该分录，将不影响支票登记簿中的内容。

四、拓展提升

（一）如何取消记账

取消记账凭证又称反记账或恢复记账前状态。如在记账过程中，由于断电等原因使记账中断，导致记账错误，或者在记账后发现记账凭证有错误，需进行修改，可调用恢复记账前状态（取消记账）功能，将数据恢复到记账前的状态，待调整完成后再重新记账。系统提供两种恢复记账前状态的方式：一种是将系统恢复到最后一次记账前状态；另一种是将系统恢复到本月月初状态。操作步骤如下：

第一步：以"001 陈明"登录企业应用平台，在"业务工作"选项卡下，执行【财务会计】|【总账】|【期末】|【对账】命令，打开"对账"对话框。按"Ctrl + H"组合键，系统提示"恢复记账前状态功能已被激活"，单击【确定】按钮，单击【退出】按钮，返回"企业应用平台"窗口，如图 5 - 54 所示。

第二步：执行【总账】|【凭证】|【恢复记账前状态】命令，打开"恢复记账前状态"对话框。选择一种恢复方式，如选择恢复到"最近一次记账前状态"，单击【确定】按钮。弹出"请输入口令"对话框（本例中无口令），如图 5 - 55 所示，单击【确定】按钮。系统提示"恢复记账完毕！"，单击【确定】按钮，如图 5 - 56 所示。

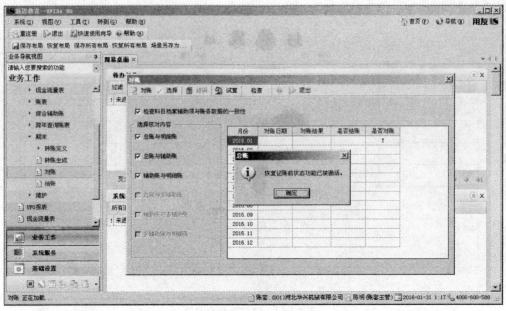

图 5 – 54　取消记账 1

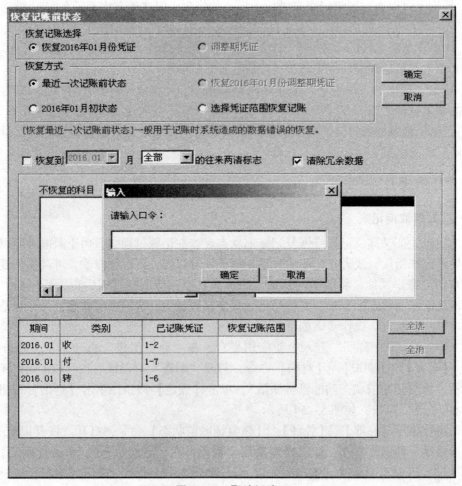

图 5 – 55　取消记账 2

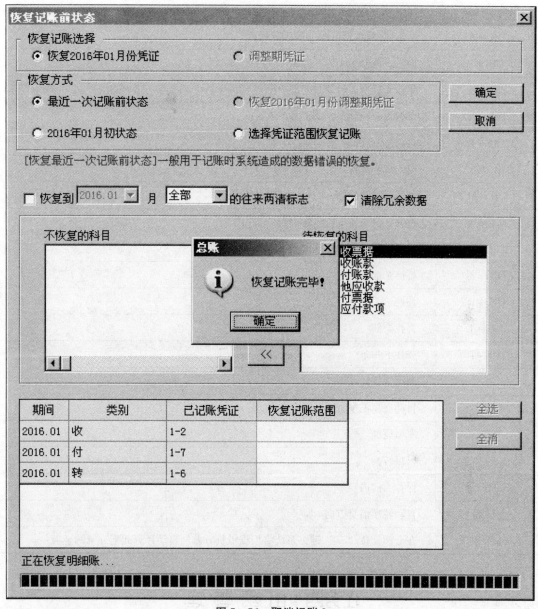

图 5 - 56　取消记账 3

（二）作废凭证无法删除

若本月有凭证已记账，那么，本月最后一张已记账凭证之前的凭证将不能做凭证整理，只能对其后面的未记账凭证做凭证整理。若想对已记账凭证做凭证整理，请先到"恢复记账前状态"功能中恢复到本月月初的记账前状态，再做凭证整理。

（三）凭证处理中各快捷键的应用

在录入凭证时使用快捷键可提高录入速度，主要快捷键功能操作如表 5 - 7 所示。

表 5 - 7 凭证处理快捷键一览表

快捷键名称	功能
CTRL + L	显示/隐藏数据位线（除千分线外）
CTRL + I	插入一条分录
CTRL + D	删除光标当前行分录
CTRL + N	查询当前凭证类型的空号
CTRL + F	自动复制凭证
CTRL + X	输入现金流量
CTRL + M	查询辅助明细
CTRL + W	查询、录入备查资料的内容
CTRL + S	录入、查询辅助核算（只对总账凭证有效）
CTRL + A	替换全部
CTRL + R	替换
CTRL + I	查找全部
CTRL + F	查找下一条
F4	调用常用凭证
F11	自动反算汇率
F5	新增凭证
F8	科目转换
F6	保存当前内容
空格键	自动转换借贷方向
"＝"键	在金额处按"＝"键，系统将根据借贷方差额自动计算此笔分录的金额

任务四 出 纳 管 理

一、任务概述

（一）任务认知

出纳工作是以货币资金、票据、有价证券为对象，反映和监督本单位货币资金运动，并对货币资金、票据和有价证券进行整理和保管的工作。货币资金是企业资产中流动性最强，也最容易导致流失的资产，为了加强对货币资金的管理，按照财务会计制度的有关规定，每个单位都必须配备出纳人员负责货币资金的收付管理。

日常出纳工作主要包括出纳签字、支票管理、日记账查询以及银行对账等。在用友 ERP

系统为出纳人员提供了出纳管理功能，主要包括：

（1）现金、银行存款日记账。

（2）支票管理。

（3）银行对账。

注意：一是"出纳签字"功能在"凭证"菜单中；二是使用系统中的出纳管理功能，需在用友ERP系统中指定现金、银行存款总账科目，这是出纳员进行出纳管理的前提条件。

（二）任务内容

（1）查询现金日记账、银行存款日记账。

（2）30日，销售部付晓倩领用转账支票一张，票号zz101，金额20 000元，用于购买原材料。

（3）银行对账。

①期初余额。

具体信息如表5-8、表5-9所示。

表5-8 银行存款余额调节表

2015年12月31日 　　　　　　科目：工行 　　　　　　单位：元

项目	余额	项目	余额
单位日记账账面余额	1000 000.00	银行对账单账面余额	1 050 000.00
加：银行已收，企业未收	25 000.00	加：企业已收，银行未收	1 500.00
2015.12.16 委托收款	20 000.00	2015.12.16 转账支票	1 500.00
2015.12.17 汇兑	5 000.00		
减：银行已付，企业未付		减：企业已付，银行未付	26 500.00
		2015.12.17 转账支票	26 500.00
调整后余额	1025 000.00		1 025 000.00

表5-9 银行存款余额调节表

2015年12月31日 　　　　　　科目：建行 　　　　　　单位：元

项目	余额	项目	余额
单位日记账账面余额	250 000	银行对账单账面余额	300 000.00
加：银行已收，企业未收	50 000	加：企业已收，银行未收	
2015.12.16 委托收款	50 000		
减：银行已付，企业未付		减：企业已付，银行未付	
调整后余额	300 000		300 000.00

②输入银行对账单。

具体信息如表5-10、表5-11所示。

表 5 - 10　银行对账单

科目：工行　　　　　　　　　　　　　　　　　　　　截止日期：2016.01.31

日期	结算方式	票号	借方/元	贷方/元
1 月 1 日	现金支票	xj001		1 200
1 月 8 日	现金交款单	xj002	100	
1 月 17 日	转账支票	zz002		300
1 月 24 日	转账支票	zz004		9 800

表 5 - 11　银行对账单

科目：建行　　　　　　　　　　　　　　　　　　　　截止日期：2016.01.31

日期	结算方式	票号	借方/元	贷方/元
1 月 3 日	转账支票	zz001		29 250
1 月 18 日	转账支票	zz003		1 200
1 月 28 日	转账支票	zz005	100 000	
1 月 29 日	转账支票	zz006		38 000

③进行银行对账。

④编制余额调节表。

二、任务知识

（一）现金、银行存款日记账

查询现金、银行存款日记账的前提是记账。操作员可以依据需要进行不同筛选条件的查询。由于未审核等原因，可能会有部分凭证尚未记账，所以如果要查询真实的银行存款收支情况最好在"条件查询设置"中选择"包含未记账凭证"。

（二）支票管理

支票管理是出纳人员工作的重要内容。通过建立支票领用登记簿来登记支票的领用情况，包括支票领用人、领用日期、支票用途和是否报销。支票的是否报销是指支票所依附的经济业务是否已进行了核算，若进行了核算，且完成辅助核算的登记，则该支票已报销，否则为未报销。只有在"会计科目"中设置银行账的科目，且在"结算方式"设置中对需使用支票登记簿的结算方式在"是否票据管理"前勾选，才能使用支票登记簿。

（三）银行对账

由于凭证传递时间不同以及企业和银行在业务处理上可能存在差错，双方账面记录往往不一致。为了及时发现记账错误，正确掌握银行存款实际可用的金额，企业必须定期将银行日记账及银行传来的对账单进行核对并编制银行存款余额调节表，这就是银行对账。用友ERP系统可根据输入的银行对账单与总账中的银行日记账数据自动核对，并生成银行存款余额调节表。银行对账主要包括以下步骤：

1. 录入银行对账期初余额

银行对账是用友 ERP 系统中具有相对独立性的功能系统。在启用银行对账时，为了保证银行对账的正确性，必须为系统设置一个启用日期，并录入与该启用日期相对应的最近一次对账企业方与银行方的调整前余额，以及启用日期前的单位日记账和银行对账单的未达账项。在所有未达账项录入正确后启用此账户，再进行日常银行存款业务的银行对账。

2. 录入银行对账单

银行对账单是银行定期发给企业的用于核对银行存款账项的账单，是企业进行银行对账的主要依据。银行对账单可从相关数据源引入，或由操作员手工录入。

3. 银行对账

银行对账是指将系统中的银行日记账与输入的银行对账单进行核对，以检查二者是否相符。银行对账分为自动对账与手工对账两种方式。

（1）自动对账是计算机根据对账依据自动进行的核对勾销。对账依据可由用户根据需要选择，其中"方向，金额相同"是必选条件，其他可选条件有"票号相同""结算方式相同""日期相差（ ）天之内"等。对于已核对上的银行业务，系统将自动在银行存款日记账和银行对账单双方打上两清标志，并视为已达账项，对于在两清栏未打上两清符号的记录，系统则视其为未达账项。

（2）手工对账是对自动对账的补充，用户使用完自动对账后，可能还有一些特殊的已达账没有核对出来，而被视为未达账项，为了保证对账更为彻底和正确，用户可用手工对账来进行调整。

4. 编制银行存款余额调节表

银行存款余额调节表是月末证实银行日记账与银行实有存款相符的主要账表，编制和输出银行存款余额调节表是月末银行对账工作的结果体现。操作员在对银行进行两清勾对后，即可生成和查询银行存款余额调节表。

三、任务实施

（一）查询现金日记账

第一步：在企业应用平台"业务工作"选项卡下，执行【财务会计】|【总账】|【出纳】|【现金日记账】命令，打开"现金日记账查询条件"设置窗口。

第二步：对查询条件进行定义，如单击"是否按对方科目展开"选项前的复选框、单击"包含未记账凭证"选项前的复选框，单击【确定】按钮，如图 5-57 所示。

第三步：打开"现金日记账"窗口，双击【总账】按钮，可查看"库存现金"总账；单击某张记录行，双击【凭证】按钮，可查看某张具体的记账凭证，如图 5-58 所示。

操作总结：

• 在"现金日记账"中，如果本月尚未结账，显示"当前合计""当前累计"；如果本月已经结账，则显示"本月合计""本年累计"。

• 查询日记账时还可以用鼠标双击某行或按【凭证】按钮，查看相应的凭证，单击【总账】按钮可以查看此科目的三栏式总账。

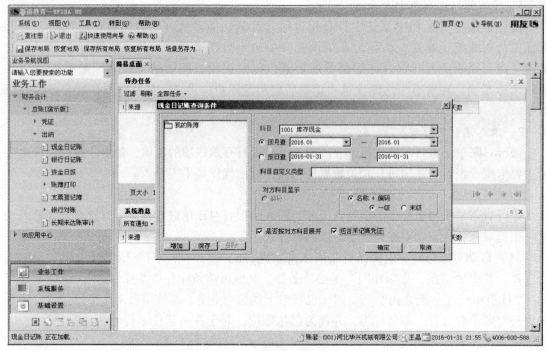

图 5 - 57　查询现金日记账 1

现金日记账

科目　1001 库存现金　　　　　　　　　　　　　　　　　　月份：2016.01-2016.01

2016年		凭证号数	摘要	对方科目	借方	贷方	方向	余额	
月	日								
			上年结转				借	30,900.00	
01	01	付-0001	*提取备用金_101_xj001_2016.01.01	银行存款 (1002)	1,200.00		借	32,100.00	
01	01		本日合计		1,200.00		借	32,100.00	
01	02	收-0001	*报销差旅费	其他应收款 (1221	1,000.00		借	33,100.00	
01	02		本日合计		1,000.00		借	33,100.00	
01	06	付-0003	*预借差旅费_销售二部_陈清明_2016.01.06	其他应收款 (1221		1,000.00	借	32,100.00	
01	06		本日合计			1,000.00	借	32,100.00	
01	08	付-0004	*存现_7_xj002_2016.01.08	银行存款 (1002)		100.00	借	32,000.00	
01	08		本日合计			100.00	借	32,000.00	
01	11	付-0005	*报销医药费	应付职工薪酬 (22		60.00	借	31,940.00	
01	11		本日合计			60.00	借	31,940.00	
01			当前合计		2,200.00	1,160.00	借	31,940.00	
01			当前累计		2,200.00	1,160.00	借	31,940.00	
			结转下年				借	31,940.00	

图 5 - 58　查询现金日记账 2

- 银行存款日记账的查询与现金日记账的查询操作基本相同。

（二）支票登记簿

第一步：在企业应用平台"业务工作"选项卡下，执行【财务会计】｜【总账】｜【出纳】｜【支票登记簿】命令，打开"银行科目选择"设置窗口，选择科目"工行存款"，单击【确定】按钮，如图 5 - 59 所示。

第二步：进入"支票登记簿"界面，系统已显示已报销支票（呈黄色背景），单击【增加】按钮，系统自动在已报销支票下方新增一空白行，依次录入：领用日期"2016.1.30"、领用部门"销售一部"、领用人"付晓倩"、票号"zz101"、预计金额"20 000"、用途"购买原材料"，单击【保存】按钮，如图 5 - 60 所示。

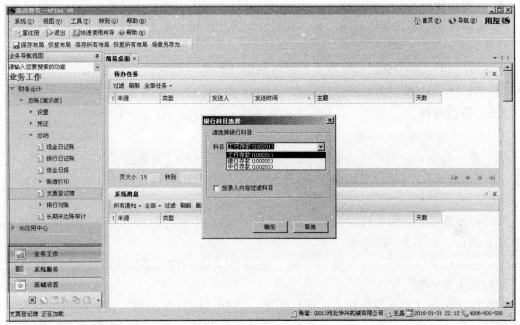

图 5 - 59　支票登记簿 1

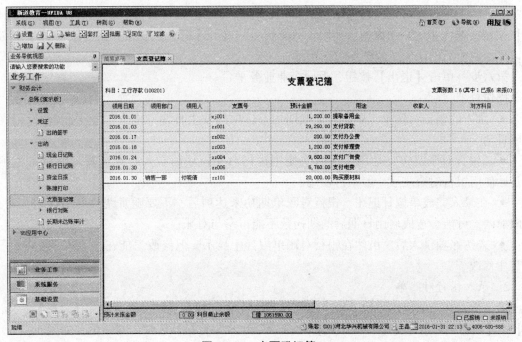

图 5 - 60　支票登记簿 2

操作总结：

• 支票登记簿是依据不同银行而分别设立的，所以需先选择要登记的银行账户，才能进入支票登记簿界面。

• 屏幕显示所有已登记的记录情况，右上角显示已报销和未报销支票数。报销支票背景呈现黄色。

• 领用日期和支票号必须输入，其他内容可以不输入，可直接修改支票登记簿内容。

• 报销日期不能在领用日期之前。支票登记簿中报销日期为空时，表示该支票未报销，否则系统认为该支票已报。

• 已报销的支票不能进行修改。若想取消报销标志，只要将光标移到报销日期处，按空格键后删除报销日期即可。

（三）银行对账

1. 录入银行对账期初余额

第一步：在企业应用平台"业务工作"选项卡下，执行【财务会计】|【总账】|【出纳】|【银行对账】|【银行对账期初录入】命令，打开"银行科目选择"对话框，如图5-61所示。

第二步：选择要对账的科目为"工行存款"，单击【确定】按钮，打开"银行对账期初"设置窗口，如图5-62所示。

第三步：在单位日记账"调整前余额"栏输入1 000 000，在银行对账单"调整前余额"栏输入1 050 000。

第四步：单击【对账单期初未达项】按钮，打开"银行方期初"设置窗口，单击【增加】按钮，输入"银行已收、企业未收的"未达账项数据，单击【退出】按钮，在"银行对账期初"窗口显示调整后的余额，如图5-63所示。

第五步：单击【日记账期初未达项】按钮，打开"企业方期初"设置窗口，单击【增加】按钮，输入未达账项数据，如图5-64所示，单击【退出】按钮，在"银行对账期初"窗口显示调整后的余额，如图5-65所示。

第六步：单击【退出】按钮，返回企业业务平台。

操作总结：

• 录入的银行对账单、单位日记账期初未达项的发生日期不能大于等于此银行科目的启用日期。

• "银行对账期初"是用于第一次使用银行对账模块前录入日记账及对账单未达项，在开始使用银行对账之后一般不再使用。

• 在录入完成单位日记账、银行对账单期初未达项后，不要随意调整启用日期，尤其是向前调，可能会造成启用日期后的期初数不能再参与对账。

• 未达账项录入后，虽然在银行对账单内容中显示，但修改只能在"录入期初未达账项"中修改。

2. 录入银行对账单

第一步：在企业应用平台"业务工作"选项卡下，执行【财务会计】|【总账】|【出纳】|【银行对账】|【银行对账单】命令，打开"银行科目选择"对话框，如图5-66所示。

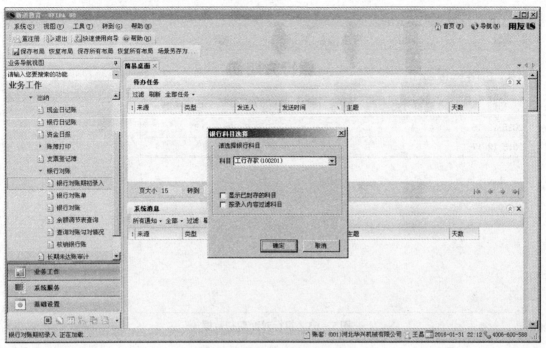

图 5 – 61 银行对账期初数据 1

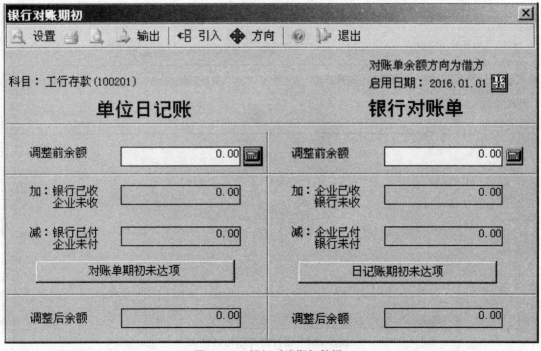

图 5 – 62 银行对账期初数据 2

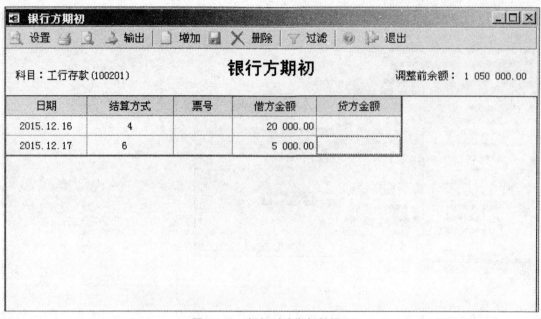

图 5 - 63　银行对账期初数据 3

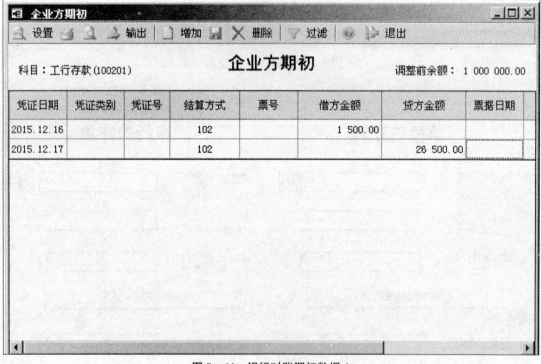

图 5 - 64　银行对账期初数据 4

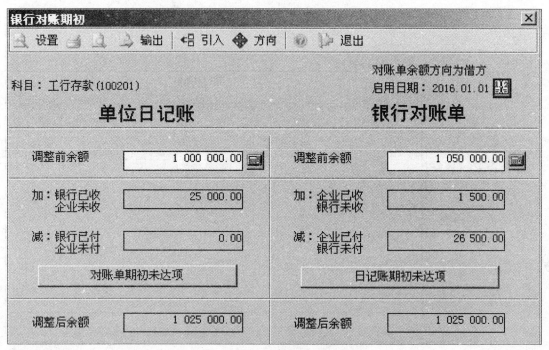

图 5-65　银行对账期初数据 1

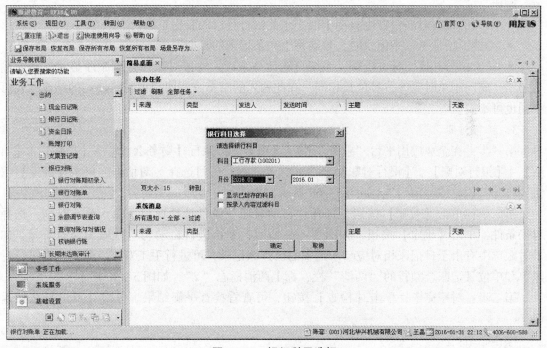

图 5-66　银行科目选择

第二步：选择对账科目、对账月份，单击【确定】按钮，打开"银行对账单"对话框。

第三步：单击【增加】按钮，输入对账单记录，一行内容输入完毕，按"回车键"，继续下一行内容的输入（第一条记录是期初未达账项的，无须输入，系统自动带出；余额无须输入，由系统自动生成），全部输入完毕，单击【退出】按钮，如图 5-67 所示。

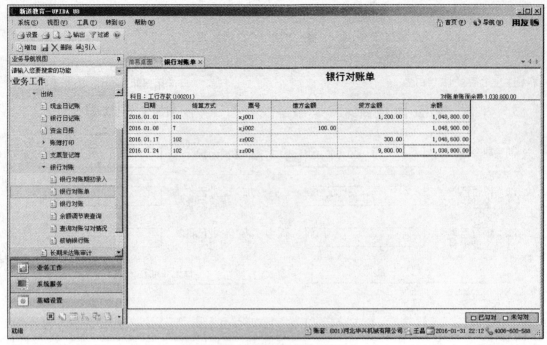

图 5 – 67　银行对账期初数据 2

操作总结：

- 录入的银行对账单发生日期不能小于此银行科目的启用日期。
- 当继续增加下一条记录时，自动将上一条记录的日期携带下来，并处于输入状态。
- 录入票号和借、贷方金额，系统自动计算余额，并按对账单日期顺序显示。在此输入的票号应同制单时输的票号位长相同。在此输入的结算方式同制单时所使用的结算方式可相同也可不同。

3. 银行对账

第一步：在企业应用平台"业务工作"选项卡下，执行【财务会计】 |【总账】 |【出纳】 |【银行对账】 |【银行对账】命令，打开"银行科目选择"对话框，单击【确定】按钮，打开"银行对账窗口"，如图 5 – 68 所示。

第二步：单击【对账】按钮，打开"自动对账"条件选择窗口。输入截止日期，选择对账条件，单击【确定】按钮，如图 5 – 69 所示，系统进行自动勾对并做出勾对符号。如果对账单中有由于日记账相对应却未选中的已达账记录，可进行手工对账，分别双击银行对账单和单位日记账金额行的"两清"栏，标上两清标志"Y"，如图 5 – 70 所示。

第三步：对账完毕，单击【检查】按钮，可查看检查平衡结果。单击【退出】按钮返回。

操作总结：

- 自动对账是计算机根据对账条件将银行日记账未达账项与银行账进行自动核对、勾销，自动对账两清的标志为"O"。手工对账是对自动对账的补充，手工对账两清的标志为"Y"。
- 操作员可以根据单位所设定的条件对自动对账的可选项进行选择。

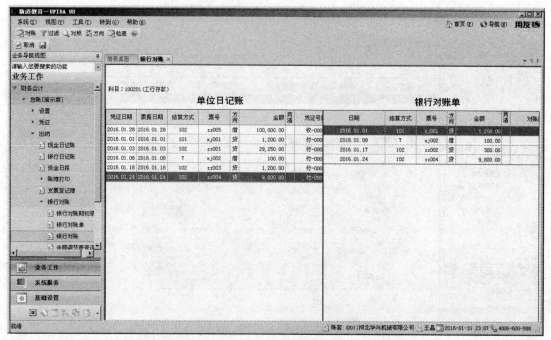

图 5 - 68　银行对账 1

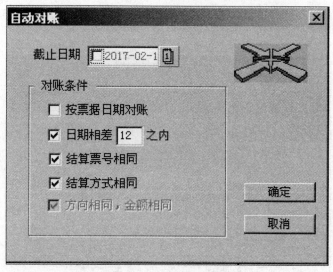

图 5 - 69　银行对账 2

●　在自动对账后如果发现一些应勾对而未勾对的账项，可分别双击"两清"栏，直接进行手工调整进行勾对。

4. 查询余额调节表

第一步：在企业应用平台"业务工作"选项卡下，执行【财务会计】｜【总账】｜【出纳】｜【银行对账】｜【余额调节表查询】命令，打开"银行存款余额调节表"窗口，如图 5 - 71 所示。

第二步：单击【查看】按钮或直接双击该行，系统即显示出生成的"银行存款余额调节表"，单击【退出】按钮返回。

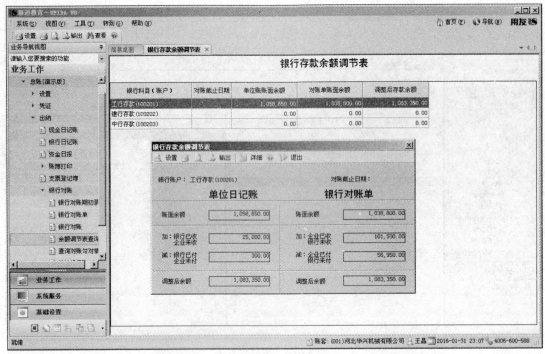

图 5 – 70 银行对账 3

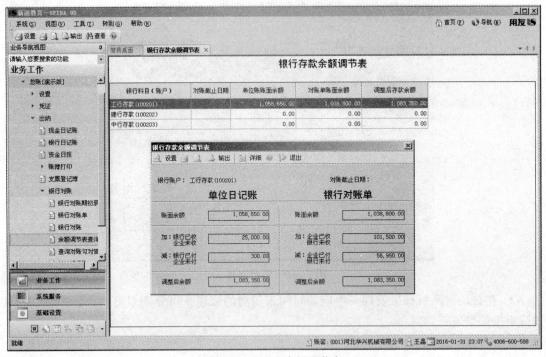

图 5 –71 查询余额调节表

四、拓展提升

如何处理银行对账中"单位日记账"和"银行对账单"不平衡的问题？

（1）如果不平衡的错误原因企业不看重，或者企业认为无关紧要，可以放宽自动对账条件或者直接使用手工对账两清。

（2）如果错误是由金额不一致所引起的，则需要分辨是"单位日记账"方错误还是"银行对账单"方错误。如果是"银行对账单"方错误，则进入【财务会计】｜【总账】｜【出纳】｜【银行对账】｜【银行对账单】中进行修改所涉及错误的对账单。如果是"单位日记账"方错误，则以相应权限操作员的身份进入【财务会计】｜【总账】中，依次完成"取消记账""取消审核凭证""取消出纳签字""凭证修改""出纳签字""审核凭证"和"记账"等工作。

任务五　期　末　处　理

一、任务概述

（一）任务认知

在手工条件下，所有的经济事项均通过手工编制凭证，进而登记账簿。而期末处理主要工作是为后续的报表编制服务，其内容包括对账和结账。但是在会计电算化的条件下，有些业务在核算上却存在一定的特点，使其与日常的经济业务存在差异，主要包括：

（1）这些经济业务的发生时间都是在月末进行，业务类型比较固定，凭证类型都是转账凭证。例如：无形资产的摊销、固定资产折旧的计提、制造费用的结转、完工产品的结转、销售成本的结转、期间损益的结转。

（2）这些业务的发生金额有的是固定的，例如固定资产的折旧或者无形资产的摊销；或者是来自日常业务的账簿，例如制造费用的结转，这就要求在进行这些业务账务时将其他业务记账。

（3）这些业务的原始凭证一般都是由会计人员填制的，并非为外来原始凭证。

对于这些业务，因其在数据传递和逻辑关系上存在着特殊性，不同于日常的经济业务，所以在电算化处理中要把这些业务的账务统一在期末进行处理，故称为期末转账。期末转账因转账的来源不同分为外部转账和内部转账。外部转账是指将其他系统生成的凭证转入总账处理系统中来，例如固定资产折旧的计提和工资的计提。内部转账是在总账系统中，把几个或某几个会计科目中的余额或本期发生额结转到一个或多个会计科目中。

总账系统的期末处理是在其他业务管理系统完成期末处理的基础上进行的，总账系统期末处理的主要内容是定义和生成各类转账凭证，通过转账凭证（包括外来的转账凭证）完成期末费用的计提、成本结转、损益结转、利润核算等工作，在对所有凭证进行了记账处理后，进行对账和结账工作，完成本期的所有期末处理业务。主要内容包括：

（1）转账定义。

（2）转账生成。

（3）对账。

（4）结账。

（二）任务内容

1. 期末转账

（1）计提本月的短期借款利息，年利率为12%。（自定义结转）

（2）按生产工人工资标准（生产 A 产品工人本月工资 80 000 元、生产 B 产品工人本月工资 60 000 元）计算结转本月制造费用。（自定义结转）

（3）A、B 产品全部完工。其中 A 产品 3 370 件；B 产品 46 080 件，结转 A、B 产品的生产成本。（自定义结转）

（4）结转销售一部本月已销产品的成本。（销售成本结转）

（5）结转本月应缴纳的增值税。（对应结转）

（6）计算出本月应缴纳的营业税金及附加。（自定义结转）

（7）摊销本月的无形资产。（使用期限 10 年，自定义结转）

（8）将本月发生的各类收入结转至本年利润账户。（损益结转）

（9）将本月发生的各类费用结转至本年利润账户。（损益结转）

（10）核算并计提所得税费用。

（11）将所得税费用结转至本年利润。（损益结转）

2. 生成转账凭证

生成定义好的转账凭证，制单日期统一为 1 月 31 日。

3. 月末对账

4. 结账

二、任务知识

总账系统的期末转账是指内部转账，包括转账定义和转账生成，但在进行内部转账之前要先将其他业务管理系统完成期末处理。第一次使用总账系统进行期末转账，应先进行转账定义，包括将拟生成凭证的摘要、会计科目、借贷方向、金额计算方法（取数公式）等进行设置，定义设置自动转账分录。设置后，在当月以及以后各月只要调用转账生成功能，即可快速生成转账凭证，能起到事半功倍的效果。

（一）转账定义

转账定义包括自定义结转、对应结转、销售成本结转、售价（计划价）销售成本结转、汇兑损益结转、期间损益结转、自定义比例结转以及费用摊销和预提等。

（1）自定义结转是指用户根据企业的实际业务情况和成本计算的需要，对费用分摊、税金计算和辅助核算结转所进行的转账定义。此种转账凭证定义的自由度较大，是适用范围最广的自动转账定义方式。

（2）对应结转主要用于两个科目之间的转账定义，多用于余额的结转，可以进行两个科目一对一结转，还可以进行科目的一对多结转。例如本年利润与利润分配之间的结转。

（3）销售成本结转。销售成本结转是将月末商品（或产成品）销售数量乘以库存商品的平均单价，计算各种产品的销售成本，然后从库存商品账户的贷方转入主营业务成本账户的借方。

（4）汇兑损益结转主要用于期末自动计算外币账户的汇兑损益，并在转账中自动生成汇兑损益结转账户。汇兑损益只处理以下外币账户：外汇存款户、外币现金、外币结转等各项债权和债务，但不包括所有者权益类账户、成本类账户和损益类账户。

（5）损益结转主要用于期末终了后将损益类账户的余额结转到本年利润账户中，从而全面反映企业的盈亏情况。

（二）转账生成

定义成功后，每月月末只需利用系统自动生成转账凭证的功能，就可以将已定义的自动转账生成所对应的凭证，并自动追加到未记账凭证中。由于转账是按照已记账凭证的数据进行计算的，所以在进行月末转账工作之前，请先将所有未记账凭证记账，否则，生成的转账凭证数据可能有误。

（三）对账

对账是对账簿数据进行核对，以检查记账是否正确以及账簿是否平衡，主要是通过核对总账与明细账、总账与辅助账的数据来完成账账核对。在进行对账时，还可进行试算平衡检查，以检验系统所进行的会计数据处理的正确性。

（四）结账

结账是当月期末处理的最后一项操作，结账只能在每月月底进行一次，且必须按月连续进行。其工作内容是结清各种账簿的本期发生额和期末余额，终止本期的账务处理，为开始下月的业务处理做准备。

三、任务实施

（一）定义转账凭证

1. 自定义转账凭证（以第2笔业务为例）

（1）定义转账凭证的步骤。

第一步：在企业应用平台"业务工作"选项卡下，执行【财务会计】|【总账】|【期末】|【转账定义】|【自定义转账】命令，打开"自定义转账设置"窗口。

第二步：单击【增加】按钮，打开"转账目录"对话框，输入转账序号"002"，输入转账说明"结转制造费用"，选择凭证类别"转　转账凭证"，单击【确定】按钮，返回"自定义转账设置"对话框，如图5-72所示。

第三步：单击【增行】按钮，输入第一条分录的科目编码"500103"或单击▦按钮，在参考里选择"生产成本-制造费用"科目，双击"项目"栏，单击▦按钮，在参照里选择"A产品"，方向选择"借"，如图5-73所示，双击金额公式栏，单击随后出现的【参照】按钮，选择"期末余额"，如图5-74所示，单击【下一步】按钮，打开"公式向导"对话框，科目输入"5101"或单击▦按钮，在参照里选择"制造费用"科目；期间选择"月"，方向选择"借"，单击"继续输入公式"，单击"＊（乘）"，单击【下一步】按钮，如图5-75所示，在"公式向导"对话框中选择"常数"，单击【下一步】按钮，在"常数"中填写"3/7"，单击【完成】按钮，如图5-76所示。

第四步：单击【增行】按钮，输入第二条分录的科目编码"500103"或单击▦按钮，在参考里选择"生产成本-制造费用"科目，双击"项目"栏，单击▦按钮，在参照里选择"B产品"，方向选择"借"，双击金额公式栏，单击随后出现的【参照】按钮，选择"期末余额"，单击【下一步】按钮，打开"公式向导"对话框，科目输入"5101"或单击▦按钮，在参照里选择"制造费用"科目；期间选择"月"，方向选择"借"，单击"继续输入公式"，单击"＊（乘）"，单击【下一步】按钮，在"公式向导"对话框中选择"常数"，单击【下一步】按钮，在"常数"中填写"3/7"，单击【完成】按钮。

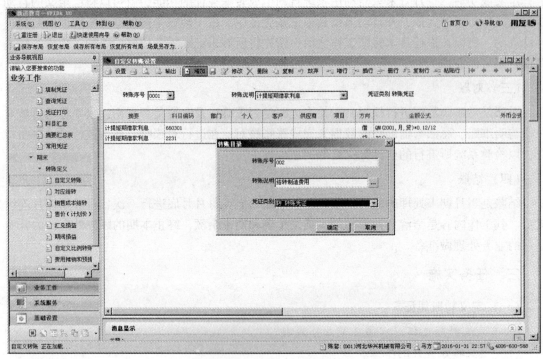

图 5-72　自定义转账设置 1

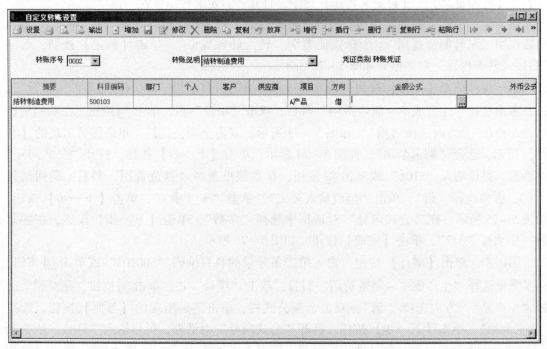

图 5-73　自定义转账设置 2

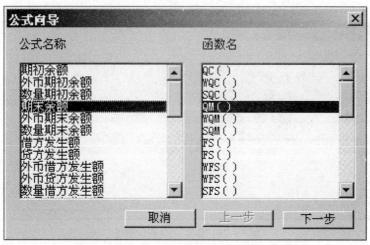

图 5 - 74 自定义转账设置 3

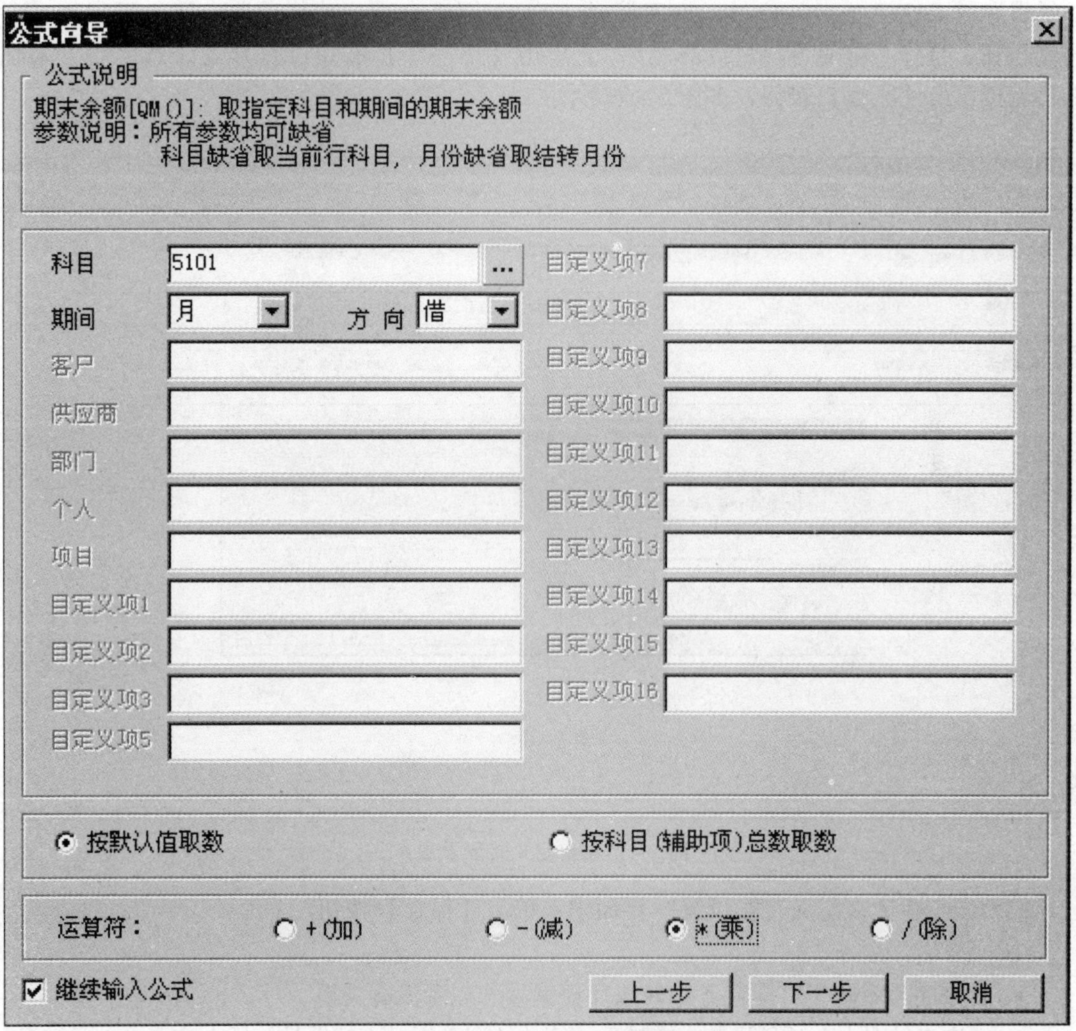

公式向导

公式说明

期末余额 [QM ()]: 取指定科目和期间的期末余额
参数说明: 所有参数均可缺省
　　　　科目缺省取当前行科目, 月份缺省取结转月份

科目	5101	...	目定义项7	
期间	月 ▼	方向 借 ▼	目定义项8	
客户			目定义项9	
供应商			目定义项10	
部门			目定义项11	
个人			目定义项12	
项目			目定义项13	
目定义项1			目定义项14	
目定义项2			目定义项15	
目定义项3			目定义项16	
目定义项5				

⦿ 按默认值取数　　　　○ 按科目 (辅助项) 总数取数

运算符:　○ + (加)　○ - (减)　⦿ * (乘)　○ / (除)

☑ 继续输入公式　　　上一步　下一步　取消

图 5 - 75 自定义转账设置 4

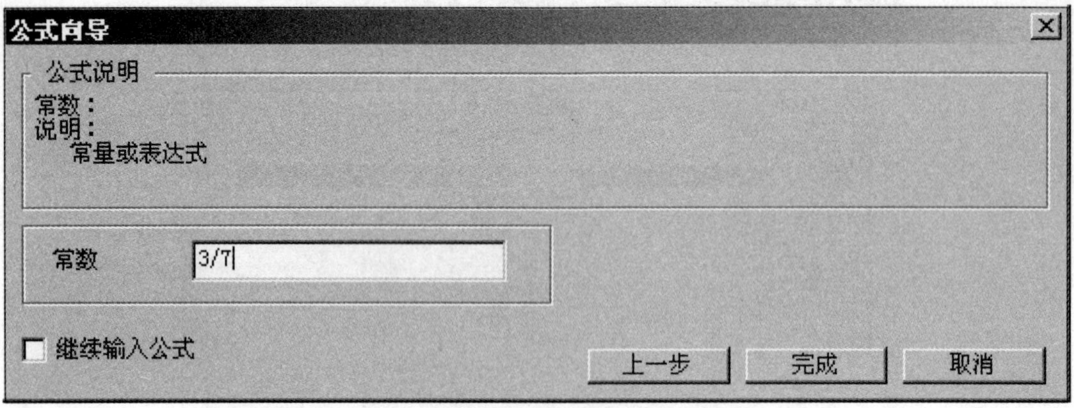

图 5 - 76 自定义转账设置 5

第五步：单击【增行】按钮，输入第三条分录的科目编码"5101"或单击▇按钮，在参考里选择"制造费用"科目，方向选择"贷"，双击金额公式栏，单击随后出现的【参照】按钮，选择"取对方科目计算结果"，单击【下一步】按钮，打开"公式向导"对话框，直接单击【完成】按钮，如图 5 - 77 所示。

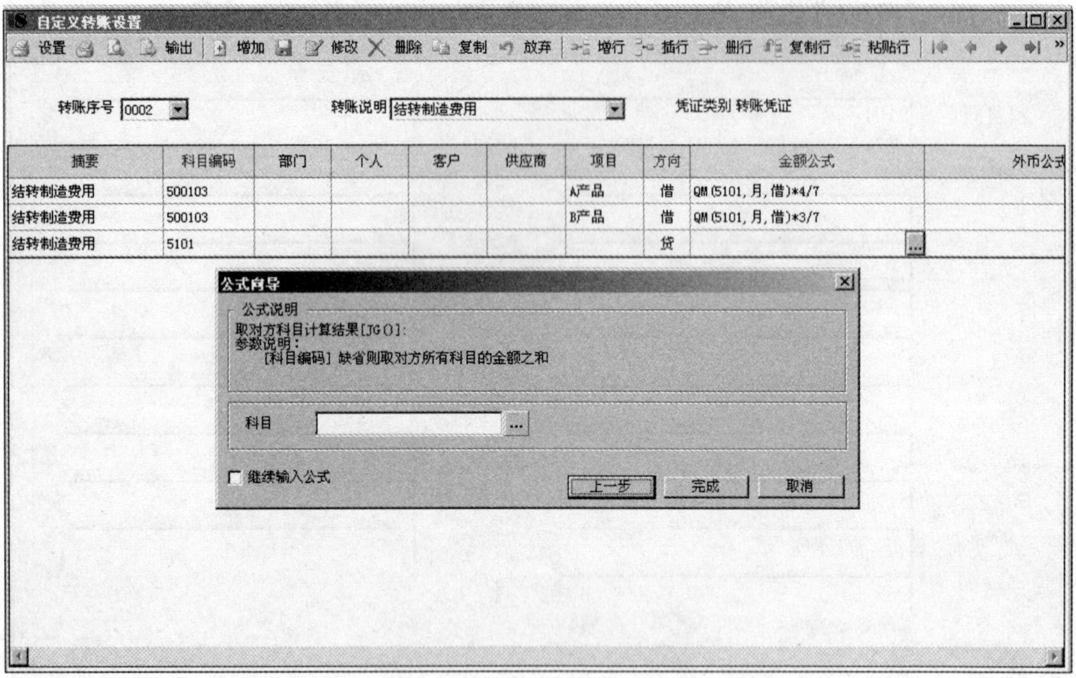

图 5 - 77 自定义转账设置 6

第六步：在"自定义转账设置"界面中，单击【保存】按钮。

操作总结：

- 转账序号不同于日常业务中转账凭证编号，二者没有关系。
- 自定义转账中会计科目若带有辅助核算的，则必须录入辅助核算的内容，尤其是数量。
- 自定义转账中的"金额公式"栏，可以依照系统进行选择，也可以直接输入。金额公式的输入应在半角英文标点状态下进行。

● 自定义转账中函数公式若不对科目方向进行定义，则系统根据科目性质确定所取金额的正负；如定义了科目方向，则只取符合该方向条件的金额。

（2）设置结转销售成本的凭证。

第一步：在企业应用平台"业务工作"选项卡下，执行【财务会计】|【总账】|【期末】|【转账定义】|【销售成本结转】命令，打开"销售成本结转设置"窗口，如图5-78所示。

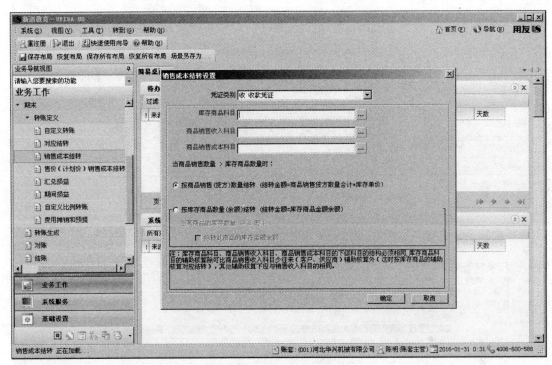

图5-78　销售成本结转设置1

第二步：选择凭证类别"转　转账凭证"，在"库存商品科目"文本框中输入科目编码"1405"；在"商品销售收入科目"文本框中输入科目编码"6001"；在"商品销售成本科目"文本框中输入科目编码"6401"，单击【确定】按钮，如图5-79所示。

操作总结：

● 由于销售成本=产成品单位成本×销售数量，而销售数量则由主营业务收入决定，所以在销售成本结转中录入销售收入科目。

● 在进行销售成本结转前，要检查日常业务中所涉及的主营业务收入的数量和单价，保证其都已录入，并且检查库存商品、商品销售收入科目、商品销售成本科目的下级科目的结构是否相同。

● 库存商品科目的辅助核算与销售收入科目一致（除往来辅助核算外）。

（3）对应结转。

第一步：在企业应用平台"业务工作"选项卡下，执行【财务会计】|【总账】|【期末】|【转账定义】|【对应结转】命令，打开"对应结转设置"窗口，如图5-80所示。

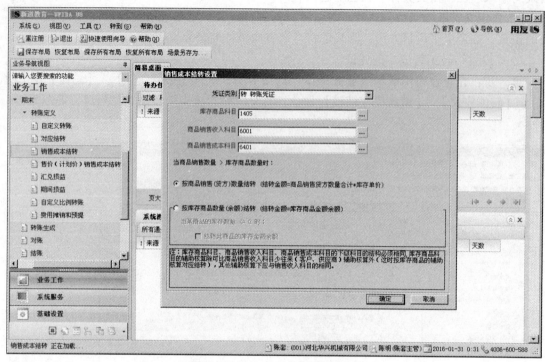

图 5 – 79　销售成本结转设置 2

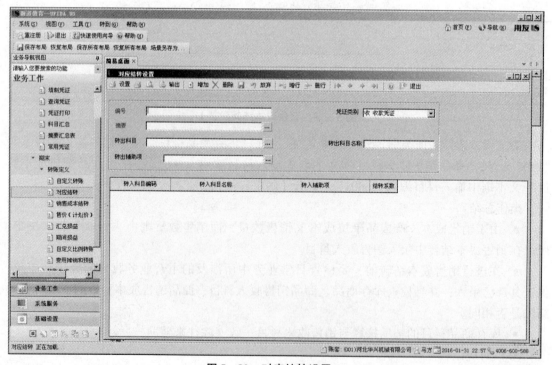

图 5 – 80　对应结转设置 1

第二步：依次填入：编号"0001"、凭证类别选择"转　转账凭证"、摘要"结转应交增值税"、转出科目"22210101"，或单击 ![icon] 按钮，在参照里选择"应交税费 – 应交增值

税 – 进项税额"科目;单击【增行】按钮,输入:转入科目"22210101",或单击 ... 按钮,在参照里选择"应交税费 – 未交增值税"科目,结转系数"1"。单击【保存】按钮,如图5 – 81 所示。

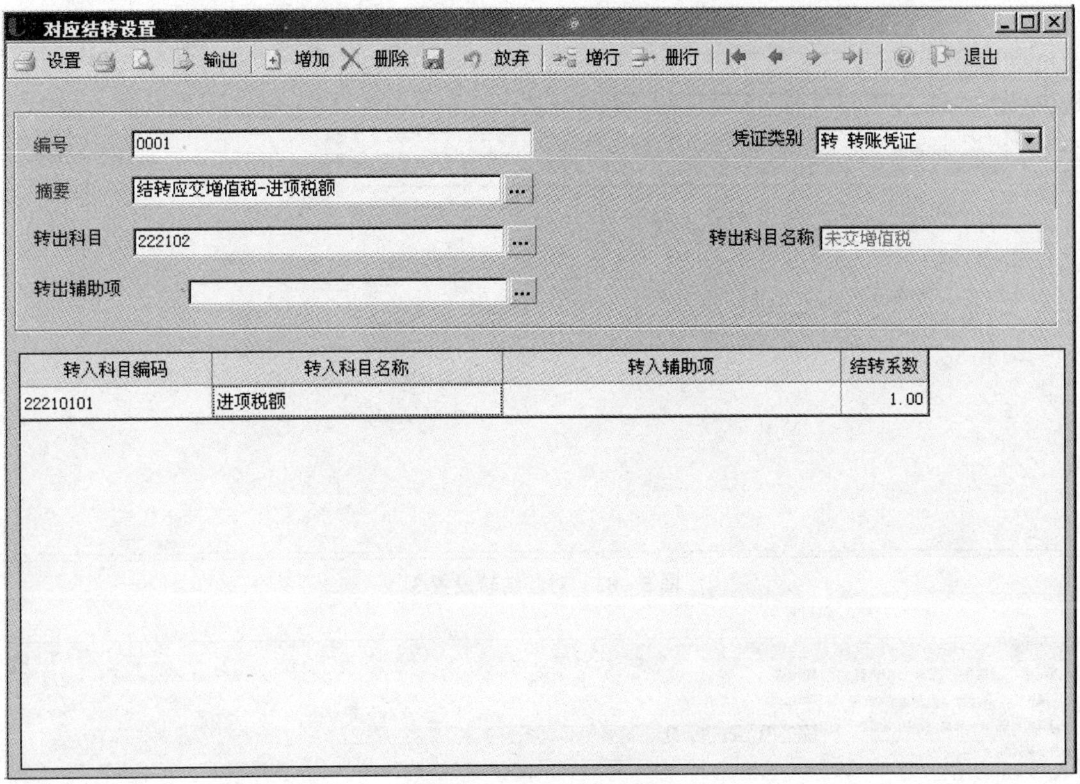

图 5 – 81 对应结转设置 2

第三步:单击【增加】按钮,打开新的"对应结转设置"窗口,依次填入:编号"0002"、凭证类别选择"转 转账凭证"、摘要"结转应交增值税 – 销项税额"、转出科目"22210104",或单击 ... 按钮,在参照里选择"应交税费 – 应交增值税 – 销项税额"科目;单击【增行】按钮,输入:转入科目"222102",或单击 ... 按钮,在参照里选择"应交税费 – 未交增值税"科目,结转系数"1"。单击【保存】按钮,如图 5 – 82 所示。

操作总结:

- 对应结转定义要求转出和转入的会计科目辅助项一致。
- 对应结转可以一对多地结转,但多个转入项的结转系数之和为 1。

(4)损益结转。

第一步:在企业应用平台"业务工作"选项卡下,执行【财务会计】|【总账】|【期末】|【转账定义】|【期间损益】命令,打开"期间损益结转设置"窗口,如图 5 – 83 所示。

第二步:选择凭证类别"转 转账凭证",在"本年利润科目"文本框中输入科目编码"4103",单击【确定】按钮。

图 5 - 82　对应结转设置 3

图 5 - 83　期间损益结转设置

操作总结：

- 损益结转定义时，需要录入"凭证类别"和"本年利润"科目编码。

2. 生成转账凭证

（1）生成自定义转账凭证（以第 2 笔业务为例）。

第一步：在企业应用平台"业务工作"选项卡下，执行【财务会计】|【总账】|【期末】|【转账生成】命令，打开"转账生成"对话框，如图 5-84 所示。

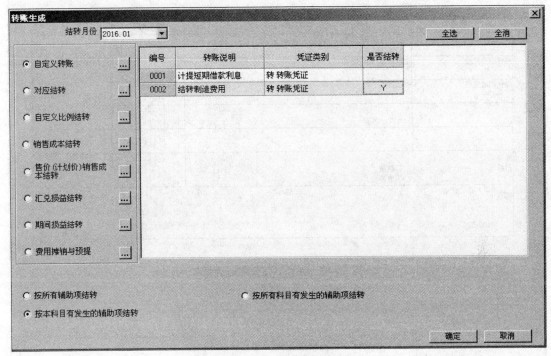

图 5-84 生成自定义转账凭证 1

第二步：系统默认"自定义转账"，在右边列表框中显示已设置的自定义转账凭证的内容，在编号"0002"所在行处双击"是否转账"栏，选择要生成凭证的转账项目，出现"Y"标志，单击【确定】按钮。

第三步：系统自动生成转账凭证，单击【保存】按钮，凭证上出现"已生成"标志，单击【退出】按钮，如图 5-85 所示。

操作总结：

• 若凭证摘要、科目、辅助核算以及方向错误，则需到转账定义中进行修改。若凭证金额错误，则需要对转账定义或日常业务进行追溯修改。

• 若系统弹出"2016 年 1 月有尚未记账凭证"提示，则需把未记账凭证记账后再进行生成。

• 凭证生成后，序时追加到本类别凭证的最后一张。

• 凭证每月只生成一次，不要重复生成。如果已生成的转账凭证有误，必须删除后重新生成。

• 转账生成的凭证仍需审核、记账。

（2）生成所设置的结转销售成本的凭证。

第一步：在企业应用平台"业务工作"选项卡下，执行【财务会计】|【总账】|【期末】|【转账生成】命令，打开"转账生成"对话框，如图 5-86 所示。

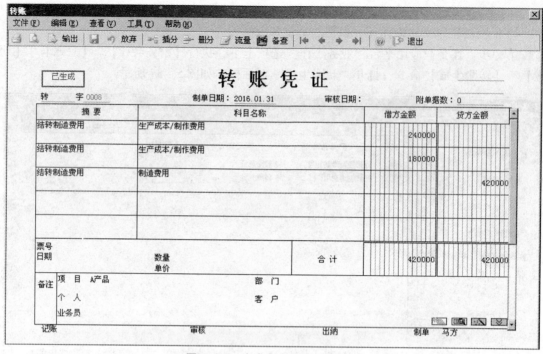

图 5－85　生成自定义转账凭证 2

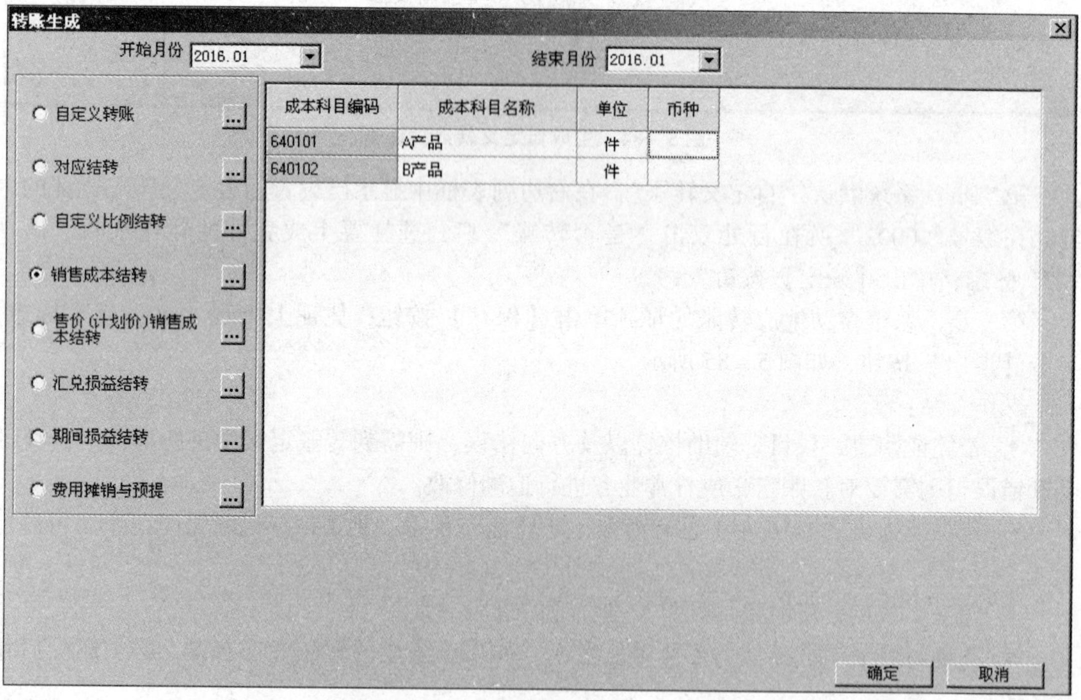

图 5－86　生成销售成本结转凭证 1

　　第二步：单击"销售成本结转"前的单选框，在右边列表框中显示已设置好的成本科目编码、成本卡科目名称以及计量单位的，单击【确定】按钮。

　　第三步：打开"销售成本结转一览表"窗口，单击【确定】按钮，系统提示"没有生产销售成本转账凭证"，单击【确定】按钮，如图 5－87 所示。

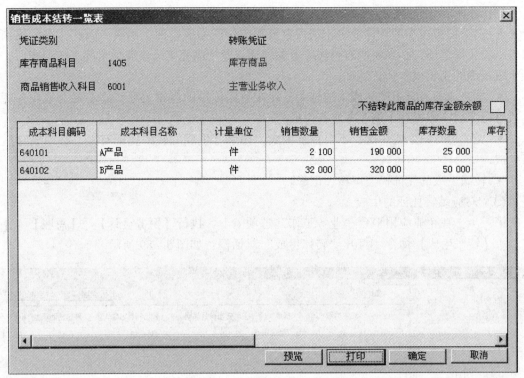

图 5 - 87　生成销售成本结转凭证 2

第四步：系统自动生成转账凭证，单击【保存】按钮，凭证上出现"已生成"标志，单击【退出】按钮。系统自动将当前凭证追加到未记账凭证中，如图 5 - 88 所示。

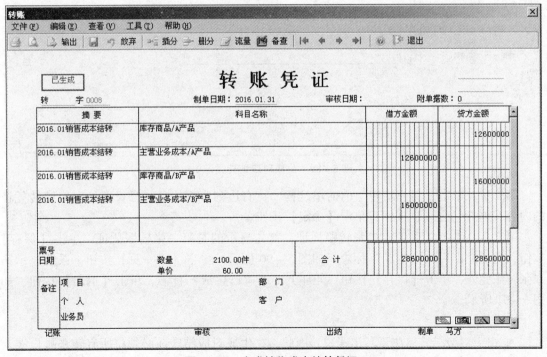

图 5 - 88　生成销售成本结转凭证 3

操作总结：

● 由于销售成本的计算取决于销售数量和单位产品成本两个因素，因此，在生成销售成本结转凭证之前，必须将所有销售业务的凭证以及产品完工入库凭证全部审核记账后，才能生成正确的销售成本结转凭证。

● 本笔业务与完工产品成本结转业务存在数据传递的逻辑关系，故需要上笔业务凭证生成且记账后，方可对本笔业务进行生成。

● 凭证每月只生成一次，不要重复生成。如果已生成的转账凭证有误，必须删除后重新生成。

● 转账生成的凭证仍需审核、记账。

（3）对应结转凭证的生成。

第一步：在企业应用平台"业务工作"选项卡下，执行【财务会计】|【总账】|【期末】|【转账生成】命令，打开"转账生成"对话框，如图 5-89 所示。

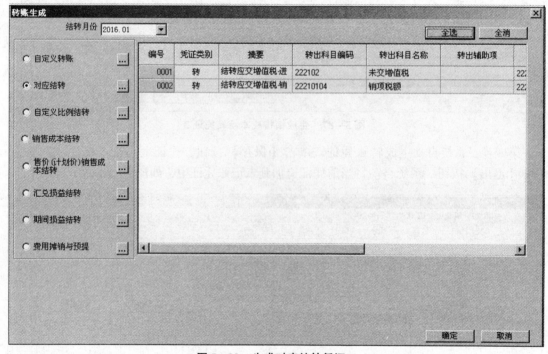

图 5-89　生成对应结转凭证 1

第二步：单击"对应结转"前的单选框，在右边列表框中显示已设置的对应结转凭证的内容，单击【全选】按钮，单击【确定】按钮。

第三步：系统自动生成二张转账凭证，首先显示的是第一张转账凭证，单击【保存】按钮，凭证上出现"已生成"标志，如图 5-90 所示，单击【下一页】按钮，系统显示第二张转账凭证，单击【保存】按钮，凭证上出现"已生成"标志，单击【退出】按钮，如图 5-91 所示。

操作总结：

● 由于对应结转取决于转出账户，因此，在生成对应结转前必须将所有转账账户涉及的业务凭证全部审核记账。

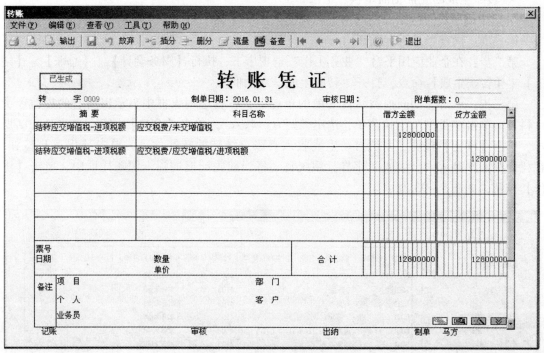

图 5 – 90　生成对应结转凭证 2

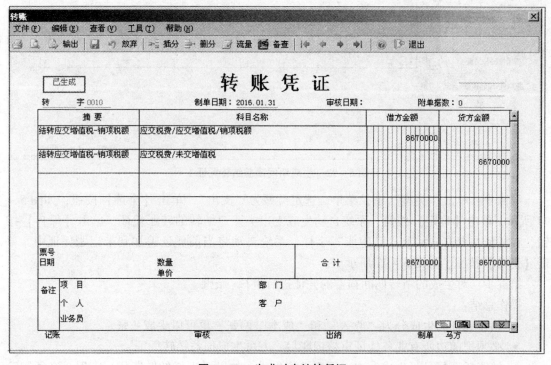

图 5 – 91　生成对应结转凭证 3

● 凭证每月只生成一次，不要重复生成。如果已生成的转账凭证有误，必须删除后重新生成。

- 转账生成的凭证仍需审核、记账。

（4）生成所设置的结算期间损益的凭证。

第一步：检查当月所有凭证均已审核、记账。

第二步：在企业应用平台"业务工作"选项卡下，执行【财务会计】|【总账】|【期末】|【转账生成】命令，打开"转账生成"对话框。

第三步：单击"期间损益结转"前的单选框，在右边列表框中显示出所有的损益类会计科目，单击"类型"下拉菜单，选定类型为"收入"，单击【全选】按钮，如图 5 - 92 所示，单击【确定】按钮，系统自动生成收入类账户结转的转账凭证，单击【保存】按钮，在凭证左上方显示"已生成"字样，系统自动将当前凭证追加到未记账凭证中，单击【退出】按钮，如图 5 - 93 所示。

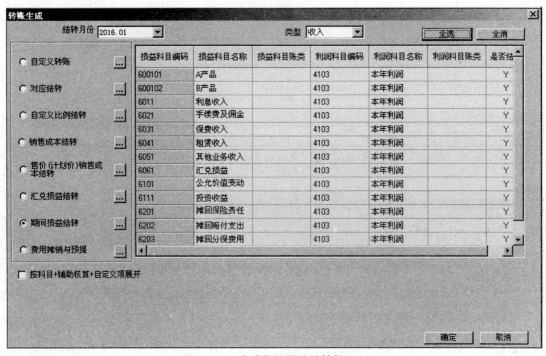

图 5 - 92　生成期间损益结转凭证 1

第四步：单击"类型"下拉菜单，选定类型为"支出"，单击【全选】按钮，如图 5 - 94 所示，单击【确定】按钮，系统自动生成支出类账户结转的转账凭证，单击【保存】按钮，在凭证左上方显示出"已生成"字样，系统自动将当前凭证追加到未记账凭证中，单击【退出】按钮，如图 5 - 95 所示。

第五步：对生成的结转期间损益的凭证进行审核、记账。

操作总结：

- 损益凭证的生成分为"收入"和"成本"两张，也可以生成一张。
- 必须把前边所有业务凭证审核记账后，方可生成损益结转凭证。
- 转账凭证每月只生成一次，不要重复生成。如果已生成的转账凭证有误，必须删除后重新生成。
- 自动转账生成的凭证仍需审核、记账。

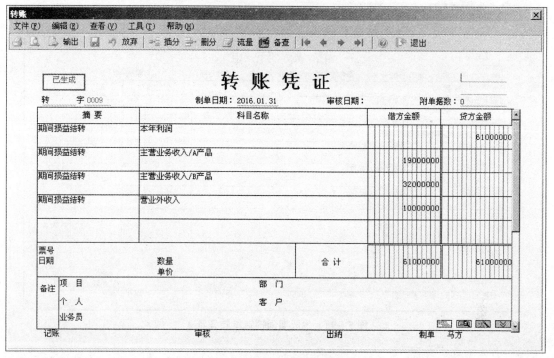

图 5 - 93 生成期间损益结转凭证 2

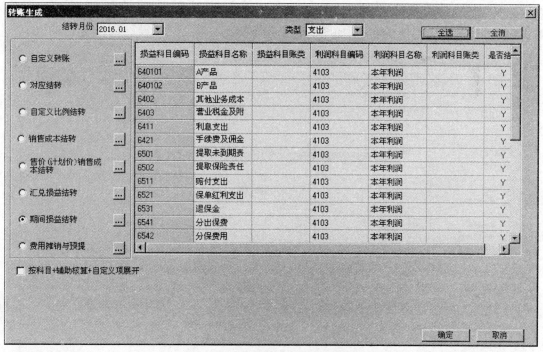

图 5 - 94 生成期间损益结转凭证 3

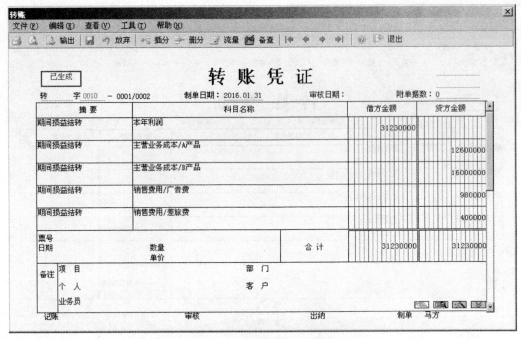

图 5-95　生成期间损益结转凭证 4

3. 月末对账、结账

第一步：以"账套主管 001 陈明"登录企业应用平台，在"业务工作"选项卡下，执行【财务会计】|【总账】|【期末】|【对账】命令，打开"对账"对话框，选择"2016.01"所在行，单击【选择】按钮，单击【对账】按钮。系统会自动对账，且如果对账正确会自动显示"对账成功"，如图 5-96 所示。

图 5-96　结账 1

第二步：在企业应用平台"业务工作"选项卡下，执行【财务会计】|【总账】|【期末】|【结账】命令，打开"结账—开始结账"对话框，单击【下一步】按钮，如图5－97所示。

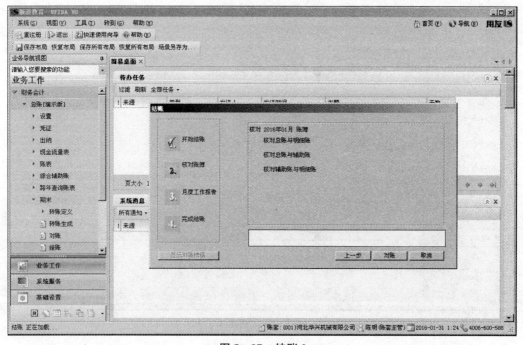

图5－97　结账2

第三步：打开"结账—核对账簿"对话框，单击【对账】按钮，系统自动进行对账，对账完毕后，单击【下一步】按钮，如图5－98所示。

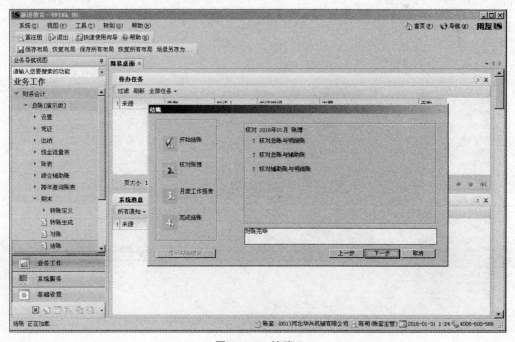

图5－98　结账3

第四步：打开"结账—月度工作报告"，单击【下一步】按钮，如图5-99所示。

图5-99　结账4

第五步：打开"结账—完成结账"对话框，系统提示"工作检查完成，可以结账"，单击【结账】按钮，如图5-100所示。

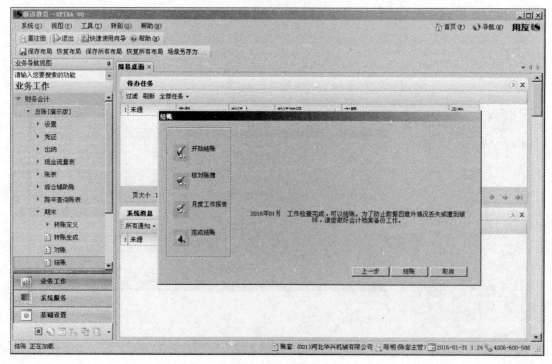

图5-100　结账5

操作总结：

- 结账只能每月进行一次。结转必须按月连续进行，上月未结账，则本月不能结账。

- 每月对账正确后，才可以结账。

- 若本月还有未记账凭证，则本月不能结账。若与其他子系统联合使用，其他子系统未全部结转，本系统不能结转。

- 结账后不能在当期继续使用处理业务的各项功能，例如，不能填制凭证、不能记账等。

- 结账只能由有结账权的人进行。

- 若结账后，发现结账错误，可以取消结账。其操作方法为：进入"结账"对话框，选择要取消结账的月份，按"CTRL + SHIFT + F6"组合键即可。

薪资管理系统

任务一　薪资管理系统认知

一、薪资管理系统概述

工资核算是企业财务工作最早应用到会计电算化的领域，信息化的应用，大大提升了企业工资核算的准确性和及时性。而在会计电算化系统中，对于薪资的处理不仅仅包括工资核算，还包括企业薪资管理的层面。企业的薪资管理包括企业管理者对企业员工报酬的支付标准、发放水平，要素结构的确定、分配和调整的过程。职工薪酬管理是企业人力资源管理的重要内容。

薪资管理系统可以根据企业的薪资制度、薪资结构设置企业的薪资标准体系，在发生人事变动或薪资标准调整时执行调资处理，记入员工薪资档案作为工资核算的依据；根据不同企业的需要设计工资项目、计算公式，更加方便地输入、修改各种工资数据和资料；自动计算、汇总工资数据，对形成工资、福利费等各项费用进行月末、年末账务处理，并通过转账方式向总账系统传输会计凭证，向成本管理系统传输工资费用数据。同时，齐全的工资报表形式、简便的工资资料查询方式、健全的核算体系，为企业多层次、多角度的工资管理提供了便利。

二、薪资管理系统的功能

薪资管理系统适用于各类企业、行政事业单位，使它们方便地进行工资核算、工资发放、工资费用分摊、工资统计分析和个人所得税核算等。

薪资管理系统具有以下功能：

（一）初始设置

通过薪资系统进行初始设置，根据企业的需要设置薪资账套数据，设置薪资系统运行所需要的各类信息，为后续薪资系统的运行建立应用环境。具体包括：

1. 薪资账套参数设置

用友 ERP 系统提供多工资类别核算、薪资核算币种、扣零处理、个人所得税扣税处理、是否核算计件工资等账套参数设置。

2. 基础档案设置

用友 ERP 系统提供代发工资的银行名称、自定义工资项目及计算公式、人员附加信息、人员类别、部门选择设置、人员档案等基础档案。

（二）业务处理

薪资管理系统管理企业所有人员的工资数据，可以进行调资处理，包括对人事变动进行处理，应用薪资标准或手工执行薪资调整；提供个人所得税自动计算与申报功能，记录工资变动的项目、金额、批准时间、起薪日期；截止日期。还可以进行工资数据变动，提供部门分钱清单、人员分钱清单，月末自动完成工资分摊、计提、转账业务，将生成的凭证传递到总账系统。

（三）统计分析报表业务处理

工资核算的结果最终通过报表和凭证体现。系统提供了包括工资发放签名表、工资发放条、工资卡、部门工资汇总表、人员类别汇总表、工资项目分析表、工资增长分析、部门分类统计表在内的各种工资表和工资分析表。

三、薪资管理系统的流程

薪资管理系统的流程依据所管理的工资类别有所区别。薪资管理系统中的工资类别包括单类别和多类别。若企业中所有员工的工资发放项目、工资计算方法相同，那么对全部员工进行统一工资核算，选用系统提供的单工资类别应用方案。若企业存在不同别的人员，则不同类别的人员工资发放项目不同，计算公式也不相同；每月进行多次工资发放；企业在不同地区设有分支机构，而工资核算由总部统一管理；薪资发放使用多种货币的，则选用多类别的工资核算。薪资管理系统流程具体为：

（一）单类别薪资管理系统流程图

单类别薪资管理系统流程如图 6 – 1 所示。

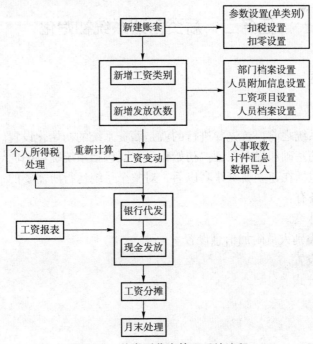

图 6 – 1　单类别薪资管理系统流程

（二）多类别薪资管理系统流程

多类别薪资管理系统流程如图 6-2 所示。

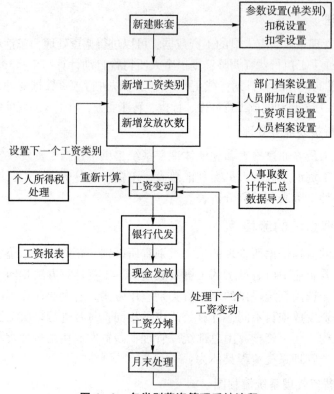

图 6-2 多类别薪资管理系统流程

任务二 薪资管理系统初始化

一、任务概述

（一）任务认知

应用薪资管理系统之前，首先要进行的就是薪资系统的初始化设置。初始化设置是整个薪资管理正常运行的基础和根本保证。初始化设置既包括系统提供的向导、逐步完成整套工资的建账工作，还包括在建立薪资账套以后，对整个系统运行所需要的一些基础信息进行设置。包括的具体任务有：

（1）创建薪资账套。

（2）新建工资类别人员附加信息设置。

（3）工资项目设置。

（4）定义项目公式。

（5）人员档案。

（二）任务内容

（1）增加操作员，并赋权。

004 张洁（口令：4）所属部门：财务部；角色：薪资、固定资产会计；具有"固定资产、薪资管理"的全部权限。

（2）启用"薪资管理"系统，启用会计日期：2016.1.1。

（3）创建薪资账套。

工资类别个数：多个；核算币种：人民币 RMB；不核算计件工资。

扣税设置：从工资中代扣个所税。

扣零设置：不扣零。

人员编码：同公共平台人员编码保持一致。

（4）新建工资类别。

①在职人员。

所属部门：除"离休部"以外的所有部门。

启用日期：2016 年 1 月 1 日。

②离休人员。

所属部门：离休部。

启用日期：2016 年 1 月 1 日。

（5）添加人员附加信息：性别、技术职称、学历、职务。

（6）工资项目设置。

工资项目设置信息如表 6 - 1 所示。

表 6 - 1 工资项目表

项目名称	类型	长度	小数位数	工资增减项
基本工资	数字	10	2	增项
奖金	数字	10	2	增项
岗位津贴	数字	10	2	增项
补贴	数字	8	2	增项
日工资	数字	8	2	其他
缺勤天数	数字	8	2	其他
缺勤扣款	数字	6	2	减项
退休金	数字	10	2	增项
应发合计	数字	10	2	增项
代扣税	数字	6	2	减项
扣款合计	数字	8	2	减项
实发合计	数字	8	2	增项

（7）①对"在职人员"工资类别添加人员档案信息。

批增人员的档案信息如表 6 - 2 所示。

表 6 – 2　批增人员档案表

薪资部门名称	人员编码	人员名称	人员类别	银行名称	账号	是否计税
经理室	101	李力	管理人员	中国工商银行	12345678001	是
财务部	201	陈明	管理人员	中国工商银行	12345678002	是
财务部	202	王晶	管理人员	中国工商银行	12345678003	是
财务部	203	马方	管理人员	中国工商银行	12345678004	是
财务部	204	张洁	管理人员	中国工商银行	12345678005	是
销售一部	301	李静	销售人员	中国工商银行	12345678006	是
销售一部	302	付晓倩	销售人员	中国工商银行	12345678007	是
销售二部	303	陈清明	销售人员	中国工商银行	12345678008	是
销售二部	304	张楠	销售人员	中国工商银行	12345678009	是
供应部	401	刘凤美	采购人员	中国工商银行	12345678010	是
供应部	402	张翔	采购人员	中国工商银行	12345678011	是
制造部	501	刘苗苗	生产管理人员	中国工商银行	12345678012	是
制造部	502	张兴	生产一线工人 A	中国工商银行	12345678013	是
制造部	503	李斌	生产一线工人 A	中国工商银行	12345678014	是
制造部	504	王可	生产一线工人 B	中国工商银行	12345678015	是

②对"离休人员"工资类别添加人员档案信息，如表 6 – 3 所示。

表 6 – 3　离休人员档案

薪资部门名称	人员编码	人员名称	人员类别	银行名称	账号	是否计税
离休部	601	王强	退休人员	中国工商银行	12345678016	是

（8）①打开"在职人员"工资类别，将除"退休金"之外的工资项目选入，并定义项目公式：

岗位津贴：管理人员、生产管理人员为 1 000/月，其他人员为 600/月；

补贴：生产一线工人 A、生产一线工人 B 为 800/月，其他人员为 400/月；

日工资：（基本工资 + 补贴）/21；

缺勤扣款：缺勤天数 × 日工资 ×120%。

②打开"离休人员"工资类别，将"退休金"工资项目选入。

（9）扣缴所得税处理。

①在"栏目选择"中选择所得项目"工资"，对应工资项目"应发合计"。

②在"税率表"中选择基数"3 500"，附加费用"3 200"。

二、任务知识

1. 创建薪资账套

使用薪资管理系统时，若选择的账套为初次使用，系统会自动进入建账向导。系统提供的建账向导分为四个步骤：参数设置、扣税设置、扣零设置及人员编码。当使用工资系统时，如果所选择的账套为初次使用，系统将自动进入建账向导。

（1）参数设置：选择本账套处理的工资类别个数为单个或多个；选择是否启用工资变动的审核；确定"是否核算计件工资"，系统将根据此参数判断是否显示计件工资核算的相关信息。

（2）扣税设置：确定是否从工资中代扣个人所得税。若选择此项，工资核算时系统就会根据输入的税率自动计算个人所得税。

（3）扣零设置：确定是否进行扣零处理。若选择进行扣零处理，系统在计算工资时将依据所选择的扣零类型将零头扣下，并在积累成数时补上。扣零的计算公式将由系统自动定义，无须设置。

（4）人员编码：本系统的人员编码与公共平台的人员编码保持一致。

2. 工资类别管理

工资类别是指在同一套工资账中，根据不同情况而建立的工资数据管理类别。系统提供处理多个工资类别管理，新建账套时或在系统选项中选择多个工资类别时，可进入此功能。

薪资系统是按照工资类别来进行管理的，每个工资类别下均有职员档案、工资变动、工资数据、扣税处理、银行代发等功能。

3. 人员附加信息设置

除了人员编号、人员姓名、所在部门、人员类别等基本信息外，为了管理的需要还需要一些辅助管理信息，人员附加信息的设置就是设置附加信息名称。本功能可用于增加人员信息，丰富人员档案内容，便于对人员进行更加有效的管理。例如增加设置人员的性别、民族、婚否等。

4. 工资项目设置

工资项目应包括手工核算时工资结算单上所列的各个项目，还应包括与计算这些项目有关的原始项目和中间过渡项目。在软件中预先设置一些必备工资项目，如应发工资、扣款合计、实发工资等，其他项目可根据需要自行增加和修改，以适应各单位的需要。

5. 定义项目公式

定义公式时可选择工资项目、运算符、关系符、函数来组合公式。其中，应发合计、扣款合计、实发合计项目可以不设计算公式，工资核算系统将自动生成数据。

6. 人员档案的设置

人员档案的设置用于登记工资发放人员的姓名、职工编码、所在部门、人员类别等信息，工资日常核算中职工的增减变动也在此处处理，这样有利于加强职工的工资管理。

三、任务实施

1. 增加操作员，并赋权

以系统管理员"admin"的身份注册进入系统管理，执行【权限】|【用户】命令，增

加"004 张洁"操作员。执行【权限】|【权限】命令，打开"操作员权限"对话框。为张洁勾选"固定资产"复选框及"人力资源"里面的"薪资管理"复选框，设置完毕，单击【保存】按钮，单击【退出】按钮返回。

2. 启用"薪资管理"系统

以账套主管"001"的身份登录企业应用平台，操作时间是 2016 - 01 - 01。在"基础设置"选项卡下，执行【基本信息】|【系统启用】命令，选中"WA 薪资管理"复选框，选择薪资系统的启用时间为"2016 年 1 月 1 日"。

3. 创建薪资账套

第一步：在"业务工作"选项卡下，执行【人力资源】|【薪资管理】命令，首次登录薪资管理系统，系统弹出"建立工资套"引导窗口。

第二步：进行第 1 项"参数设置"，选择工资类别个数为"多个"，单击【下一步】按钮，如图 6 - 3 所示。

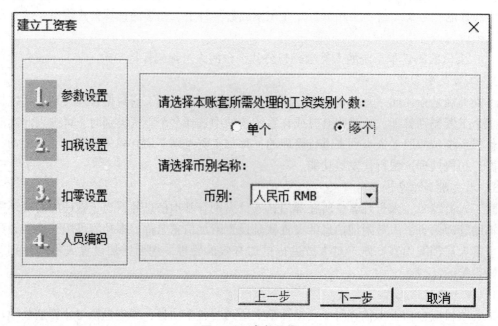

图 6 - 3　参数设置

第三步：进入第 2 项"扣税设置"，单击"是否从工资中代扣个人所得税"前的复选框，单击【下一步】按钮。

第四步：进入第 3 项"扣零设置"，按默认不扣零，单击【下一步】按钮。

第五步：进入第 4 项"人员编码"，单击【完成】按钮。

操作总结：

● 薪资管理系统可建立 999 套工资账。

● 只有账套主管才能修改工资套参数。

● 建立工资类别后，在未打开工资类别时，"选项"菜单是不可见的，所以不能修改选项中的参数设置；在打开工资类别时，修改参数，系统将只修改当前打开的工资类别的参数。

● 建账完毕后，部分建账参数可以在"选项"中进行修改。对于多类别工资的账套，必须在建立工资类别后且打开工资类别的状态下，才能对建账参数进行修改。

4．新建工资类别

第一步：在薪资管理系统中，执行【工资类别】|【新建工资类别】命令，打开"新建工资类别"窗口。

第二步：输入工资类别名称"在职人员"，单击【下一步】按钮，如图 6-4 所示。

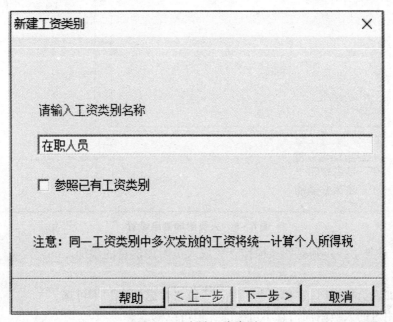

图 6-4　新建工资类别

第三步：打开"请选择部门"窗口，勾选各部门，单击【完成】按钮。

第四步：系统提示"是否以 2016.1.1 为当前工资类别的启用日期?"，单击【是】按钮。

第五步：执行【工资类别】|【关闭工资类别】命令，系统提示"已关闭工资类别"，单击【确定】按钮。

第六步：重复第一步到第五步操作，建立离休人员工资类别。

操作总结：

● 同一个部门，可以被多个工资类别选中。

● 工资类别的启用日期确定后就不能修改。

● 完成多类别设置后，如需对不同的工资类别分别进行管理，则需要在该工资类别处于打开的状态下，进行有针对性的设置和业务处理。

5．添加人员附加信息

第一步：在薪资管理系统中，执行【设置】|【人员附加信息设置】命令，打开"人员设置附加信息"窗口。

第二步：单击【增加】按钮，"信息名称"的输入框被激活。

第三步：在"栏目参照"中单击选择"性别"，"信息名称"的输入框自动显示"性别"。

第四步：单击键盘上的"回车键"，则"性别"在左侧框中显示出来，表示信息添加成功，如图 6-5 所示。

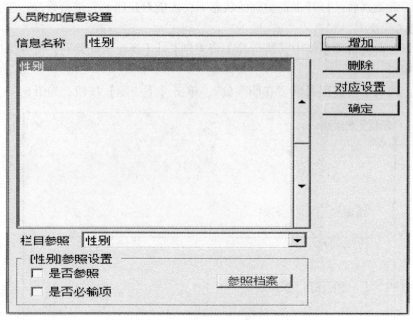

图 6 – 5   人员附加信息设置

第五步：重复第一步到第四步操作，完成人员附加信息的添加。

操作总结：

- 在增加人员档案时，"停发""调出"和"数据档案"不可选。
- 已使用过的人员附加信息不可删除，但可以修改。

6. 工资项目设置

第一步：在薪资管理系统中，执行【设置】|【工资项目设置】，弹出"工资项目设置"窗口。

第二步：单击【增加】按钮，根据表 6 – 1 所示，从"名称参照"中选择或直接输入工资项目名称，并设置新建工资项目的类型、长度、小数位数和工资增减项，单击【确定】按钮，如图 6 – 6 所示。

第三步：系统提示"工资项目已经改变，请确认各工资类别的公式是否正确，否则计算结果可能不准确"，单击【确定】按钮。

操作总结：

- 项目名称必须唯一。
- 工资项目一经使用，数据类型就不允许修改。
- 在"选项"设置中若勾选"是否核算计件工资"，在此界面就可以看到"计件工资"项目属性。
- 在"选项"设置中若选择"代扣个人所得税"，则在此可以看到"扣税合计""代扣税""代付税"等预置工资项目。

7. 添加人员档案信息

第一步：在薪资管理系统中，执行【工资类别】|【打开工资类别】命令，打开"工资类别"窗口，选择"001 在职人员工资类别"，单击【确定】按钮。

第二步：执行【设置】|【人员档案】命令，打开"人员档案"窗口。

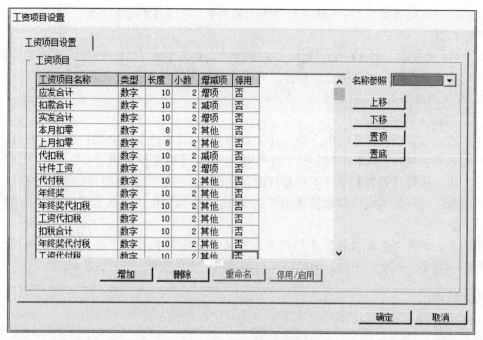

图 6-6 工资项目设置

第三步：单击【批增】按钮，打开"人员批量增加"窗口，单击【查询】按钮，系统显示该类别下的员工档案，单击【确定】按钮。

第四步：返回"人员档案"窗口，看到所设置的各部门人员档案，双击第一条记录，打开"人员档案明细"窗口，选择银行名称"中国工商银行"，输入银行账号"12345678001"，单击【确定】按钮，如图 6-7 所示。

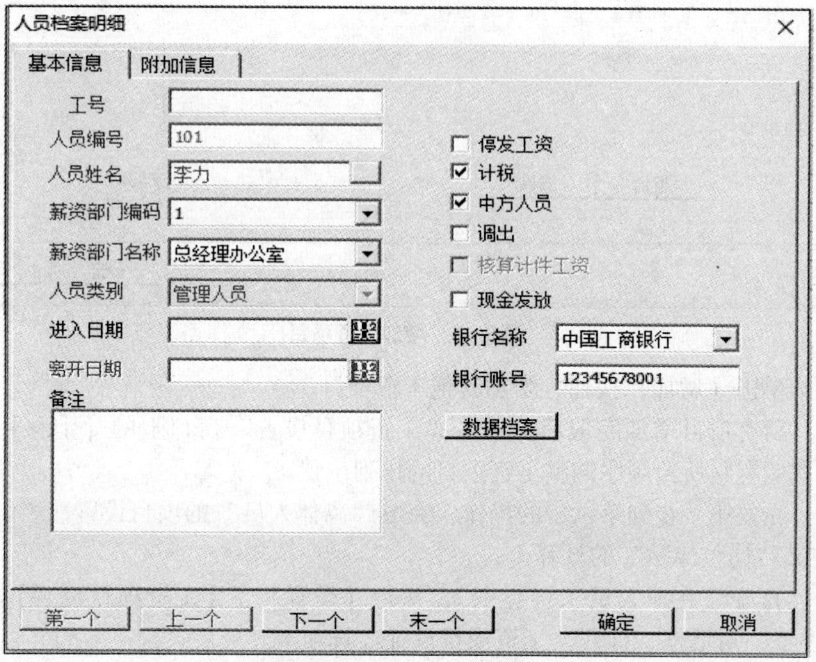

图 6-7 添加人员档案明细

第五步：系统提示："写入该人员档案信息吗？"单击【确定】按钮。系统自动列出下一位职员档案。

第六步：重复第三步到第五步操作，完成其他人员档案中银行名称及银行账号信息的设置。

第七步：重复第一步到第五步操作，完成"离休部"的人员档案信息。

8．定义项目公式

（1）选择工资项目。

第一步：在薪资管理系统中，执行【工资类别】|【打开工资类别】命令，打开"工资类别"对话框，选择"001 在职人员工资类别"，单击【确定】按钮。

第二步：执行【设置】|【工资项目设置】命令，打开"工资项目设置"对话框。

第三步：打开"工资项目设置选项卡"，单击【增加】按钮，在工资项目列表中增加一空行。

第四步：单击"名称参照"下拉列表框，从下拉列表中选择"基本工资"选项，工资项目名称、类型、长度、小数、增减项都自动带出（不能修改），如图 6 - 8 所示。

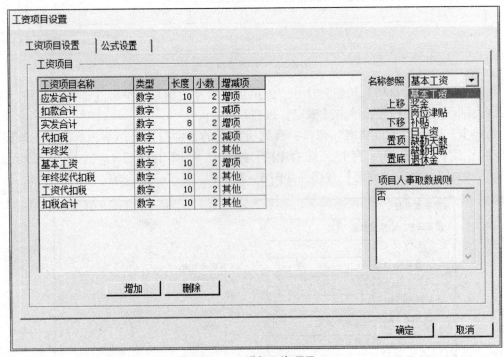

图 6 - 8　增加工资项目

第五步：单击【增加】按钮，增加其他工资项目。

第六步：所有项目增加完成后，单击"工资项目设置"窗口上的【上移】和【下移】按钮，按照实验资料所给顺序调整工资项目的排列位置。

第七步：重复第一步到第六步的操作，完成"离休人员"的项目设置。

（2）定义"岗位津贴"的计算公式。

第一步：打开"在职人员工资类别"，执行【设置】|【工资项目设置】命令，弹出"工资项目设置"对话框，打开"工资项目设置"选项卡。

第二步：单击【增加】按钮，在工资项目列表中增加一个空行。单击该行，在下拉列表框中选择"岗位津贴"选项卡，如图6-9所示。

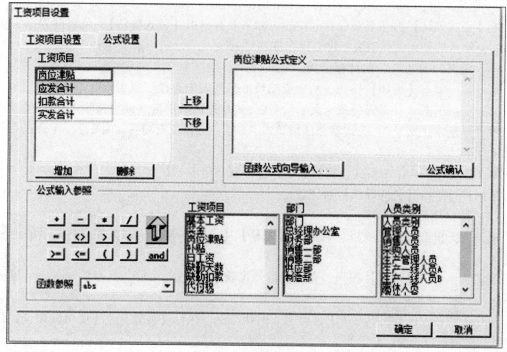

图6-9　公式设置（1）

第三步：单击【函数公式向导输入】按钮，打开"函数向导—步骤之1"对话框。

第四步：在"函数名"列表中选择"iff"函数，右侧出现对应的函数说明及范例，单击【下一步】按钮，打开"函数向导—步骤之2"对话框，单击"逻辑表达式"。右边的【参照】按钮，打开"参照"对话框。从下拉列表中选择"人员类别"，从人员类别列表中选择"管理人员"，单击【确定】按钮，返回"函数向导—步骤之2"后，输入"or"（or的前后都应各有一个空格），重复上述步骤，选择"生产管理人员"，如图6-10所示。

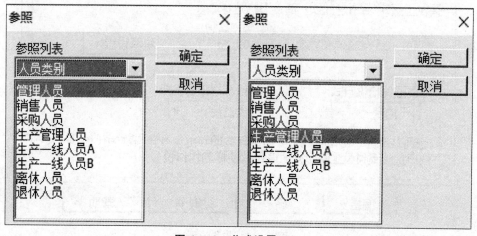

图6-10　公式设置（2）

第五步：在"算术表达式1"文本框中输入"1 000"，在"算术表达式2"文本框中输入"600"。单击【完成】按钮，返回"公式设置"界面，单击【公式确认】按钮。

操作总结：

- 在公式中，"or"前后要各有一个空格；
- 【公式确认】按钮具有保存的功能，如果没有单击【公式确认】，就离开界面，再次返回时，输入的公式就会消失，没有保存成功。

（3）定义"日工资"的计算公式。

第一步：单击【增加】按钮，从工资项目下拉列表中选择"日工资"。

第二步：单击"日工资公式定义区"，在公式参照区域单击（或直接输入）"（"，选择工资项目"基本工资"，在公式参照区域单击"＋"，选择工资项目"补贴"，在公式参照区域单击"）""／"。

第三步：单击向上的箭头，切换成运算符区域，单击"2""1"。

第四步：单击【公式确认】按钮。

（4）调整项目公式顺序。

第一步：单击"工资项目"区域的【上移】【下移】按钮，调整为资料显示的上下顺序。

第二步：单击【确定】按钮，完成项目公式顺序调整。

9. 扣缴所得税处理

第一步：在"001 在职人员工资类别"的状态下，执行【设置】｜【选项】命令，打开"选项"设置窗口。

第二步：选择"扣税设置"选项卡。单击【编辑】按钮，选择收入额合计为"应发合计"，如图 6-11 所示。

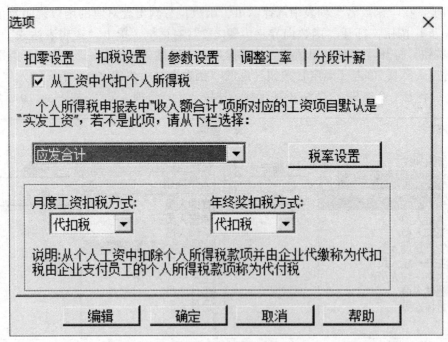

图 6-11 扣税设置

第三步：单击【税率设置】按钮，在弹出的"税率表"中修改基数为"3 500"，附加费用为"3 200"。单击【确定】按钮返回，如图 6-12 所示。

图6-12 定义扣税基数

四、拓展提升

工资项目的公式设置有多种操作方法可以进行，前文在定义项目公式的操作中已分别展现，下面对这三种最常用的方式进行总结。

1. 借助【函数公式向导输入】按钮

前文定义"岗位津贴"计算公式的操作就是使用的这种方法，操作步骤可以概括为：

第一步：单击【函数公式向导输入】按钮，显示"函数公式向导—步骤之一"。

第二步：在"函数名"列表中选取需要的函数，界面右侧显示了所选函数的说明及范例。

第三步：单击【下一步】按钮，则进入公式设置界面"函数向导—步骤之二"。

第四步：在算术表达式栏目中输入计算表达式，用户可单击"参照"选择工资项目。

第五步：如果发现上一步选择的函数不对，可单击【上一步】按钮，返回向导一，重新选择函数。

第六步：单击【完成】按钮，则完成此函数的公式设置，返回公式设置页签。

2. 借助"公式输入参照"区域

前文定义"日工资"计算公式操作就是使用的这种方法，包括数据、运算符、各项名称等在内的所有内容都可在"公式输入参照"区域中找到，只需从中按顺序选取相对应的内容即可。

3. 完全手工输入

以定义"缺勤扣款"的计算公式为例，在"缺勤扣款公式定义区"直接输入"缺勤天数×日工资×1.2"。然后单击【公式确认】按钮，即完成公式定义。

上述的这三种方法各有利弊，大家要灵活掌握。在使用过程中，根据公式的繁简程度选择适合的方法进入定义。

任务三　薪资管理系统的日常业务处理

一、任务概述

（一）任务认知

薪资管理的日常业务主要是对职工薪酬数据进行计算和调整，按照计算数据发放工资以及进行凭证填制等账务处理。薪酬日常业务的重点是及时根据职工人员变动对人员档案进行调整，根据薪资分配政策的变化及时进行数据的更新和准确核算，并对工资分配进行报表分析，为企业的经营管理服务。具体包括：

（1）人员变动。

（2）薪资数据调整。

（3）计算个人所得税。

（4）发放工资。

（5）凭证处理。

（二）任务内容

（1）日常工资变动。

①所有人员的基本工资和奖金信息如表6-4所示。

表6-4　公司职员工资情况明细表

元

编号	姓名	所属部门	人员类别	基本工资	奖金	退休金
101	李力	经理室	管理人员	4 000	1 000	
201	陈明	财务部	管理人员	3 200	700	
202	王晶	财务部	管理人员	2 500	600	
203	马方	财务部	管理人员	3 000	800	
204	张洁	财务部	管理人员	3 000	500	
301	李静	销售一部	销售人员	2 800	400	
302	付晓倩	销售一部	销售人员	2 500	500	
303	陈清明	销售二部	销售人员	3 000	600	
304	张楠	销售二部	销售人员	2 700	500	
401	刘凤美	供应部	采购人员	2 400	400	
402	张翔	供应部	采购人员	2 300	300	
501	刘苗苗	制造部	生产管理人员	2 400	900	
502	张兴	制造部	生产一线工人 A	2 100	700	
503	李斌	制造部	生产一线工人 A	3 000	500	
504	王可	制造部	生产一线工人 B	2 700	800	
601	王强	离休部	退休人员			3 000

②考勤情况如表 6 – 5 所示。

表 6 – 5　考勤表

编号	姓名	所属部门	请假天数
203	马方	财务处	4
302	付晓倩	销售一部	3
402	张翔	供应部	1
502	张兴	制造部	6

（2）进行银行代发工资处理：银行模板选择"中国工商银行"。

（3）将制造部所有人员的奖金上浮 50%；将财务部所有人员的基本工资增加 100 元；将管理人员的奖金减少 150 元。

（4）对企业各部门进行工资分摊设置，情况如表 6 – 6 所示。

①分摊计提月份：1 月份。

②选择核算部门：全部属于本工资类别的部门。

③设置核算公式：

应付工资总额 = 应发合计 ×100%

应付福利费 = 应发合计 ×14%

工会经费 = 应发合计 ×2%

表 6 – 6　工资及附加费计提表

部门	人员类别	应付工资总额		应付福利费		工会经费	
		借方	贷方	借方	贷方	借方	贷方
经理室	管理人员	660201	2211	660201	2211	660204	2211
财务处	管理人员	660201	2211	660201	2211	660204	2211
供应部	采购人员	660201	2211	660201	2211	660204	2211
制造部	生产管理人员	5101	2211	5101	2211	5101	2211
	生产一线工人	500102	2211	500102	2211	500102	2211
销售一部	销售人员	660103	2211	660103	2211	660103	2211
销售二部	销售人员	660103	2211	660103	2211	660103	2211

（5）31 日，计提各部门的工资总额、应付福利费、工会经费，并制单，明细到工资项目，合并科目相同的分录（退休人员不计提）。

二、任务知识

1. 薪资数据调整

薪酬数据包括固定数据和变动数据两类。固定数据一般是在薪资账套创建后，逐项录入的员工薪资数据，这些数据在录入后一般比较固定，平时无须反复录入，主要是基本工资数据、岗位工资数据等；而有些薪酬数据需要依据每月员工的实际情况进行调整，这就是变动数据，例如奖金、缺勤扣款、请假扣款等数据。

2．银行代发

银行代发就是指由银行发放企业职工个人工资。目前许多单位发放工资时都采用工资银行卡方式。这种做法既减轻了财务部门发放工资工作的任务量，有效地避免了财务部门到银行提取大笔款项所承担的风险，又提高了对员工个人工资的保密程度。银行代发能查询到无权限部门的工资数据，这里只受功能权限控制，不受数据权限控制。

3．工资费用分摊

财务部门根据工资费用分配表，将工资费用根据用途进行分配，并编制转账会计凭证，传递到总账系统供登账处理之用。工资分摊中能查询到无权限的部门工资数据，这里只受功能权限的控制，不受数据权限的控制。

4．凭证处理

在进行薪酬业务处理的前提下，有关薪酬的业务核算凭证是在薪酬管理系统中生成的，包括薪酬发放业务、薪酬费用计提和分摊等业务等，并且在生成后传递到总账系统中。

薪酬管理系统的凭证处理包括两个阶段：一是依据业务核算的内容在系统中进行设置；二是每个会计期间根据实际发生的业务数据生成相应的凭证。

三、任务实施

1．日常工资变动

使用"张洁（004）"身份进入企业应用平台，操作日期为"2016.01.31"。

第一步：在薪资管理系统中，进入"001 在职人员工资类别"状态。

第二步：执行【业务处理】|【工资变动】命令，打开"工资变动"窗口。

第三步：根据表格的数据，分别录入每位人员的基本工资、岗位工资以及缺勤人员的缺勤天数，如图 6－13 所示。

选择	工号	人员编号	姓名	部门	人员类别	基本工资	奖金	岗位津贴	补贴	日工资	缺勤天数	缺勤扣款	应发合计
		101	李力	总经理办公室	管理人员	4,000.00	1,000.00	1,000.00	400.00	209.52			6,400.00
		201	陈明	财务部	管理人员	3,200.00	700.00	1,000.00	400.00	171.43			5,300.00
		202	王晶	财务部	管理人员	2,500.00	600.00	1,000.00	400.00	138.10			4,500.00
		203	马方	财务部	管理人员	3,000.00	800.00	1,000.00	400.00	161.90	4.00		5,200.00
		204	张洁	财务部	管理人员	3,000.00	500.00	1,000.00	400.00	161.90			4,900.00
		301	李静	销售一部	销售人员	2,800.00	400.00	600.00	400.00	152.38			4,200.00
		302	付晓倩	销售一部	销售人员	2,500.00	500.00	600.00	400.00	138.10	3.00		4,000.00
		303	陈清明	销售二部	销售人员	3,000.00	600.00	600.00	400.00	161.90			4,600.00
		304	张楠	销售二部	销售人员	2,700.00	500.00	600.00	400.00	147.62			4,200.00
		401	刘凤美	供应部	采购人员	2,400.00	400.00	600.00	400.00	133.33			3,800.00
		402	张翔	供应部	采购人员	2,300.00	300.00	600.00	400.00	128.57	1.00		3,600.00
		501	刘苗苗	制作部	生产管理人员	2,400.00	900.00	1,000.00	400.00	133.33			4,700.00
		502	张兴	制作部	生产一线人员A	2,100.00	700.00	600.00	800.00	138.10	6.00		4,200.00
		503	李斌	制作部	生产一线人员A	2,700.00	800.00	600.00	800.00	180.95			4,900.00
		504	王司	制作部	生产一线人员B	2,700.00	800.00	600.00	800.00	166.67			4,900.00
合计						41,600.00	9,200.00	11,400.00	7,200.00	2,323.80	14.00	0.00	69,400.00

图 6－13　录入工资数据

第四步：执行【计算】命令，执行【汇总】命令，进行工资的重新计算与汇总。

第五步：关闭"工资变动"窗口后，重复第一步到第四步，完成"离休人员"的工资录入操作。

操作总结：

- 退出"工资变动"窗口前，需要进行工资数据的"汇总"操作。
- 完成数据修改或数据替换，以及重新定义了计算公式后，必须对个人工资重新计算和汇总。

2. 进行银行代发工资处理

第一步：在薪资管理系统中，进入"001 在职人员工资类别"状态，执行【业务处理】|【银行代发】命令，打开"请选择部门范围"窗口。

第二步：勾选"在职人员"的所有部门。

第三步：单击【确定】按钮，进入"银行代发"窗口。

第四步：第一次进入会弹出"银行文件格式设置"窗口，从"银行模板"右边的下拉菜单中选择"中国工商银行"，如图 6－14 所示。

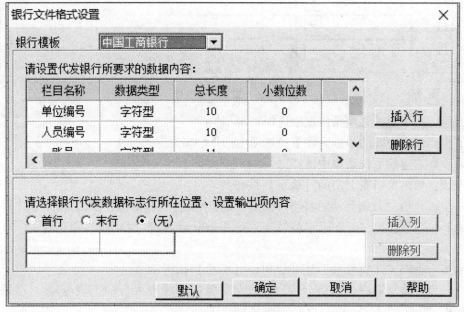

图 6－14　银行模板选择

第五步：单击【确定】按钮，弹出"确认设置的银行文件格式?"对话框，单击【是】按钮，返回"银行代发"窗口。

第六步：关闭"银行代发"窗口后，重复第一步到第四步，完成"离休人员"的银行代发操作。

3. 将制造部所有人员的奖金上浮 50%；将财务部所有人员的基本工资增加 100 元；将管理人员的奖金减少 150 元

第一步：在薪资管理系统中，进入"001 在职人员工资类别"状态。执行【业务处理】|【工资变动】命令，打开"工资变动"窗口。

第二步：单击【全选】按钮，选中所有在职人员。

第三步：单击【替换】按钮，在"将工资项目"右边的下拉菜单中选择"奖金"，"替换成"右边的文本框中输入"奖金 * 1.5"，如图 6－15 所示。

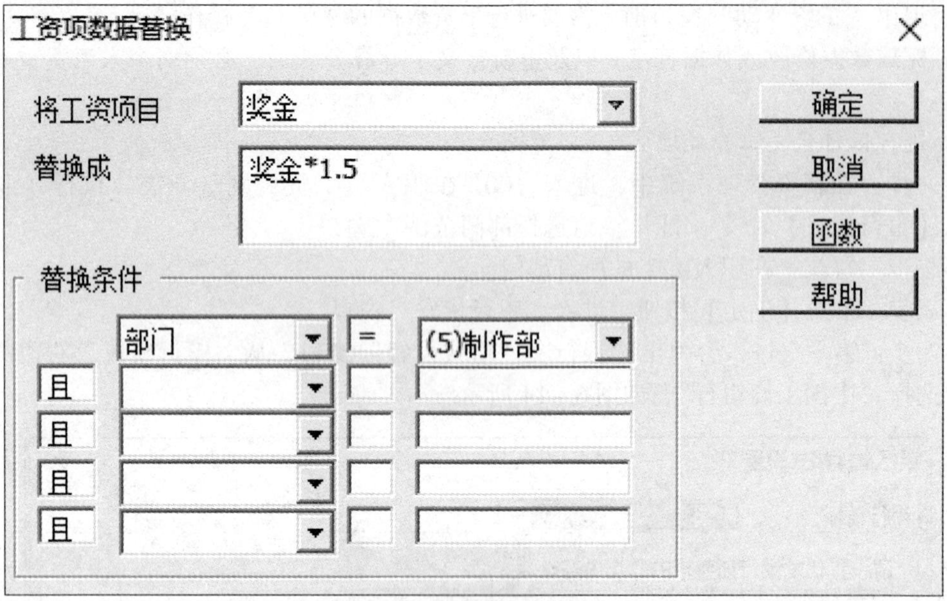

图 6-15 工资数据替换

第四步：在下边的替换条件框中选择"部门"。

第五步：双击中间的小框，在下拉选项中选择"＝"。

第六步：右边的下拉菜单中选择"（5）制作部"。

第七步：单击窗口右上角的【确定】按钮。

第八步：弹出"数据替换后将不可恢复。是否继续？"对话框，单击【是（Y）】按钮。

第九步：窗口弹出"4 条记录被替换，是否重新计算？"对话框，单击【是（Y）】按钮。

第十步：返回"工资变动"窗口，单击【汇总】按钮。

第十一步：重复第一步到第十步，完成对财务部和管理人员的工资变动。完成后关闭"工资变动"窗口。

操作总结：

● 如果在进行替换操作时没有输入替换条件，则系统默认替换条件为本工资类别的全部人员。

● 如果进行替换的工资项目已经设置了计算公式，则在重新计算时以计算公式为准。

4. 对企业各部门进行工资分摊设置

第一步：在薪资管理系统中，进入"001 在职人员工资类别"状态。执行【业务处理】|【工资分摊】命令，打开"工资分摊"对话框。

第二步：勾选除了"离休部"以外的所有部门。

第三步：单击【工资分摊设置】按钮，打开"分摊类型设置"对话框。

第四步：单击【增加】按钮，打开"分摊计提比例设置"对话框。

第五步：输入计提类型名称"应付工资总额"，分摊计提比例不变，如图 6-16 所示。

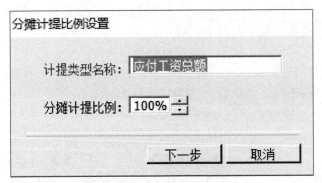

图 6－16　分摊计提比例设置

第六步：单击【下一步】按钮，弹出"分摊构成设置"对话框。

第七步：双击"部门名称"列的第一行空白处，弹出"部门名称参照"窗口，勾选"总经理办公室"，单击【确定】按钮，"人员类别"为"管理人员"。

第八步：在"借方科目"处输入"660201"，在"贷方科目"处输入"2211"。

第九步：重复第七步到第八步，完成"分摊构成设置"。

第十步："生产一线人员 A、B"需要再选择"借方项目大类"为"产品核算"，借方项目分别为"A 产品""B 产品"，如图 6－17 所示。

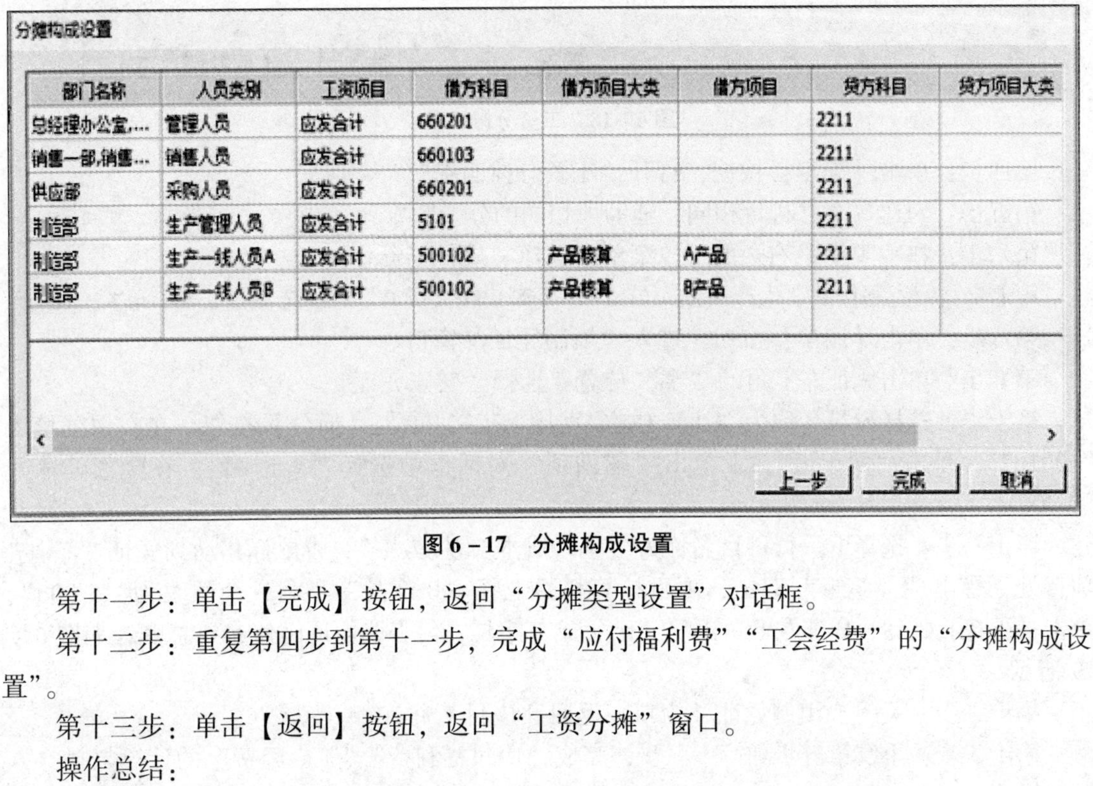

部门名称	人员类别	工资项目	借方科目	借方项目大类	借方项目	贷方科目	贷方项目大类
总经理办公室…	管理人员	应发合计	660201			2211	
销售一部,销售…	销售人员	应发合计	660103			2211	
供应部	采购人员	应发合计	660201			2211	
制造部	生产管理人员	应发合计	5101			2211	
制造部	生产一线人员A	应发合计	500102	产品核算	A产品	2211	
制造部	生产一线人员B	应发合计	500102	产品核算	B产品	2211	

图 6－17　分摊构成设置

第十一步：单击【完成】按钮，返回"分摊类型设置"对话框。

第十二步：重复第四步到第十一步，完成"应付福利费""工会经费"的"分摊构成设置"。

第十三步：单击【返回】按钮，返回"工资分摊"窗口。

操作总结：

● 在勾选核算部门时，对于含有非末级部门，要勾选到末级部门。

● 在设置分摊构成时，"人员类别"是唯一的。会计科目有辅助核算的，则必须录入辅助核算信息，否则在生成凭证时系统给予提示。

5. 31 日，计提各部门的工资总额、应付福利费、工会经费，并制单，明细到工资项目，合并科目相同的分录（退休人员不计提）

第一步：打开"工资分摊"窗口，在"计提费用类型"中，三项全部勾选。

第二步：在"选择核算部门"中勾选除了"离休部"以外的所有部门。

第三步：勾选"明细到工资项目"，如图 6 –18 所示。

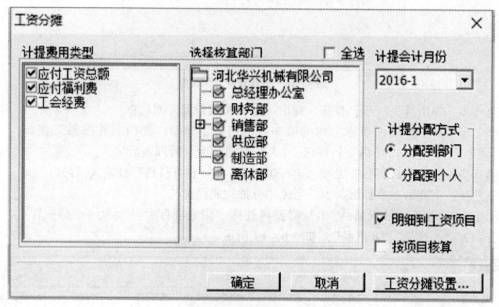

图 6 –18　工资分摊设置

第四步：单击【确定】按钮，打开"工资分摊明细"。

第五步：勾选"合并科目相同、辅助项相同的分录"。

第六步：在"类型"右边的下拉菜单中选择"应付工资总额"。

第七步：留意制作部"生产—线人员 A""生产—线人员 B"分配金额是 9 700 元、5 300 元。

第八步：单击【制单】按钮，进入"填制凭证"窗口。

第九步：单击凭证左上角的"字"位置，选择"转账凭证"。

第十步：选择科目名称为"生产成本/直接人工"，单击【插分】按钮，在空白处填入"500102"，单击"回车键"，在弹出"辅助项"对话框中选择"A 产品"，在金额处输入"9 700"。

第十一步：选择下一行科目名称为"生产成本/直接人工"，将鼠标移动到凭证"备注"项目处，待出现"笔形"双击，项目核算科目选择"B 产品"项目，金额改为"5 300"，单击【保存】按钮，凭证左上角出现"已生成"字样，代表该凭证已传递到总账，如图 6 –19 所示。

第十二步：关闭"填制凭证"窗口，返回"应付工资总额一览表"。

第十三步：重复第五步到第十三步，完成"应付福利费""工会经费"的计提与制单。

操作总结：

• 若生成的"应发合计"或"实发合计"等数据不准确，则需返回"工资项目设置"对话框，检查相关工资项目的属性。

• 未经审核、记账处理的薪资凭证可在系统中进行修改、删除。

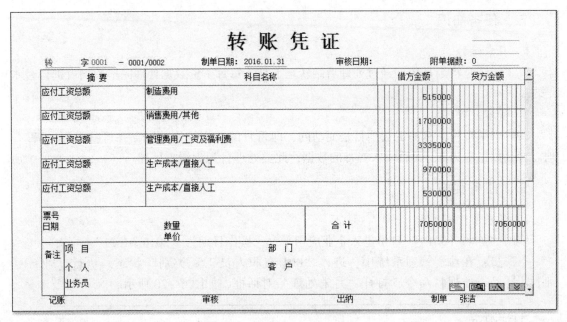

图 6-19 生成转账凭证

- 在薪资系统中被删除的凭证属于作废凭证，应继续在总账系统中做进一步的"整理凭证"后才能被彻底删除。

四、拓展提升

对于数据权限的修改，应当以"004 张洁"的身份进入薪资管理系统，在打开工资类别窗口中如果找不到已经建立的工资类别，这是因为系统对"004 张洁"进行了权限限制，我们只需要取消对应的权限限制即可。

第一步：以"001 陈明"的身份重新注册登录，在"系统服务"选项卡下，执行【权限】|【数据权限控制设置】，弹出"数据权限控制设置"窗口。

第二步：将"工资权限"前面的对钩去掉。

第三步：单击【确定】按钮返回，重新以"004 张洁"的身份登录就可以进行正常操作了。

任务四 薪资管理系统的月末处理

一、任务概述

（一）任务认知

薪资管理系统在完成各项工资薪酬的核算业务后的最后一项工作为结账。通过月末结账，可以将当月的工资数据经过处理，结转到下月，并自动生成下月的工资明细表。

（二）任务内容

（1）31 日，以账套主管的身份进行薪资管理系统月末处理，且不进行清零处理。

（2）打开 2016 年 1 月"工资发放签名表"。

二、任务知识

1. 月末结转

月末结转是将当月数据经过处理后结转至下月，每月工资数据处理完毕后均可进行月末结转。

2. 清零处理

在月末结转时，有的工资项目是变动的，即每月的数据均不相同，在每月工资处理时，均需将其数据清为 0，而后输入当月的数据，此类处理行为为清零处理。

三、任务实施

1. 月末处理

使用"陈明（001）"身份进入企业应用平台，操作日期为"2016.01.31"。

第一步：在薪资管理系统中，进入"001 在职人员工资类别"状态。执行【业务处理】|【月末处理】命令，打开"月末处理"对话框，如图 6-20 所示。

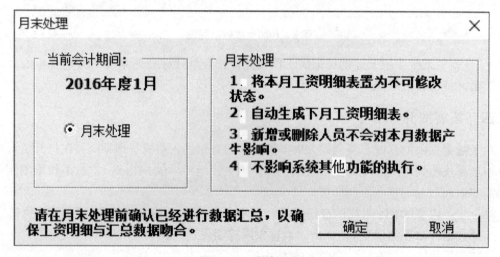

图 6-20　月末处理

第二步：单击【确定】按钮，弹出"月末处理之后，本月工资将不许变动！继续月末处理吗？"对话框。

第三步：单击【是】按钮，系统继续提示"是否选择清零项？"，单击【否】按钮，打开"选择清零项目"对话框。

第四步：单击【否】按钮，弹出"月末处理完毕！"提示框。

第五步：单击【确定】按钮，完成在职人员的月末处理。

第六步：重复第一步到第五步，完成对"离休人员"的月末处理。

操作总结：

• 月末结账只有在当月工资数据处理完毕后才能进行。进行月末处理后，当月数据将不能再进行变动。

• 系统中若存在多个工资类别，则分别进行月末结算。

• 月末处理只有账套主管才能操作。

2. 打开"工资发放签名表"

第一步：在薪资管理系统中，进入"001在职人员工资类别"状态。执行【统计分析】|【账表】|【工资表】命令，打开"工资表"对话框，如图6-21所示。

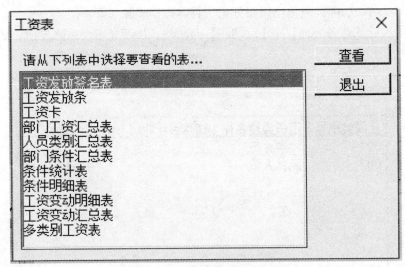

图6-21　选择工资发放签名表

第二步：选择"工资发放签名表"，单击【查看】按钮，弹出"工资发放签名表"窗口。

第三步：勾选所有在职人员，单击【确定】按钮。

第四步：此时即可查看到工资发放签名表，如图6-22所示。单击【输出】按钮，可以将表格以excel的形式输出，单击【连打】按钮，可以有选择地打印签名表。

工资发放签名表
2016 年 01 月

部门：全部　　会计月份：01月　　　　　　　　　　　　　　　　　　人数：1?

人员编号	姓名	应发合计	扣款合计	实发合计	本月扣零	上月扣零	代扣税	计件工资	代付税	年终奖
101	李力	6,250.00	170.00	6,080.00			170.00			
201	陈明	5,250.00	70.00	5,180.00			70.00			
202	王晶	4,450.00	28.50	4,421.50			28.50			
203	马方	5,150.00	60.00	5,090.00			60.00			
204	张洁	4,850.00	40.50	4,809.50			40.50			
301	李静	4,200.00	21.00	4,179.00			21.00			
302	付晓倩	4,000.00	15.00	3,985.00			15.00			
303	陈清明	4,600.00	33.00	4,567.00			33.00			
304	张楠	4,200.00	21.00	4,179.00			21.00			
401	刘凤美	3,800.00	9.00	3,791.00			9.00			
402	张翔	3,600.00	3.00	3,597.00			3.00			
501	刘苗苗	5,150.00	60.00	5,090.00			60.00			
502	张兴	4,550.00	31.50	4,518.50			31.50			
503	李斌	5,150.00	60.00	5,090.00			60.00			
504	王司	5,300.00	75.00	5,225.00			75.00			
合计		70,500.00	697.50	69,802.50	0.00	0.00	697.50	0.00	0.00	0.00

制表：　　　　　审核：　　　　　复核：

图6-22　工资发放签名表

四、拓展提升

在工资管理系统结账后，发现还有一些业务或其他事项需要在已结账月进行账务处理，此时需要使用反结账功能，取消已结账标记。具体操作步骤如下：

第一步：执行【业务处理】|【反结账】菜单项，屏幕显示反结账界面，如图 6－23 所示。

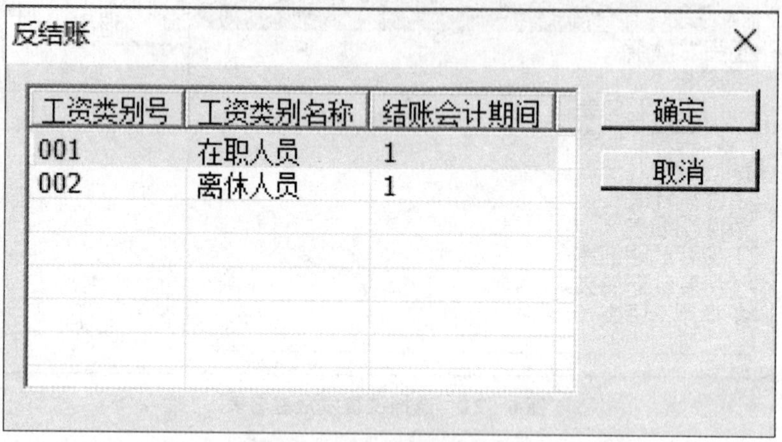

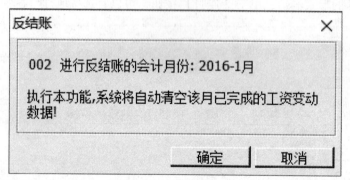

图 6－23　反结账（1）

第二步：选择要反结账的工资类别，单击【确定】按钮。弹出"执行本功能，系统将自动清空该月已完成的工资变动数据！"，如图 6－24 所示。

反结账　　　　　　　　　　　　　×

002　进行反结账的会计月份：2016-1月

执行本功能,系统将自动清空该月已完成的工资变动数据!

确定　　　取消

图 6－24　反结账（2）

第三步：单击【确定】按钮，弹出"反结账已成功完成"。

第四步：单击【确定】按钮。

操作总结：

- 打开或不打开工资类别，都能进行反结账操作。
- 在总账系统已经结账或成本管理系统上月已结账的情况下，不允许反结账。
- 本月工资分摊、计提凭证传输到总账系统，如果总账系统已制单并记账，需做红字冲销凭证后，才能反结账；如果总账系统未做任何操作，只需删除此凭证。
- 如果凭证已经由出纳签字/主管签字，需取消出纳签字/主管签字，并删除该张凭证，这样才能反结账。

固定资产管理系统

任务一　固定资产管理系统认知

一、固定资产管理系统概述

固定资产通常是指使用年限超过 1 年、为生产商品、提供劳务出租或经营管理而特有、单位价值较高的房屋、建筑物、机器、设备、运输工具以及其他设备、器具和工具等。固定资产是企业开展日常业务必备的物质基础和劳动手段，也是企业赖以生产经营的主要资产。

固定资产具有价值高、使用期限长、分布分散等特点。加强固定资产的核算和管理，最大限度地杜绝资产的浪费和流失，促进资源的有效利用是一项重要而艰巨的管理任务。利用固定资产管理系统进行固定资产的管理，能够帮助企业进行固定资产净值、累计折旧数据的动态管理，协助企业进行部分成本核算，协助设备管理部门做好固定资产管理工作。

二、固定资产管理系统功能模块

固定资产系统的功能就是完成企业固定资产日常业务的核算和管理，生成固定资产卡片，按月反映固定资产的增加、减少、原值变化及其他变动，并输出增减变动明细账，按月自动计提折旧，生成折旧分配凭证，同时输出一些相关的报表和账簿。固定资产系统的功能包括以下几个方面。

（一）初始设置

根据企业的实际情况建立固定资产系统的基础环境，主要包括自定义资产分类编码方式和资产类别；自定义部门核算的科目，转账时自动生成凭证；可自定义使用状况，并增加折旧属性及可先不提折旧。此外，还包括纠错功能（即恢复月末结账前状态），又称"反结账"。

（二）业务处理

固定资产系统的业务处理主要是反映和监督固定资产的增加、减少、保管、使用以及清理报废等情况。具体包括的功能有可自由设置卡片项目、批量打印固定资产卡片、资产附属设备和辅助信息的管理、可处理各种资产变动业务（包括原值变动、部门转移、使用状况变动、使用年限调整、折旧方法调整、净残值（率）调整、工作总量调整、累计折旧调整、资产类别调整等）以及对固定资产的评估功能。

（三）计提折旧

对固定资产的总值、累计折旧数据进行动态管理，提供包括平均年限法、工作量法、年数总和法、双倍余额递减法在内的多种计提折旧法。提供折旧公式功能，并按分配表自动生成记账凭证。其中折旧分配表包括部门折旧分配表和类别折旧分配表，各表均按辅助核算项目汇总。考虑原值、累计折旧、使用年限、净残值和净残值率、折旧方法的变动对折旧计提的影响，系统自动更改折旧计算，计提折旧，生成折旧分配表，并按分配表自动制作记账凭证。

（四）输出账表

固定资产管理系统提供了多种账表供大家查询、输出，主要有账簿、分析表、统计表、折旧表、减值准备表等。

三、固定资产管理系统与其他子系统的关系

在固定资产管理系统中，资产的增加、减少以及原值和累计折旧的调整、折旧计提都要将有关数据通过记账凭证形式传递到总账系统，同时通过对账保持固定资产账目与总账的平衡，并可以查询凭证。固定资产管理系统为成本管理系统提供折旧费用数据。UFO 报表系统可以通过使用相应的函数从固定资产系统中提取分析数据。

系统之间的关系如图 7-1 所示。

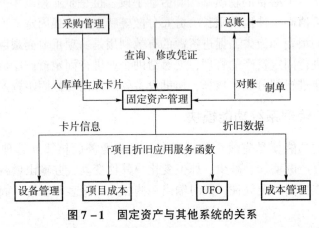

图 7-1　固定资产与其他系统的关系

四、固定资产管理系统的流程

不同性质的企业固定资产的会计处理方法不同。总体上讲，一般企业固定资产管理系统包括固定资产系统基础设置、固定资产业务处理、固定资产系统期末处理三个模块。

（1）基础设置。包括建立固定资产账套、设置固定资产类别、设置固定资产增减方式入账科目、设置固定资产部门对应折旧科目等内容。

（2）业务处理。包括录入固定资产原始卡片，折旧计提，固定资产增加、减少、变动，固定资产期末计量和凭证处理等内容。

（3）期末处理。包括对账和月末结账内容。

固定资产管理系统的操作流程如图7-2所示。

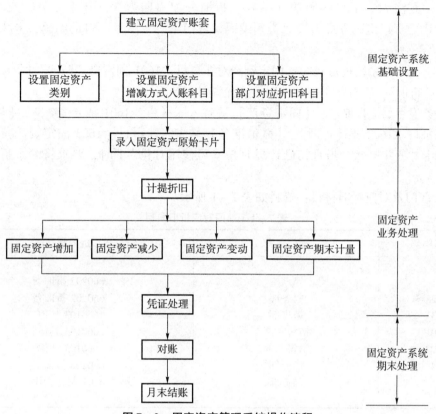

图7-2　固定资产管理系统操作流程

任务二　固定资产管理系统初始化

一、任务概述

（一）任务认知

固定资产系统的主要任务就是对固定资产的增减以及价值变动等业务进行管理。与总账系统一致，在应用固定资产系统前要进行应用参数的设置和初始数据的录入，这就是固定资产系统的初始化设置。固定资产系统初始化设置是指在进行固定资产业务处理之前必须完成系统功能的设置和固定资产核算初始数据的录入，主要包括：

（1）账套参数设置。

（2）固定资产类别设置。

（3）部门对应折旧科目设置。

（4）增减方式对应入账科目设置。

（5）固定资产原始卡片录入。

（二）任务内容

（1）启用"固定资产"系统，启用会计日期：2016.1.1。

（2）参数设置。

固定资产账套的业务控制参数如下：

①折旧方法为"平均年限法（一）"，折旧分配周期为"1 个月"，类别编码方式为"2112"，固定资产编码方式为按"类别编码＋部门编码＋序号"自动编码，卡片序号长度为"3"。

②要求与账务系统进行对账：固定资产对账科目"1601 固定资产"；累计折旧对账科目"1602 累计折旧"，在对账不平的情况下不允许月末结账。

③业务发生后立即制单；【固定资产】缺省入账科目"1601 固定资产"，【累计折旧】缺省入账科目"1602 累计折旧"，【减值准备】缺省入账科目"1603 固定资产减值准备"；已注销的卡片 5 年删除；当月初已计提月份 = 可使用月份 - 1 时，要求将剩余折旧全部计提。

（3）部门及对应折旧科目：资料如表 7 - 1 所示。

表 7 - 1　部门对应折旧科目

部门编码	部门名称	折旧科目
1	经理室	660202 折旧费
2	财务部	660202 折旧费
3	销售部	660103 其他
301	销售一部	660103 其他
302	销售二部	660103 其他
4	供应部	660202 折旧费
5	制造部	5101 制造费用

（4）资产类别：资料如表 7 - 2 所示。

表 7 - 2　固定资产类别表

类别编码	类别名称	计提属性	折旧方法	净残值率
01	房屋及建筑物	正常计提	平均年限法（一）	4%
02	专用设备	正常计提	平均年限法（一）	4%
021	数控车床	正常计提	平均年限法（一）	4%
03	通用设备	正常计提	平均年限法（一）	4%
031	铣床	正常计提	平均年限法（一）	4%
04	交通运输设备	正常计提	平均年限法（一）	4%
05	电子设备	正常计提	平均年限法（一）	4%
06	其他	正常计提	平均年限法（一）	4%

（5）增减方式设置：资料如表 7 - 3 所示。

表 7 - 3　增减方式及对应科目

增加方式			减少方式		
编码	方式	对应科目	编码	方式	对应科目
101	直接购入	100201	201	出售	1606
102	投资者投入	4001	202	盘亏	1901
103	捐赠转入	6301	203	投资转出	1606
104	盘盈	1901	204	捐赠转出	6711
105	在建工程转入	1604	205	报废	1606
106	融资租入	2701	206	毁损	1606

（6）原始卡片录入：资料如表 7 - 4 所示。

表 7 - 4　原始卡片

固定资产名称	办公楼	厂房	仓库	数控车床	铣床	运输车	计算机
类别编号	1	1	1	21	31	4	5
类别名称	房屋及建筑物	房屋及建筑物	房屋及建筑物	数控车床	铣床	交通运输设备	电子设备
使用部门	总经理办公室	制造部	供应部	制造部	制造部	销售一部40%、销售二部60%	财务部
增加方式	在建工程转入	在建工程转入	在建工程转入	直接购入	直接购入	直接购入	直接购入
使用状况	在用						
使用年限/月	192	240	240	96	120	144	60
折旧方法	平均年限法（一）						
开始使用日期	2005 - 8 - 20	2008 - 1 - 16	2006 - 5 - 20	2012 - 1 - 25	2011 - 8 - 18	2012 - 1 - 20	2012 - 1 - 26
原值/元	400 000.00	600 000.00	300 000.00	200 000.00	28 000.00	200 000.00	18 000.00
累计折旧/元	176 000.00	126 000.00	113 300.00	22 000.00	13 800.00	22 000.00	5 500.00

（7）原始卡片信息有误，办公楼的使用部门应该是总经理办公室 50%、财务部 50%。

二、任务知识

（一）账套参数控制

在使用固定资产管理系统之前，首先要根据企业固定资产核算的实际情况，在系统中选择基本的业务处理规则和方法的设置。业务处理方法是通过在系统中选择相应的业务控制参数选项而建立的。在固定资产管理系统中，涉及的业务控制参数主要包括启用月份、折旧信息、编码方式、账务接口、凭证制单、其他等方面的内容。这些参数的设置主要是通过固定资产初始化建立账套以及系统启用后的选项设置来完成的。

1. 启用月份

账套中固定资产开始使用的年份和会计期间，启用日期只能查看不可修改。要录入系统的期初资料一般指截至该期间期初的资料。如果需向总账系统传递凭证，则固定资产系统的启用月份不得在总账系统的启用月份之后。

2. 折旧信息

与固定资产折旧计提的相关信息，包括是否计提折旧、折旧方法以及固定资产最后一个月折旧金额的处理等内容。"主要折旧方法"可以选择本系统常用的折旧方法，以便在资产类别新增设置时系统自动带出主要折旧方法以提高录入速度，但可以修改。系统提供常用的六种方法：平均年限法（一）、平均年限法（二）、工作量法、年数总和法、双倍余额递减法（一）、双倍余额递减法（二）；另外也可以选择"不提折旧"，如果选择"本账套不计提折旧"，则选择的折旧方法为"不提折旧"。

3. 编码方式

编码方式主要有资产类别编码和资产编码。资产类别是单位根据管理和核算的需要给固定资产所做的分类，可参照国家标准或自己的需要建立分类体系。资产类别编码是固定资产分类管理的基础和依据，固定资产编号是为了方便管理给固定资产确定的唯一标识，有两种输入方法：在输入卡片时手工输入，选用自动编码的形式根据编码原则自动生成。

此外，系统提供了 4 种固定资产编码方式，分别是"类别编号 + 序号""部门编号 + 序号""类别编号 + 部门编号 + 序号"和"部门编号 + 类别编号 + 序号"。

4. 账务接口

固定资产系统与总账系统有数据传递的关系，所以两个系统模块之间需要建立数据处理的接口，包括是否与总账系统对账、对账不平对结账的影响、固定资产对账科目、累计折旧对账科目等内容。

选择与账务系统对账的目的是了解固定资产子系统内所有资产的原值、累计折旧和总账系统中的固定资产科目和累计折旧科目的余额是否相等。在系统运行中的任何时候都执行对账功能，如果不平，应及时查找原因，予以调整。

5. 凭证制单

固定资产系统中的制单包括固定资产增减变化的制单和折旧计提的制单，凭证生成后会作为外部系统生成的凭证传递到总账系统中。为了保障凭证的顺利生成，就需要进行参数设置，包括是否业务发生后立即制单、凭证所涉及的缺省会计入账科目（固定资产、累计折旧、减值准备、固定资产清理等科目）设置等。

6. 其他参数

"卡片断号填补设置"是用来解决企业管理资产卡片时要求卡片编号连续的问题，因为有些原因删除掉卡片后会出现断号的问题，需要连续编号时，可在此进行设置；关于"不允许转回减值准备"选项，2007 年企业会计准则规定，资产减值损失一经确认，在以后会计期间就不得转回。选择此项，则该账套不允许转回减值准备。本选项可以随时修改，新建账套中该选项默认选中。

（二）固定资产类别设置

固定资产的种类繁多，规格不一，要强化固定资产管理，及时做好固定资产核算，就必须建立科学的固定资产分类体系，为核算和统计管理提供依据。企业可根据自身的特点和管理要求，确定一个较为合理的资产分类方法。凭证类别设置的内容主要包括：

（1）类别编码：这是为方便记忆和使用，给资产类别所定的一个编号，编号由其所有上级类别编码和要输入的本级编码共同组成，所有上级编码定义好后，将自动带入本级编码中，不允许修改。

（2）类别名称：该项资产类别的名称，不可与本级资产类别同名。

（3）使用年限：输入所定义的资产类别的使用年限，缺省值继承其上级所设置的使用年限，可修改。

（4）净残值：输入所定义的资产类别的净残值率，缺省值继承其上级所设置的净残值率，可修改。

（5）计提属性：这是系统自动计提折旧时计提的基本原则，可以用参照的方式选择，有三个选项：总计提折旧（一般指房屋建筑物类）、总不提折旧（一般指土地类）、正常计提（一般指设备类），任何类别都要选择其中的一种情况。计提属性一经选择，就不允许修改，请慎重选择。

（6）折旧方法：参照折旧方法集合（包括系统缺省的和自定义的），选择该类别常用的折旧方法。

（7）新增资产当月计提折旧：若选项中"新增资产当月计提折旧"选项选中，则当前类别的"新增资产当月计提折旧"选项默认选中，并可随时修改。若选项中"新增资产当月计提折旧"选项不选中，则当前类别的"新增资产当月计提折旧"选项默认不选中，并可随时修改。

（三）部门对应折旧科目设置

固定资产计提折旧后必须把折旧归入成本或费用，根据不同使用者的具体情况按部门或按类别归集。当按部门归集折旧费用时，某一部门所属的固定资产折旧费用将归集到一个比较固定的科目，所以部门对应折旧科目设置就是给部门选择一个折旧科目，录入卡片时，该科目自动显示在卡片中，不必一个一个地输入，可提高工作效率。然后在生成部门折旧分配表时每一部门按折旧科目汇总，生成记账凭证。

（四）增减方式对应入账科目设置

增减方式对应入账科目设置的目的是在固定资产发生增减变化时，可以分录与固定资产科目相对应的入账科目。

固定资产增加的方式主要有：直接购入、投资者投入、捐赠、盘盈、在建工程转入、融资租入。固定资产增加的方式不同，则对应的入账会计科目也不同，例如，直接购入固定资产所对应的会计科目一般为"银行存款"，而投资投入固定资产的会计科目一般为"实收资本"。

固定资产减少的方式主要有：出售、盘亏、投资转出、捐赠转出、报废、毁损、融资租出、拆分减少等。固定资产盘亏时，对应的会计科目为"待处理财产损溢"；而在固定资产报废、毁损时，则通过"固定资产清理"科目进行核算。

（五）固定资产原始卡片录入

固定资产卡片是指登记固定资产各种资料的卡片，是固定资产进行明细分类核算的一种账簿形式。它是每一项固定资产的全部档案记录，即固定资产从进入企业开始到退出企业的整个生命周期所发生的全部情况，都要在卡片上予以记载。固定资产卡片上的栏目有：类别、编号、名称、规格、型号、建造单位、年月、投产日期、原始价值、预计使用年限、折旧率、存放地点、使用单位、大修理日期和金额，以及停用、出售、转移、报废清理等内容。不管是手工条件下，还是信息化条件下，对于固定资产的管理都是以固定资产卡片为载体进行的。

固定资产原始卡片是指已使用过并已计提折旧的固定资产卡片。在使用固定资产系统进行核算前，必须将原始卡片资料录入系统，保持历史资料的连续性。原始卡片的录入不一定在第一个期间结账前发生，任何时候都可以录入原始卡片。

三、任务实施

（一）启用"固定资产"系统

以账套主管"001"的身份登录企业应用平台，操作时间是 2016 - 01 - 01。在"基础设置"选项卡下，执行【基本信息】|【系统启用】命令，选中"FA 固定资产"复选框，选择固定资产系统的启用时间为"2016 年 1 月 1 日"。

（二）固定资产账套初始化设置

第一步：在"业务工作"选项卡下，执行【财务会计】|【固定资产】命令，弹出"这是第一次打开此账套，还未进行过初始化，是否进行初始化？"。

第二步：单击【是（Y）】按钮，弹出"初始化账套向导"。

第三步：进行第 1 项"约定及说明"，选择"我同意"，单击【下一步】按钮。

第四步：进入第 2 项"启用月份"，单击【下一步】按钮。

第五步：进入第 3 项"折旧信息"，主要折旧方法选择"平均年限法（一）"，单击【下一步】按钮，如图 7 - 3 所示。

第六步：进入第 4 项"编码方式"，固定资产编码方式选择自动编码，从下拉菜单里选取"类别编码 + 部门编码 + 序号"，序号长度为"3"，单击【下一步】按钮。

第七步：进入第 5 项"财务接口"，固定资产对账科目输入"1601"；累计折旧对账科目输入"1602"，单击【下一步】按钮。

第八步：进入第 6 项"完成"，单击【完成】按钮。弹出"已经完成了新账套的所有设置工作。是否确定所设置的信息完全正确并保存对新财套的所有设置？"，单击【是（Y）】按钮，弹出"已成功初始化本固定资产账套！"，单击【确定】按钮，完成设置，正式打开了固定资产系统。

操作总结：

● 勾选"当（月初已计提月份 = 可使用月份 - 1）时将剩余折旧提足"则表示除工作量法外，该月月折旧额 = 净值 - 净残值，并且不能手工修改；不勾选"当（月初已计提月份 = 可使用月份 - 1）时将剩余折旧全部提足（工作量法除外）"则表示该月不提足，并且可手工修改。

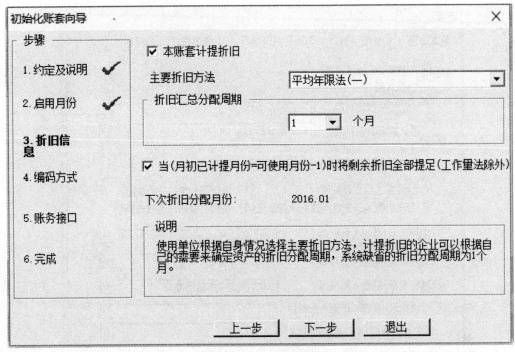

图7-3 折旧信息设置

● 资产类别编码一经使用，则不能修改。资产编码一经设定，该自动编码方式不得修改。

● 建账完成后，当需要对其中一些参数进行修改时，可以在【设置】｜【选项】中进行，但当某些设置不允许修改又必须纠正时，则只能"重新初始化"。

● 缺省入账会计科目的设置是提高日常业务处理中凭证填制的工作效率。若录入了缺省入账会计科目，则固定资产系统在生成凭证时，会按照录入的科目自动填制凭证中有关的会计科目，若缺省，则凭证中的相关会计科目为空，需要由操作员手工录入。

（三）固定资产选项设置

第一步：在"固定资产"系统中，执行【设置】｜【选项】命令，弹出"选项"对话框。

第二步：单击【编辑】按钮，激活修改状态。

第三步：在"与账务系统接口"选项卡下，勾选"业务发生后立即制单"。

第四步：录入固定资产、累计折旧、减值准备的缺省入账科目，如图7-4所示。

第五步：单击【确定】按钮保存操作。

（四）部门及对应折旧科目

第一步：在固定资产系统中，执行【设置】｜【部门对应折旧科目】命令，打开"部门对应折旧科目"窗口。

第二步：单击【修改】按钮，右侧显示对应的单张视图。

第三步：在"折旧科目"中输入"660202"。

第四步：单击【保存】按钮。

第五步：重复第二步到第四步，完成部门对应折旧科目的设置，然后退出。

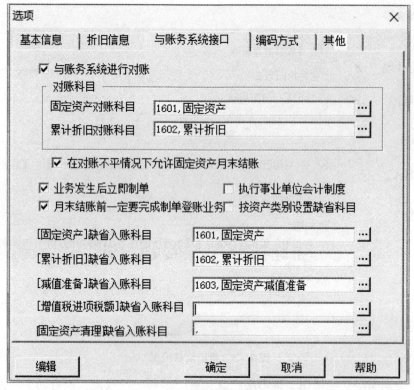

图 7 - 4   录入缺省入账科目

操作总结：

- 上下级部门的折旧可以相同，也可以不同。
- 设置部门对应的折旧科目时，必须选择末级会计科目。

（五）固定资产类别设置

第一步：在固定资产系统中，执行【设置】|【资产类别】命令，打开"资产类别"窗口。

第二步：单击【增加】按钮，打开"单张视图"。

第三步：根据表格中信息填写"类别名称""净残值率"，如图 7 - 5 所示。

第四步：单击【保存】按钮。

第五步：重复第二步到第四步完成资产类别设置。

第六步：单击【放弃】按钮，弹出"是否取消本次操作？"窗口。

第七步：单击【是】按钮，返回"资产类别"窗口。

操作总结：

- 前一资产类别保存后，可直接录入同一级别的其他资产类别。
- 如果要录入下一级次的资产类别，则应选中某一上级类别再增加其下一类别。
- 新增资产类别只有在最新会计期间增加，月末结账后则不能增加。
- 定义资产类别时，必须从上级向下级定义。
- 资产类别编码不能重复，同一级上的类别名称不能相同。
- 类别编码、名称、计提属性、卡片样式不能为空。

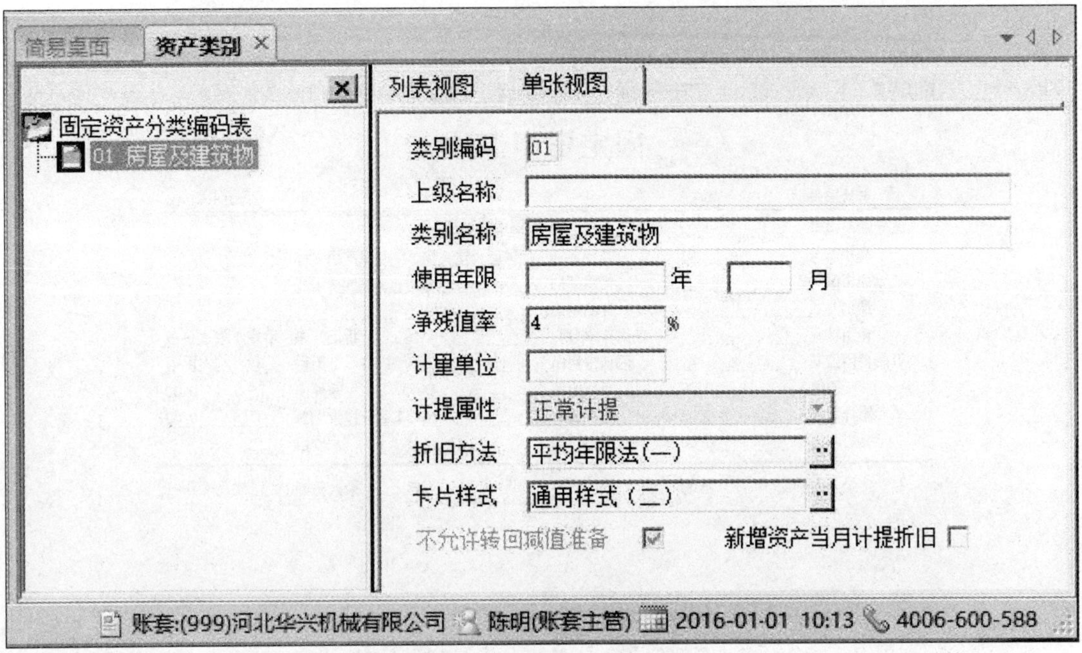

图 7 – 5　固定资产类别设置

- 使用过的类别的计提属性不能修改。

（六）增减方式对应入账科目设置

第一步：在固定资产系统中，执行【设置】|【增减方式】命令，打开"增减方式"窗口。

第二步：在"增减方式目录表"中，单击"直接购入"。

第三步：单击【修改】按钮，右侧显示可输入状态的单张视图。

第四步：对应入账科目输入"100201"。

第五步：重复第二步到第四步完成"增减方式设置"，然后退出。

操作总结：

- 对于增加方式对应的入账科目的录入，系统中只能输入一个科目，所以一般为该增加方式下必然发生的会计科目。若一笔业务涉及两个及以上的对应科目，则在系统自动生成凭证后，需要手工输入有关的会计科目并调整科目的发生额。

- 增加某一种增减方式时，需要在左侧的"增减方式目录表"中选中其上级，再单击"增加"按钮。删除时，则在左侧列表中选中该方式，再单击"删除"按钮。

（七）固定资产原始卡片录入

第一步：在固定资产系统中，执行【卡片】|【录入原始卡片】命令，打开"固定资产类别档案"窗口。

第二步：选择"01 房屋及建筑物"，单击【增加】按钮，打开"固定资产卡片"界面。

第三步：输入固定资产名称"办公楼"、原值"400 000"、累计折旧"176 000"、使用年限（月）"192"，增加方式为"在建工程转入"、使用状况"在用"，如图 7 – 6 所示。

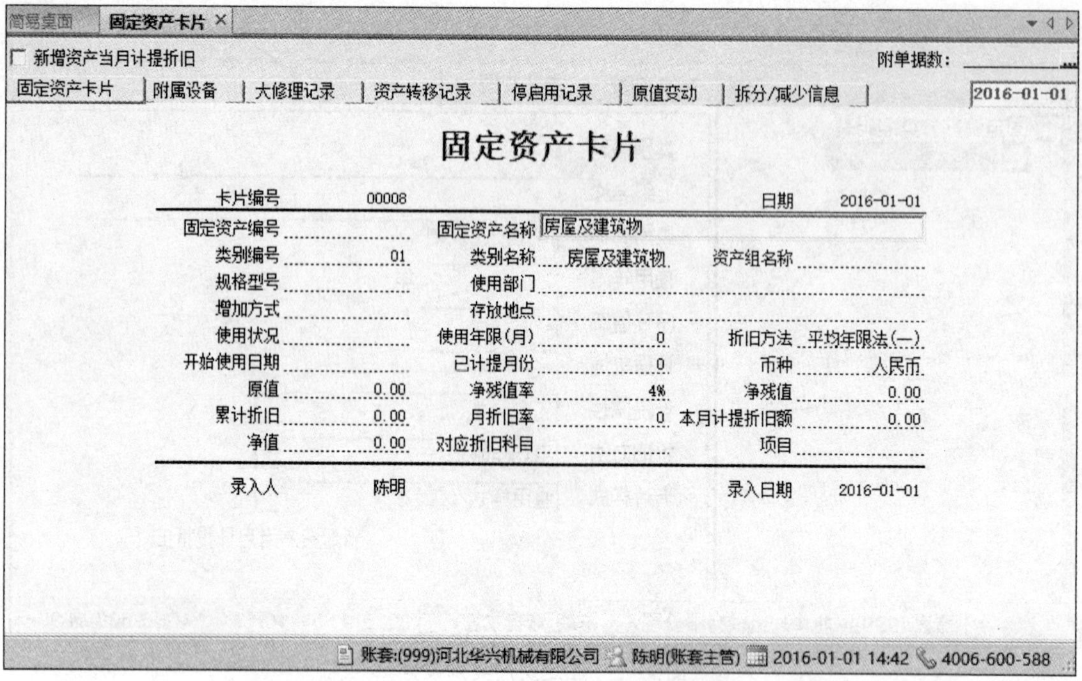

图 7-6　录入固定资产原始卡片

第四步：单击"使用部门"，弹出"本资产部门使用方式"对话框。

第五步：选择"单部门使用"，弹出"部门基本参照"窗口。

第六步：选择"总经理办公室"，单击【确定】按钮返回。

第七步：单击【保存】按钮，弹出"数据成功保存！"窗口。

第八步：单击【确定】按钮，进入下一张卡片录入界面。

第九步：重复第三步到第八步，完成其他原始卡片的录入（注意变更资产类别）。

操作总结：

● 使用状况包括"使用中""未使用"和"不需用"，不能增加、删除；"使用中"不能修改，"未使用、不需用"这两种使用状况可修改。

● 资产为多部门使用时，各部门的使用比例之和必须为100%。

● 可以为一个资产选择多个"使用部门"，并且当资产为多部门使用时，累计折旧采用与使用比例%相同的比例在多部门间分摊。

● 单个资产对应单个使用部门时，卡片上使用部门列示部门名称，可根据科目参照修改。

● 单个资产对应多个使用部门时，卡片上的对应折旧科目处不许输入，只能按使用部门选择时的设置确定。

（八）原始卡片修改

第一步：在"固定资产"系统中，执行【卡片】|【录入原始卡片】命令，打开"固定资产类别档案"窗口。

第二步：单击【确定】按钮，进入"固定资产卡片"界面。

第三步：单击【放弃】按钮，弹出"是否取消本次操作？"对话框。

第四步：单击【是】按钮，显示已经录入保存的固定资产内容。

第五步：单击 |← ← → →| 按钮，找到"办公楼"卡片。

第六步：单击【修改】按钮，卡片修改状态激活。

第七步：单击"使用部门"，弹出"本资产部门使用方式"对话框，如图7-7所示。

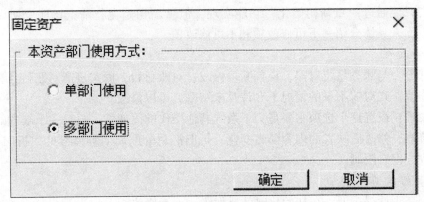

图7-7　勾选部门使用方式

第八步：选择"多部门使用"，弹出"使用部门"窗口。

第九步：修改总经理办公室的使用比例为"50"。

第十步：单击【增加】按钮，使用部门选择"财务部"，使用比例自动生成"50"，不用再修改，如图7-8所示。

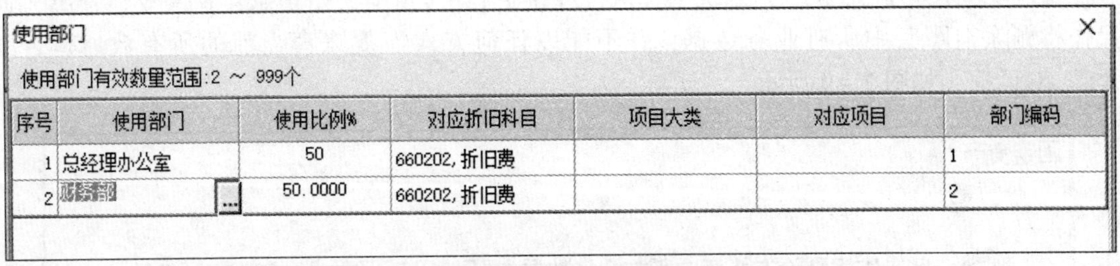

序号	使用部门	使用比例%	对应折旧科目	项目大类	对应项目	部门编码
1	总经理办公室	50	660202,折旧费			1
2	财务部	50.0000	660202,折旧费			2

使用部门有效数量范围:2 ～ 999个

图7-8　设置多部门使用比例

第十一步：单击【确定】按钮返回。

第十二步：单击【保存】按钮，弹出"数据成功保存！"窗口。

第十三步：单击【确定】按钮，显示修改之后的内容界面。

操作总结：

● 除了在"录入原始卡片"窗口修改录入内容，还可以在"卡片管理""账表-固定资产登记簿"中进行修改。

● "卡片修改"是一种无痕迹修改。

● 如果修改的内容是原值或者累计折旧数值，且该资产已经制作了记账凭证，则需要先删除凭证，才能进行修改。

● 固定资产如果已经做过变动单，需要先删除变动单才能进行无痕迹修改，且只限录入当月。

四、拓展提升

（一）初始化设置后参数的修改

固定资产管理系统初始化中有些参数一旦设置完成，退出初始化向导后是不能修改的，如果要改，只能通过"重新初始化"功能实现，但重新初始化将清空该账套所做的一切工作。所以下面来具体介绍一下可修改项和不可修改项。

1. 可修改项

对账部分：与账务系统对账，该判断可修改；对账科目，固定资产对账科目和累计折旧科目均可修改；在对账不平的情况下允许月末结账，可以修改。

折旧设置：设置这个选项主要是为了系统其他操作的简便性，只是一个缺省的内容，所以可随时修改，修改后缺省的内容随之变化；折旧汇总分配周期解释参见"折旧设置"。该选择可修改，但有限制。

2. 不可修改项

本账套是否计提折旧，在初始化时就要设置，不能修改。

本账套开始使用期间，在初始化时只能查看，不能修改。

（二）重新初始化

在应用固定资产系统后，因为某些特殊的原因（例如系统中病毒等情况），有些数据会混乱这时需要对系统重新进行初始化设置。

第一步：在"固定资产"系统中，执行【维护】|【重新初始化账套】命令，弹出"此操作将删除本账套中所有业务数据，并不能以任何方式恢复账套当前的所有数。是否继续？"对话框，如图 7-9 所示。

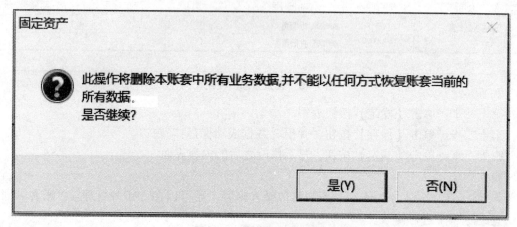

图 7-9　重样初始化提醒

第二步：单击【是】按钮，弹出"此项目操作对所有业务数据将造成不可恢复的删除，请再次确认是否要继续？"对话框。

第三步：单击【是】按钮，系统自动开始进行初始化，然后弹出"已重新初始化账套！"信息框。

第四步：单击【确定】按钮，弹出"这是第一次打开此账套，还未进行初始化，是否进行初始化？"对话框，此时重新初始化操作，根据下一步需要，单击【是】/【否】按钮。

任务三　固定资产管理系统的日常业务处理

一、任务概述

（一）任务认知

固定资产的日常业务主要包括固定资产的增加、减少、调拨、计提折旧和计提固定资产减值准备等。其中计提折旧是固定资产每月固定发生业务，是固定资产日常管理的主要内容。

（二）任务内容

（1）28日，购入价值100 000元的中央空调1台，总经理办公室、财务部共用，各占50%，使用年限为5年，转账支票票号为zz006，立即制单。（资产增加）

（2）29日，检查发现，新购入的中央空调，原值输入错误，实际应该是80 000元，立即给予更正。

（3）30日，检查发现，办公楼，所属部门输入错误，实际应该是经理室和财务部共用，各占50%，立即给予修改。

（4）31日，对运输车进行资产评估，评估结果为原值180 000元，累计折旧16 000元。

（5）31日，使用变动单：运输车使用年限由12年调整为10年，变动原因为年限调整。财务部的计算机转移到总经理办公室，变动原因为调拨。

（6）计提本月折旧，并生成凭证。

（7）31日，报废计算机，原值18 000元；清理期间发生清理费用200元，以现金支付；出售残料，获得变价收入500元，存入工商银行（zz007）。

二、任务知识

1. 资产增加

企业在经营过程中，会发生固定资产的增加。在固定资产增加时，首先要填制增加的固定资产卡片，然后再进行制单处理。需要说明的是，只有当固定资产开始使用日期的会计期间等于录入会计期间时，才能通过"资产增加"录入。

2. 资产变动

资产变动包括原值变动、部门转移、使用情况变动、使用年限调整、折旧方法调整、净残值率调整、工作总量调整、累计折旧调整和资产类别调整。这些变动需要留下原始凭证，即变动单。变动单管理可以对系统制作的变动单进行查询、修改、制单、删除等处理。

其他项目的修改，如名称、编号、自定义项目等可直接在卡片上进行。

3. 资产评估

随着市场经济的发展，企业在经营活动中，根据业务需要或国家要求对部分资产或全部资产进行评估和重估，其中固定资产评估是资产评估的重要组成部分。

在本系统将固定资产评估简称资产评估。本系统资产评估主要完成的功能是：

（1）将评估机构的评估数据手工录入或定义公式录入系统。

（2）根据国家要求手工录入评估结果或根据定义的评估公式生成评估结果。

本系统资产评估功能提供可评估的资产内容包括原值、累计折旧、净值、使用年限、工作总量、净残值率。

4. 资产减少

固定资产减少的基本途径，可分为固定资产的出售、报废、毁损、盘亏等。根据企业会计制度规定，对月份内投入使用的固定资产，当月不计提折旧，从次月开始计提；对月份内退出使用的固定资产，当月照提折旧，从次月开始停提。因此，使用固定资产系统，减少固定资产时，需要先计提折旧。

5. 凭证生成

当固定资产系统中固定资产的价值发生变动时，系统会依据设定生成凭证，并传递到总账系统中，从而实现固定资产系统与总账系统的数据传递。固定资产系统价值发生变化的情况包括：资产增加、资产减少、固定资产卡片原值或累计折旧的变化、计提减值准备调整、折旧分配等业务。若在"选项"中勾选了"业务发生后立即制单"，则在相关业务发生后，系统会自动生成凭证供修改；若是没有勾选，则可在"处理"菜单中的"批量制单"进行制单处理。

三、任务实施

1. 资产增加

第一步：以"004 张洁"身份在"2016 – 01 – 31"这一日期登录企业应用平台，进入"固定资产"模块，执行【卡片】|【资产增加】命令，弹出"固定资产类别档案"窗口。

第二步：选择要录入的卡片所属的资产类别"03 电子设备"，单击【确定】按钮。

第三步：进入"固定资产卡片"编辑界面，录入固定资产名称为"中央空调"、使用部门为"总经理办公室"、增加方式为"直接购入"、使用状况为"在用"、开始使用日期是"2016 – 01 – 28"、原值是"100 000"、使用年限月为"60"。再录入"银行存款"的辅助项，如图 7 – 10 所示。

图 7 – 10　录入资产增加

第四步：单击【保存】按钮，录入的卡片已经存入系统，弹出"数据成功保存！"信息框。

第五步：单击【确定】按钮，进入"填制凭证"界面。

第六步：选择"付款凭证"，并填写工行存款的辅助项信息，单击【保存】按钮，凭证录入完成。

操作总结：

●　资产的主卡录入后，单击其他页签，输入附属设备及其他信息。附属页签上的信息只供参考，不参与计算。

●　"资产增加"操作与"原始卡片录入"操作相同。资产通过哪种方式录入，取决于固定资产的开始使用日期，只有当开始使用日期的期间为录入期间时，才能通过"资产增加"来录入。

●　生成的凭证若有错误，可通过凭证查询窗口找到那张凭证进行修改，如果是因为卡片有错导致凭证错误，需要先删除凭证，修改卡片后，再重新生成凭证。

2. 固定资产原值修改

需要修改的内容是原值数值，且该资产已经制作了凭证，所以需要先删除凭证，才能进行修改。

第一步：执行【处理】|【凭证查询】命令，界面显示出已经生成的凭证记录，如图7-11所示。单击【删除】按钮，弹出"确定要删除吗？删除后不可恢复！"对话框。

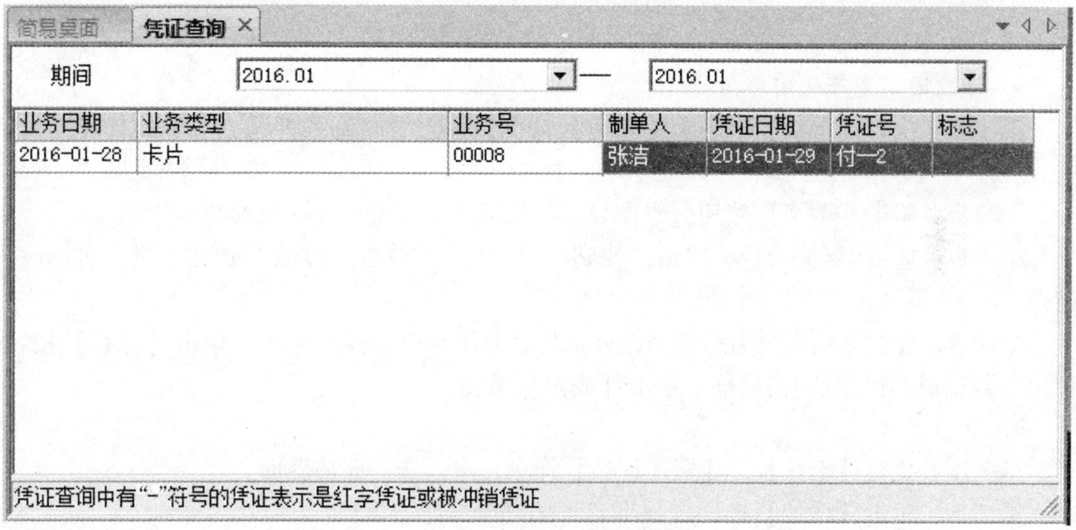

简易桌面	凭证查询 ×						
期间	2016.01	—		2016.01			
业务日期	业务类型		业务号	制单人	凭证日期	凭证号	标志
2016-01-28	卡片		00008	张洁	2016-01-29	付一2	

凭证查询中有"-"符号的凭证表示是红字凭证或被冲销凭证

图7-11　查询准备删除的凭证

第二步：单击【是】按钮，凭证记录消失，删除成功。

第三步：执行【卡片】|【卡片管理】命令，弹出"查询条件选择—卡片管理"对话框。

第四步：单击【确定】按钮，界面显示在役资产，双击打开固定资产卡片。

第五步：单击"修改"按钮，进入可修改界面。

第六步：修改原值为"80 000"，单击【保存】按钮，弹出"数据成功保存！"信息框。

第七步：单击【确定】按钮，进入"填制凭证"界面。

第八步：选择"付款凭证"，日期为"2016.01.29"，单击【保存】按钮，凭证录入完成，如图 7 - 12 所示。

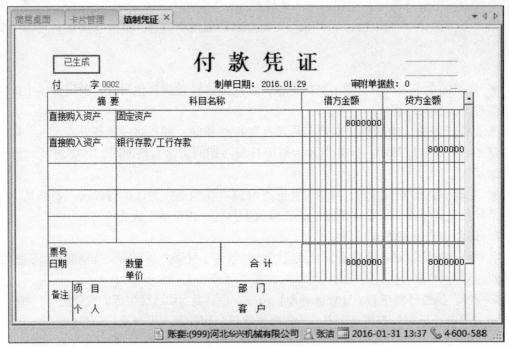

图 7 - 12　生成付款凭证

3. 修改固定资产使用部门

第一步：执行【卡片】｜【卡片管理】命令，弹出"查询条件选择—卡片管理"对话框。

第二步：单击【确定】按钮，界面显示在役资产，双击打开固定资产卡片。

第三步：通过 |◀ ◀ ▶ ▶| 按钮，找到"办公楼"，单击"修改"按钮，进入可修改界面。

第四步：修改使用部门为总经理办公室与财务部共用，各占50%，单击【保存】按钮，弹出"数据成功保存！"信息框。单击【确定】按钮。

4. 资产评估

第一步：执行【卡片】｜【资产评估】命令，进入资产评估界面。

第二步：单击【增加】按钮，弹出"评估资产选择"窗口。

第三步：勾选"原值""累计折旧"，单击【确定】按钮。

第四步：卡片编号选取"00006"，调取出运输车的卡片信息，修改评估后原值为 180 000，评估后累计折旧为 16 000，如图 7 - 13 所示。

第五步：单击【保存】按钮，弹出"是否确认要进行资产评估？"对话框。

第六步：单击【是】按钮，弹出"数据成功保存！"信息框。

第七步：单击【确定】按钮，进入"填制凭证"界面。

第八步：选择"转账凭证"，分别输入科目名称"管理费用/其他""管理费用/折旧费"，单击【保存】按钮，凭证录入完成，退出，如图 7 - 14 所示。

图 7-13　进行资产评估

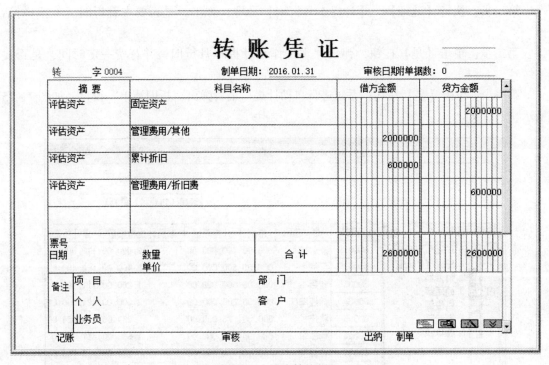

图 7-14　生成转账凭证

操作总结:

* 只有当月制作的评估单才可以删除。

* 原值、累计折旧和净值三个必须选择两个，另一个通过"原值 - 累计折旧 = 净值"推算得到。

* 评估后的数据必须满足以下公式:

原值 - 净值 = 累计折旧≥0

净值≥净残值率×原值

工作总量≥累计工作量

5. 变动单

第一步: 执行【卡片】|【变动单】|【使用年限调整】命令，进入"固定资产变动单"

界面。

第二步：卡片编号选"00006"，变动后使用年限为"120"，变动原因填写"年限调整"，单击【保存】按钮，弹出"数据成功保存！"信息框。

第三步：单击【确定】按钮，完成年限调整。

第四步：参照第一步至第三步完成计算机的转移。

操作总结：

- 变动单不能修改，只有在当月可删除重做，所以请仔细检查后再保存。
- 进行使用年限调整的资产在调整的当月应按调整后的使用年限计提折旧。
- 因为本系统遵循严格的序时管理，删除变动单必须从该资产制作的编号最大的开始。

6. 计提本月折旧，并生成凭证

第一步：执行【处理】|【计提本月折旧】命令，弹出"是否要查看折旧清单？"对话框。

第二步：单击【是】按钮，弹出"本操作将计提本月折旧，并花费一定时间，是否要继续？"对话框。

第三步：单击【是】按钮，系统进行自动计提，最后弹出"折旧清单"窗口，如图 7 – 15 所示。

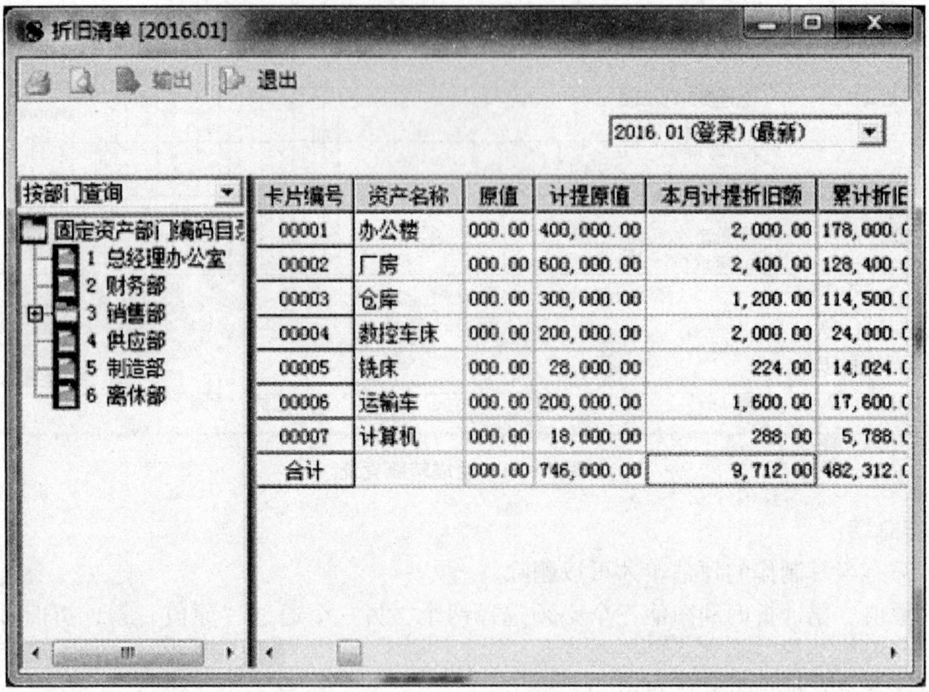

图 7 – 15　折旧清单

第四步：单击【退出】按钮，弹出"计提折旧完成！"对话框。

第五步：单击【确定】按钮，进入"折旧分配表"界面。

第六步：单击【凭证】按钮，进入"收款凭证"界面，如图 7 – 16 所示。

图 7-16 生成计提折旧凭证

第七步：选择凭证类别为"付款凭证"，单击【保存】按钮，显示凭证已生成。完成操作后退出。

操作总结：

- 本系统在一个期间可以多次计提折旧，每次计提折旧后，只是将计提的折旧累加到月初的累计折旧，不会重复累计。

- 如果上次计提折旧已制单把数据传递到账务系统，则必须删除该凭证才能重新计提折旧。

- 计提折旧后又对账套进行了影响折旧计算或分配的操作，必须重新计提折旧，否则系统不允许结账。

- 利用折旧分配表制作凭证时，该凭证中所有缺省内容都可以修改，也可增删分录，但应当保证借贷方合计等于本月计提的折旧额。

7. 31 日，报废计算机

第一步：执行【卡片】｜【资产减少】命令，进入"资产减少"界面。

第二步：在卡片编号处选择"00007 计算机"，单击【增加】按钮，界面显示出计算机的信息。

第三步：选择减少方式为"报废"，清理收入为"500"，清理费用为"200"，清理原因为"报废"，如图 7-17 所示。

第四步：单击【确定】按钮，弹出"所选卡片已经减少成功！"对话框。

第五步：单击【确定】按钮，进入"填制凭证"界面。

第六步：将科目补充完整，选择凭证类别为"付款凭证"，单击【保存】按钮。完成操作后退出，如图 7-18 所示。

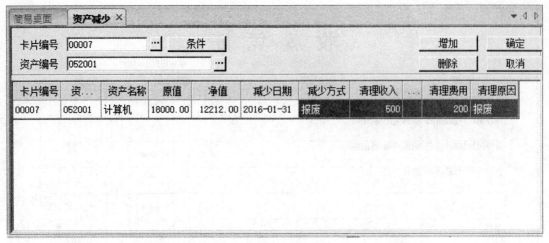

图 7－17　资产减少处理

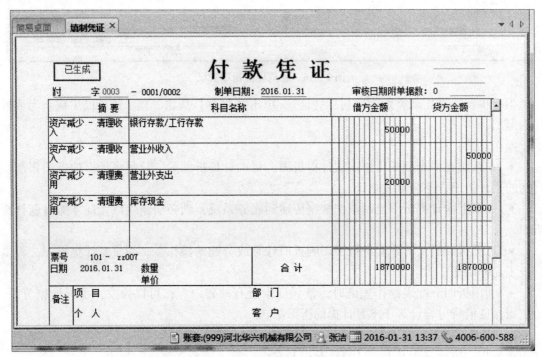

图 7－18　生成资产减少凭证

操作总结：

• 在固定资产发生减少时，首先要从固定资产卡片中将该资产卡片删除，然后再进行凭证处理。

• 由于固定资产在减少当月仍需计提折旧，因此固定资产减少的核算必须在计提了当月的折旧之后再进行。

• 如果进行资产减少操作时，可以以后在该卡片的附表"清理信息"中输入。

• 在卡片管理界面，从卡片列表上边的下拉框中选择"已减少资产"，则可以列示出已减少的资产集合，双击任一行，可查看该资产的卡片。

任务四　固定资产管理系统月末处理

一、任务概述

（一）任务认知

固定资产业务的期末处理比较简单，主要包括对账和结账两项工作。企业若在固定资产系统的选项中未勾选"在对账不平情况下允许固定资产月末结账"，则必须在实现总账与固定资产系统对账平衡的基础上才能对固定资产进行结账。

（二）任务资料

以账套主管的身份进行月末处理操作。

（1）31 日，固定资产系统对账。

（2）31 日，固定资产系统结账。

二、任务知识

1. 对账

由于固定资产系统的应用，固定资产和累计折旧科目账户的核算全部在固定资产系统中进行，总账系统不再进行涉及固定资产和累计折旧科目的凭证处理，只是对固定资产系统传递的凭证进行审核和记账，即固定资产和累计折旧的金额在两个系统中体现。为了保障两个系统固定资产科目数值相一致，必须在期末结账前进行对账检查。

需要说明的是，只有在固定资产系统【选项】中未勾选"在对账不平情况下允许固定资产月末结账"的前提下，对账功能才能操作。

2. 月末结账

结账是在完成当期业务核算的基础上进行的，所以结账前系统会自动检查当月是否进行了折旧，并且所有核算业务是否已制单生成凭证，经检查符合结账的基本条件后，才能进行月末结账。若企业要求对账不平不允许固定资产月末结账，则需要进行对账检查平衡后才能办理月末结账。

三、任务实施

使用"陈明001"身份进入企业应用平台，操作日期为"2016.01.31"。

1. 对账

第一步：在固定资产系统中，执行【处理】|【对账】命令，弹出"与账务对账结果"对话框。

第二步：显示对账不平衡，如图 7-19 所示。单击【确定】按钮退出。

这里会出现对账不平衡的原因是固定资产系统生成的凭证虽然传递到了总账系统，但是并没有对凭证进行审核记账，导致两个系统对账不平。接下来继续操作，进入总账系统，以下是操作步骤。

第一步：以出纳身份进入"总账系统"，对生成的凭证进行出纳签字的操作。

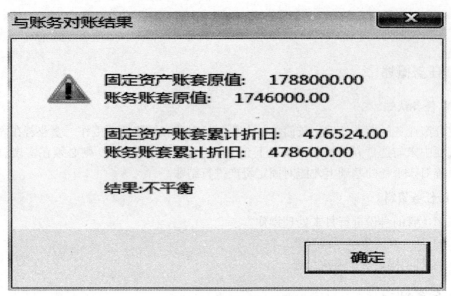

图 7 - 19　对账不平衡

第二步：以账套主管的身份进入"总账系统"，对生成的凭证进行审核。

第三步：执行【凭证】｜【记账】命令，对审核之后的凭证进行记账。

完成这三步操作，再回到固定资产系统进行对账，就会显示"对账平衡"，如图 7 - 20 所示。

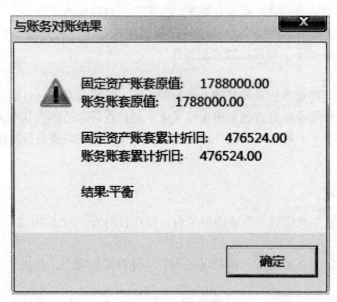

图 7 - 20　对账平衡

2. 结账

第一步：执行【处理】｜【月末结账】命令，弹出"月末结账"对话框，如图 7 - 21 所示。单击【开始结账】按钮。

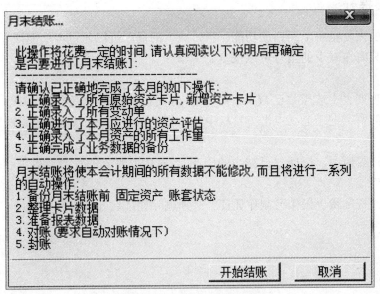

图7-21 进行月末结账

第二步：系统自动进行完结账之后，弹出"月末结账成功完成！"的提示框，如图7-22。单击【确定】按钮，完成结账。

图7-22 完成结账

操作总结：

• 如果在选项中没有选择"在对账不平情况下允许固定资产月末结账"这项设置，则需要进行对账检查平衡后，才能办理月末结账。

• 如果由于某种原因，在结账后发现结账前的操作有误，而结账后不能修改结账前的数据，可以使用"恢复月末结账前状态"功能恢复到结账前状态去修改错误。此方法也被称为"反结账"。

• 恢复到某个月的月末结账前状态后，本账套内对该结账后所做的所有工作都无痕迹删除。

• 如果总账系统已结账，则固定资产系统不可以再执行取消结账功能。

四、拓展提升

资产减少的恢复是一个纠错的功能，当月减少的资产可以通过本功能恢复使用。通过资产减少的资产只有在减少的当月可以恢复。

方法一：

在卡片管理列表中选择"已减少资产"，在显示出的已减少资产列表中，将焦点定位在需要撤销减少的资产记录上，点击工具栏中的"撤销减少"，可以撤销该资产的减少操作。

方法二：

从卡片管理界面中，选择"已减少的资产"，选中要恢复的资产，单击"卡片"菜单下的"撤销减少"。

另外，如果资产减少操作已制作凭证，必须删除凭证后才能恢复。

UFO报表

任务一 认知 UFO 报表系统

一、UFO 报表概述

UFO 报表系统是用友 ERP 系统中的一个独立子系统，为企业内部各管理部门及外部相关部门提供综合反映企业一定时期财务状况、经营成果和现金流量的会计信息。

在手工会计中，在完成本期所有经济业务的入账核算后，月末财务人员要对各类账户进行对账和结账，并依据总分类账户和明细分类账户编制会计报表。在会计信息化系统中，UFO 报表系统同样需要总账系统的数据编制会计报表。与手工会计核算相比，通过在 UFO 报表系统中设置报表公式，可以由系统自动从账套中取数计算生成所需的各类会计报表，从而使编制报表更加准确、高效和轻松。

二、UFO 报表系统的主要功能

UFO 报表管理系统是用友财务软件中专门用来编制各种会计报表的子系统，具有强大的报表编制和数据处理功能，与总账系统有数据传递关系，能够根据总账中的账簿数据、业务管理系统中的业务数据，按照报表的公式定义自动生成所需报表。

（1）文件管理功能。能够进行不同文件格式的转换，包括文本文件、MDB 文件、Excel 文件等。通过 UFO 报表系统提供的"导入"和"导出"功能，还可以实现和其他财务软件之间的数据交换。

（2）格式设置功能。UFO 报表系统提供了完善的格式设置功能，包括定义表尺寸、设置行高列宽、画表格线、定义组合单元、设置单元属性等。

（3）数据处理功能。UFO 报表系统的数据处理功能可以通过固定格式管理大量数据不同的表页，并在每张表页之间建立有机联系。另外，还提供了表页排序、查询、审核、舍位平衡和汇总等数据处理功能，以及提供种类丰富的函数，可以从其他系统中提取数据，生产财务报表。

（4）图表功能。UFO 报表系统可以制作包括直方图、立体图、圆饼图、折线图等多种分析图表，并可对图表的位置、大小、标题、字体、颜色等进行编辑，还能打印输出图表。

（5）打印功能。UFO 报表系统提供"所见即所得"和"打印预览"功能，可以随时打印图表或查看打印效果。

（6）二次开发功能。UFO 报表系统提供此命令和自定义菜单，可将有规律的操作过程编织成命令文件，据此可在短时间内开发出本企业的专用系统。

三、UFO 报表系统与其他子系统的关系

UFO 报表系统主要是从其他财务系统提取编制报表所需的数据。总账、薪资、固定资产、应收、应付、财务分析、采购、销售、库存、存货等子系统均可向 UFO 报表系统传递数据，以生成财务部门所需的各种会计报表，可以说其他子系统是 UFO 报表系统发挥其强大表格和数据处理功能的基础，而 UFO 报表系统是对其他子系统数据进行综合反映的载体。UFO 报表系统与其他子系统之间的数据传递关系如图 8-1 所示。

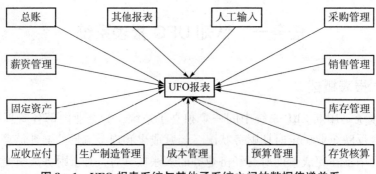

图 8-1 UFO 报表系统与其他子系统之间的数据传递关系

（一）UFO 报表系统基本操作流程

UFO 报表系统的操作主要包括两个阶段：一是报表的设置阶段，主要对会计报表的格式、内容、数据来源和公式运行进行定义；二是报表的数据处理阶段，主要是生成报表数据、审核报表、汇总分析以及输出打印。

具体而言，UFO 报表系统制作报表基本流程如图 8-2 所示，其中，第一、二、四、七步骤是必需的。

（二）UFO 报表系统的基本术语

1. 报表结构

按照报表结构的复杂性，可将报表分为简单表和复合表两类。简单表是规则的二维表，由若干行和列组成。复合表是简单表的某种组合。大多数的会计报表如资产负债表、利润表、现金流量表等都是简单表。

简单表的格式一般由 4 个基本要素组成：标题、表头、表体和表尾。不同的报表，上述 4 个基本要素是不同的。

（1）标题：用来描述报表的名称。报表的标题可能不止

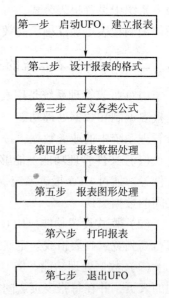

图 8-2 UFO 报表系统制作报表的基本流程

一行，有时会有副标题、修饰线等内容。

（2）表头：用来描述报表的编制单位名称、日期等辅助信息和报表栏目。特别是报表的表头栏目名称，是表头的最主要内容，它决定报表的纵向结构、报表的列数以及每一列的宽度。有的报表表头栏目比较简单，只有一层，而有的报表表头栏目却比较复杂，需分若干个层次。

（3）表体：指报表的核心，决定报表的横向组成。它是报表数据的表现区域，是报表的主体。表体在纵向上由若干行组成，这些行称为表行；在横向上，每个表行又由若干栏目组成，这些栏目称为表列。

（4）表尾：指表体以下进行辅助说明的部分以及编制人、审核人等内容。

2．格式状态与数据状态

UFO 报表系统有两种工作状态，一种是格式状态，另一种是数据状态。操作时可通过单击页面左下角的【格式/数据】按钮实现状态的切换。

（1）格式状态：在格式状态下主要是对报表格式进行设计，如表尺寸、行高列宽、组合单元、单元属性、关键字、可变区等；定义单元公式、审核公式、舍位平衡公式。在格式状态下所做的操作对本报表所有的表页都发生作用。在格式状态下不能进行数据的录入、计算等操作，页面显示的只是报表格式，不显示报表数据。

（2）数据状态：在数据状态下主要是对报表数据进行管理，如输入数据、增加或删除表页、数据审核、舍位平衡、制作图形、汇总、合并报表等。在数据状态下不能修改报表的格式，页面显示报表全部内容，包括格式和数据。

3．维、二维表、三维表、四维运算

维：确定某一数据位置的要素称为"维"。在一张有方格的纸上填写一个数据，这个数据的位置可通过行和列（二维）来描述。

二维表：如果将一张有方格的纸称为表，那么这个表就是二维表，通过行和列可以找到这个二维表中任何位置的数据。

三维表：如果将多个相同的二维表叠在一起，找到某一个数据需增加一个要素，即表页号。这一叠表称为一个三维表。

四维运算：如果将多个不同的三维表放在一起，要从这多个三维表中找到一个数据，又需增加一个要素，即表名。三维表中的表间操作即称为"四维运算"。

4．报表文件及表页

报表文件是指多个报表以文件的形式保存在存储介质中。每个报表文件都有一个名字，例如："利润表．rep"。

表页：指由若干行和若干列组成的一个二维表。一个报表中的所有表页具有相同的格式，但其中的数据不同。表页在报表中的序号在表页的下方以标签的形式出现，称为"页标"。页标用"第1页"～"第99 999页"表示。

5．单元

单元是指组成报表的最小单位，单元名称由所在行、列标识。行号用数字1～9999表示，列号用字母 A～IU 表示。如：C4 表示第3列第4行所在单元。

6．组合单元与区域

组合单元：由相邻的两个或多个同一类型的单元组成，UFO 报表系统在处理报表时将组合单元视为一个单元。组合时可以组合同一行相邻的几个单元，也可以组合同一列相邻的几个单元，还可以把一个多行多列的平面区域设为一个组合单元。组合单元的名称可以用区域的名称或区域中单元的名称来表示。例如：把 A1 到 H2 定义为一个组合单元，这个组合单元可以用"A1""H2"或"A1：H2"表示。

区域：由一张表页上的一组单元组成，自起始单元至终点单元是一个完整的长方形矩阵。在 UFO 报表系统中，区域是二维的，最大的区域是一个二维表的所有单元，即整个表页，最小的区域是一个单元。

7. 固定区和可变区

固定区：指组成一个区域的行数和列数的数量是固定数目。一旦设定好以后，在固定区域内单元的总数是不变的。

可变区：指屏幕显示一个区域的行数或列数是不固定的数字，可变区的最大行数或最大列数是在格式设计中设定的。

在一个报表中只能设置一个可变区，或是行可变区或是列可变区，行可变区是指可变区中的行数是可变的；列可变区是指可变区中的列数是可变的。

设置可变区后，屏幕只显示可变区的第一行或第一列，其他可变行列隐藏在表体内。在以后的数据操作中，可变行列数随着使用时的需要而增减。

有可变区的报表称为可变表，没有可变区的报表称为固定表。

任务二　报表格式设置

一、任务概述

（一）任务认知

报表格式设置是指在 UFO 报表管理系统中根据企业的实际需求创建报表，设置报表外观的过程，具体地讲，就是对报表的行数、列数、标题、表头、表体、表尾以及报表内各个单元属性和风格的定义。报表的格式设置是报表编制的基础，决定了报表的外观、结构和数据录入的属性。

（1）设置表尺寸。

（2）设置行高和列宽。

（3）画表格线。

（4）定义组合单元。

（5）输入文字内容。

（6）设置单元属性。

（7）设置单元风格。

（8）设置关键字。

（二）任务内容

2015 年 1 月 31 日，以账套主管陈明的身份登录企业应用平台，在 UFO 报表系统中，创建货币资金表格式，并将货币资金表保存到电脑桌面上，并保存名为"货币资金表"，如表 8 - 1 所示。

表 8-1 货币资金表

编制单位： 年 月 日 单位：元

项目	行次	期初数	期末数
现金	1		
银行存款	2		
合计	3		

制表人：

要求：

（1）行高为 10 mm、列宽为 35 mm；

（2）将第一行设为组合单元；

（3）设置单元类型为"数值型"，数字表达式以"逗号"为分界号；

（4）在 A2 单元格设置"单位名称"为关键字，B2 单元格设置"年"为关键字，C2 单元格设置"月"为关键字，D2 单元格设置"日"为关键字，并将"月"设置偏移量为"-35"，"日"设置偏移量为"-70"。

二、任务知识

1. 设置表尺寸

表尺寸是报表的行数和列数。行数是包含报表的标题、表头、表体、表尾所占的行等汇总合计后的行数，报表的列数是指报表所设的所有栏目数。

2. 设置行高和列宽

在设置行高和列宽时，可以直接按住鼠标进行调整，也可以执行菜单命令，对选定区域进行整体行高或列宽的设置。

3. 画表格线

依据企业需要选择所适用的表格线。

4. 定义组合单元

组合单元就是将几个单元合并为一个单元。通常情况下报表的标题、表尾以及表尾会应用组合单元。

5. 输入文字内容

依据企业的需求，录入单元内的文字。一般为标题、表头、表体栏目以及表尾的内容。需要说明的是，"编制单位""年""月""日"等作为关键字进行设置，而不作为文字内容来输入。

6. 设置单元属性

单元属性是对单元类型、字体图案、对齐、边框等内容的设置。单元类型有以下三种类型。

（1）数值单元：它是报表的数据，在数据状态下输入。数字可以直接输入或由单元中存放的单元公式运算生成。建立一个新表时，所有单元的类型均默认为数值型。

（2）字符单元：它是报表的数据，在数据状态下输入。字符单元的内容可以是汉字、字母、数字及各种键盘可输入的符号组成的一串字符，一个单元中最多可输入 63 个字符或

31 个汉字。字符单元的内容也可由单元公式生成。

（3）表样单元：它是报表的格式，是在格式状态下录入的所有文字、符号或数字。表样单元对所有表页都有效。只能在格式状态下输入和修改，在数据状态下只能显示而无法修改。

7. 设置单元风格

单元风格是指表格单元内容在字体、字号、字形、颜色、对齐方式等方面的设置内容。

8. 设置关键字

关键字是游离于单元之外的特殊数据单元。

UFO 报表系统提供以下 6 种关键字：单位名称、单位编号、年、季、月和日。除此之外，UFO 报表系统还提供自定义关键字功能，可以应用于业务函数。关键字的显示位置在格式状态下设置，关键字是在数据状态下录入，每个报表可以定义多个关键字。

三、任务实施

1. 创建新表

第一步：在"企业应用平台"中，打开工作列表中的"业务工作"选项卡，执行【财务会计】|【UFO 报表】命令，打开"UFO 报表"窗口，系统弹出"日积月累"对话框，单击【关闭】按钮。

第二步：执行【文件】|【新建】命令，或输入快捷键"Ctrl + N"或单击工具栏的快捷键，增加一张空白表。新表自动进入格式状态，文件名显示在标题栏中，为"report1"，用户在保存报表时可以更改文件名，如图 8-3 所示。

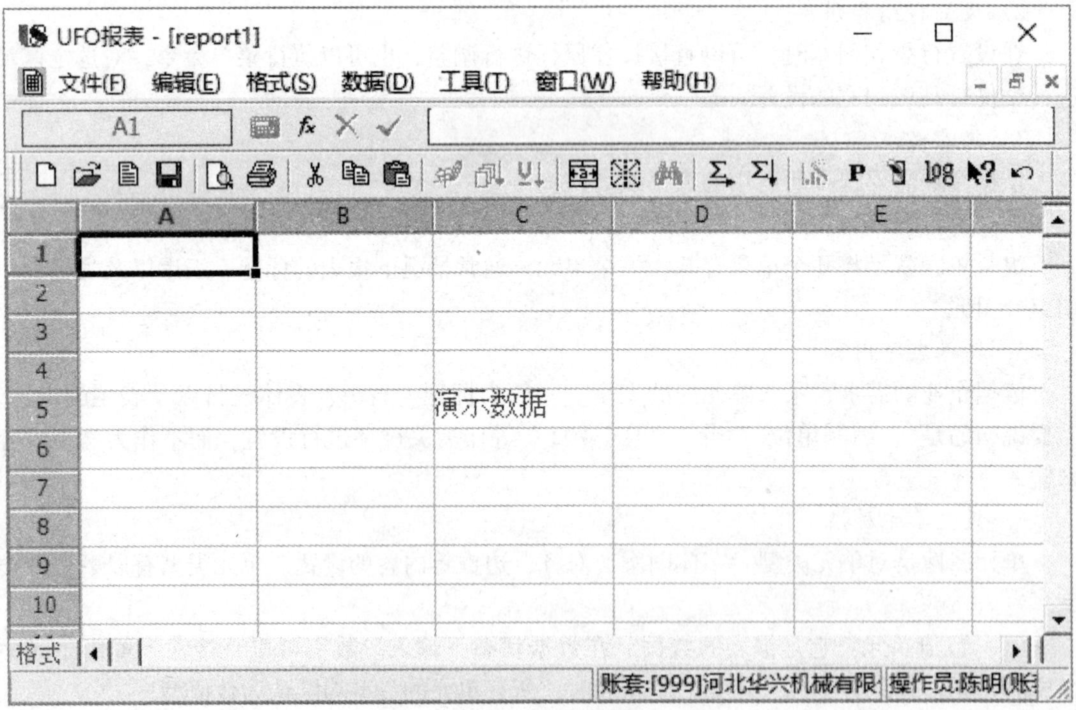

图 8-3 新建一张空白 UFO 报表

操作总结：

● UFO 报表中只需要单击窗口左下角以红色字体显示的【格式】或【数据】即可实现状态的切换。

● 创建报表之后，除设置关键字外，格式设置的功能键基本集中在【格式】菜单下，也可以右击鼠标后从列表中选用相关功能。

2. 设置表尺寸

第一步：执行【格式】|【表尺寸】命令，打开"表尺寸"设置窗口。

第二步：输入报表的行数"7"，输入报表的列数"4"，单击【确认】按钮，系统自动将报表显示区域的空白表按照所设置的行列数来显示，而不再显示整张空白表页，如图8-4所示。

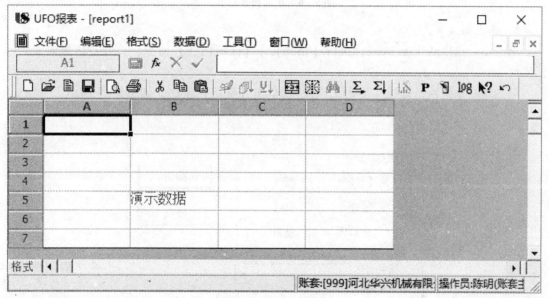

图 8-4　设置表尺寸

操作总结：

● 在设置表的行数时，需要注意加上表头和表尾部分所占的行数。

● 设置完表尺寸后，还可以执行【格式】|【插入】或【删除】命令，增加或减少行或列来调整报表的大小。

3. 设置行高列宽

第一步：选定整张表，执行【格式】|【行高】命令，打开"行高"设置窗口，输入报表行高"10"，单击【确认】按钮，如图8-5所示。

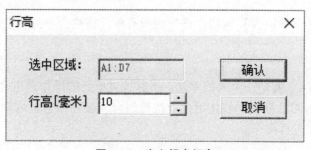

图 8-5　定义报表行高

第二步：执行【格式】|【列宽】命令，打开"列宽"设置窗口，输入报表列宽"35"，单击【确认】按钮，如图 8 – 6 所示。

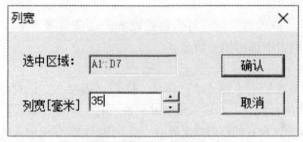

图 8 – 6　定义报表列宽

4. 画表格线

第一步：选中 A3: D6 区域，执行【格式】|【区域画线】命令，打开"区域画线"对话框。

第二步：系统默认画线类型为"网线"，单击【确认】按钮，如图 8 – 7 所示。

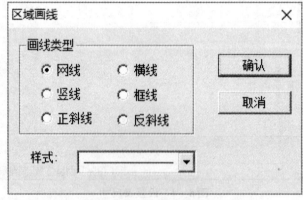

图 8 – 7　画表格线

操作总结：

● UFO 报表中提供了网线、横线、竖线、框线、正斜线、反斜线 6 种线型。

● 画好的表格线在格式状态下变化并不明显，操作完成后可以在数据状态下查看画线效果。

5. 定义组合单元

第一步：选中第一行各单元，执行【格式】|【组合单元】命令，打开"组合单元"对话框。

第二步：单击【整体组合】按钮，该行的所有单元将被合并为一个组合单元，如图 8 – 8 所示。

操作总结：

● 组合单元实际上就是一个大的单元，所有针对单元的操作对组合单元均有效。

● "组合单元"对话框提供整体组合、按行组合、按列组合、取消组合、放弃等选项，用户可根据实际情况进行操作。

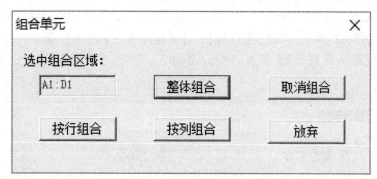

图 8-8 定义组合单元

6. 设置单元属性

第一步：选择整张表，执行【格式】|【单元属性】命令，打开"单元属性"对话框。

第二步：系统默认单元类型为"数值"型，单击【逗号】前的复选框，单击【确定】按钮，如图 8-9 所示。

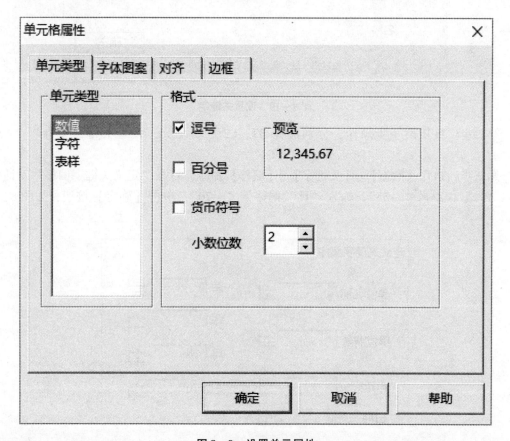

图 8-9 设置单元属性

操作总结：

- UFO 报表中的单元属性设置与 Excel 表设置类似。
- 对于新建报表，所有单元的单元类型均默认为数值型。

- 格式状态下输入的内容仅默认为表样单元。

7. 设置关键字

第一步：选择 A2 单元，执行【数据】|【关键字】|【设置】命令，打开"设置关键字"窗口，系统默认设置关键字为"单位名称"，单击【确定】按钮，如图 8－10 所示。

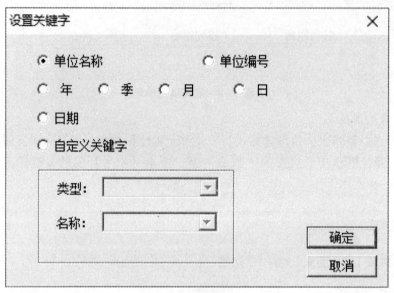

图 8－10　设置关键字

第二步：重复第一步操作，分别选择 B2、C2、D2 单元，设置关键字"年""月""日"。

第三步：执行【数据】|【关键字】|【偏移】命令，打开"定义关键字偏移"对话框，输入"月"偏移量"－35"，输入"日"偏移量"－70"，单击【确定】按钮，如图 8－11 所示。

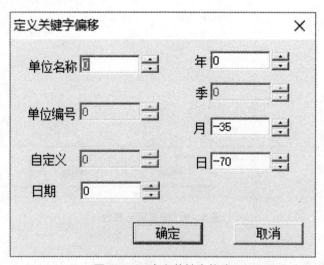

图 8－11　定义关键字偏移

操作总结：

- 关键字在格式状态下定义，关键字的值则在数据状态下录入。
- 每张报表可以同时定义多个关键字。
- UFO 报表中关键字以红色字体显示，且在关键字名称前后都有一串或长或短的红色小叉，这些红色小叉在切换到数据状态下时则不会显示，它们代表了该关键字内容的长度限制及关键字内容的显示位置。
- 关键字的位置是由关键字的偏移量大小决定的。单元偏移量的范围是 − 300 ~ 300，负数表示向左偏移，正数表示向右偏移。
- 关键字设置错误或不合理，可以执行【数据】│【关键字】│【取消】命令，选择需要取消关键字前的单选项，单击【确定】按钮即可。

8. 录入报表文字内容

双击选定单元，将光标定位在单元中，直接在单元中输入内容；也可以选定单元后，将光标定位在窗口上方的编辑栏中，然后输入内容，如图 8 – 12 所示。

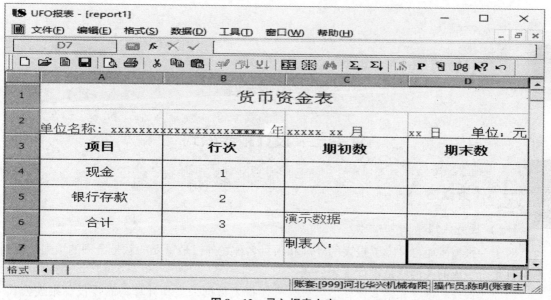

图 8 – 12　录入报表文字

9. 保存报表

第一步：执行【文件】│【保存】命令，打开"另存为"对话框。

第二步：选择保存路径"桌面"，输入文件名"货币资金表"，单击【另存为】按钮，如图 8 – 13 所示。

操作总结：

- UFO 报表中报表文件专用扩展名为 rep。

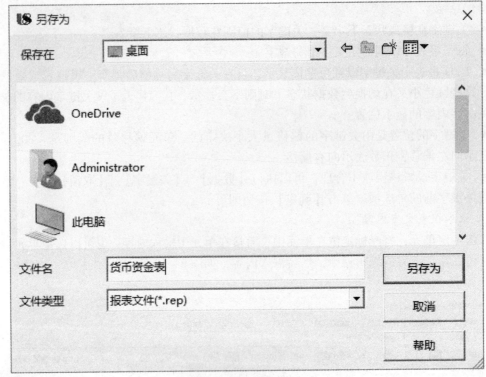

图 8 – 13 保存报表

任务三 设计报表公式

一、任务概述

（一）任务认知

对于一张报表而言，除了报表的外观和项目名称之外，最重要的就是金额的填列。而判断金额是否生成的关键就是设计报表公式。

当完成报表的创建和格式设计之后，为方便报表数据采集和计算，需要设计报表公式。在财务报表中，由于账簿与报表、报表与报表之间存在着密切的数据间逻辑关系，所以报表中各种数据的采集、运算钩稽关系的检测就用到了不同公式。报表公式主要有计算公式和非计算公式两类。其中，计算公式也称为单元公式，主要包括取数公式以及单纯的统计和计算公式；非计算公式主要包括审核公式和舍位平衡公式等。报表的单元公式必须设置，审核公式和舍位平衡公式则是根据需要设置的。

（1）单元公式。

（2）审核公式。

（3）舍位公式。

（二）任务内容

以账套主管的身份完成货币资金表公式的设计。

（1）定义单元公式。定义货币资金表期初数、期末数各单元的单元公式。

（2）定义货币资金表的审核公式。

（3）定义货币资金表的舍位平衡公式。

二、任务知识

1. 单元公式

单元公式用于定义报表数据来源以及运算关系。单元公式可以取本表页中的数据，也可以取账套中的数据，还可以取其他表页以及其他报表中的数据。

（1）账务函数。大多数单元公式可以利用账务函数进行设计，实现从总账系统提取数据。UFO 报表系统提供了期初数函数（QC）、期末数函数（QM）、发生额函数（FS）等几十种账务函数。其基本表达式为：函数名（<科目编码>，<会计期间>，<方向>，[<账套号>]，[<会计年度>]，[<编码1>]，[<编码2>]，[<截止日期>]，[<是否包括未标记账>]，[<自定义项1>]，[<编码1汇总>]，[<编码2汇总>]）。

在编辑单元公式时，可以直接使用函数，也可以使用【函数向导】按钮，在函数向导对话框的指导下逐步完成函数的设置，并随时用 F1 键调出相关帮助。

（2）表页内的计算公式。数据源若是表内，通过加减乘数或统计函数、数学函数的运算生成数据。例如，资产负债表中的"流动资产合计""非流动资产合计""资产总计"等项目，以及利润表中的营业利润、利润总额等都是通过表内单元的加减运算生成的。

（3）本表他页取数。本表他页取数是指同一报表文件中不同表页之间通过数据链接获取数据。例如，本月经营分析表中的 B 列单元数值取上月表页中 C 列的数值，其表达公式为：B = SELECT（C，月@ = 月 + 1），即表示将"月"表中的 C 列数值取到"月 + 1"表示的 B 列。

（4）他表取数。他表取数公式用于在不同报表之间定义取数关系，适用于报表文件存放在同一磁盘中的情况。例如，取"资产负债表"文件第3页的 D6 单元数值到当前表页的 C8 单元，其表达公式为：C8 = "资产负债表"→D6@3。

2. 定义审核公式

审核公式是 UFO 报表系统提供的用于检查报表数据直接钩稽关系的公式，是报表数据之间的检查公式。通过验证报表数据的逻辑关系来提高报表数据的准确性。审核公式由验证关系公式和提示信息两部分组成，其基本表达式为：

<审核关系式>

MESS "提示信息"

3. 舍位平衡公式

舍位平衡公式用于报表数据进行进位或小数取整时调整数据。在进行报表汇总时，会存在各个报表计量单位不一致的问题，这就需要对报表进行进位处理。在进位处理后，可能会导致由于进位而打破原有的数据平衡，故需要对进位后数据的平衡关系重新进行调整，以使经过进位处理后的数据自动恢复平衡关系，这就是舍位平衡。舍位平衡公式的设计包括舍位表名、舍位范围、舍位位数以及平衡公式四部分内容。

三、任务实施

1. 定义单元公式

定义货币资金表期初数、期末数各单元的单元公式。

第一步：在"UFO 报表"窗口中，执行【文件】|【打开】命令，在弹出的"打开"对话框中，选择文件名"货币资金表. rep"，单击【打开】按钮，打开"货币资金表"。

第二步：在格式状态下，选择 C4 单元，执行【数据】|【编辑公式】|【单元公式】命令，打开"定义公式"对话框，如图 8 - 14 所示。

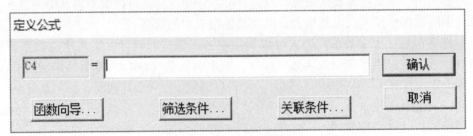

图 8 - 14　定义单元公式

第三步：单击【函数向导】按钮，打开"函数向导"对话框，选择"函数分类"中的"用友财务函数"，选择"函数名"为"期初（QC）"函数，单击【下一步】按钮，如图 8 - 15 所示。

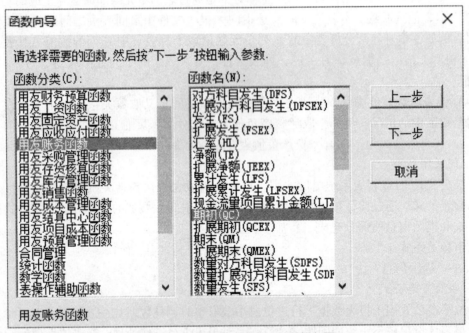

图 8 - 15　定义单元公式——函数向导

第四步：在打开的"用友财务函数"对话框中，单击【参照】按钮，打开"财务函数"对话框，系统显示："账套号"默认，"会计年度"默认，"期间"默认为"月"，"方向"默认，"科目"默认为"1001"，单击【确定】按钮，然后连续单击所经历窗口的【确定】按钮，系统会自动在"库存现金"项目的期初数栏目中显示"公式单元"字样，当光标停在该单元时，在工具栏显示该单元计算公式，如图 8 - 16 所示。

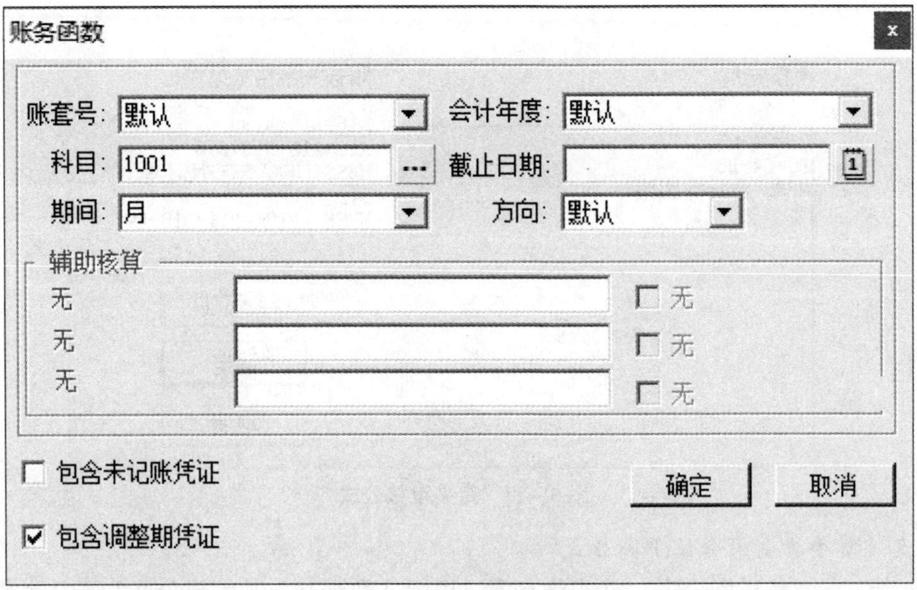

图 8 – 16　财务函数对话框

第五步：选择 C5 单元，重复第二、三步操作，完成对"银行存款"期初数单元公式的设置。

第六步：选择 D4 单元，重复第二、三步操作，完成对"库存现金"期末数单元公式的设置。

第七步：选择 D5 单元，重复第二、三步操作，完成对"银行存款"期末数单元公式的设置。

第八步：选择 C6 单元，执行【数据】|【编辑公式】|【单元公式】命令，打开"定义公式"对话框，输入公式"C4 + C5"，单击【确认】按钮。

第九步：选择 D6 单元，执行【数据】|【编辑公式】|【单元公式】命令，打开"定义公式"对话框，输入公式"D4 + D5"，单击【确认】按钮。

第十步：单击【保存】按钮，保存所设置的单元公式。

操作总结：

● 在进行单元公式定义时，对于函数格式录入信息务必准确，否则会导致生成的会计数据不正确。若录入的会计科目有辅助核算，还可以录入相关辅助核算内容。

● 在完成单元公式定义后，该单元显示"公式单元"。

2. 定义货币资金表的审核公式

第一步：在"货币资金表"格式状态下，执行【数据】|【编辑公式】|【审核公式】命令，打开"审核公式"定义窗口。

第二步：输入审核公式：C6 = C4 + C5，D6 = D4 + D5 MESS "合计数出错！"，单击【确定】按钮，如图 8 – 17 所示。

操作总结：

● 审核公式主要用于报表数据来源定义完成后审核报表的合法性和报表数据生成后审核报表数据的正确性。

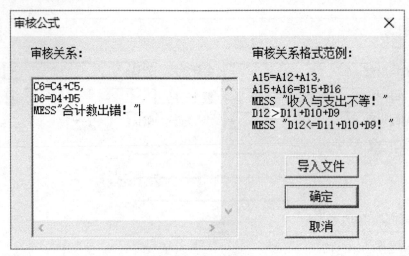

图 8-17　定义审核公式

3. 定义货币资金表舍位平衡公式

第一步：在"货币资金表"格式状态下，执行【数据】|【编辑公式】|【舍位公式】命令，打开"舍位平衡公式"定义窗口。

第二步：输入舍位表名"HBZJBSWB"，输入舍位范围"C4：D6"；输入舍位位数"3"；输入平衡公式"C6 = C4 + C5，D6 = D4 + D5"，单击【完成】按钮，如图 8-18 所示。

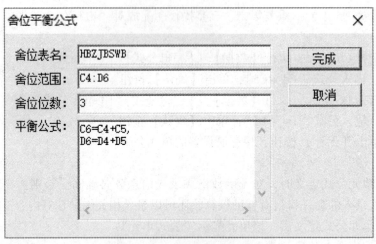

图 8-18　定义舍位平衡公式

操作总结：

- 输入舍位平衡公式时，每个公式一行，公式之间用半角英文标点逗号分隔，最后一行不用写逗号。
- 舍位平衡公式中只能输入"＋""－"符号，不能使用其他运算符及函数。

任务四 生成报表数据

一、任务概述

（一）任务认知

完成报表格式和报表公式定义，表明为系统自动生成报表提供了基本条件，随着日常经营业务的进行，企业就可以按照预先编制的报表，定期从账套中采集有关账簿数据，生成相应的会计报表数据，并对报表数据进行保存和整理分析。

（1）录入关键字。

（2）报表数据生成。

（二）任务内容

以账套主管的身份生成并审核货币资金表、生成货币资金表的舍位报表，利用报表模板生成利润表和资产负债表。

（1）生成1月份货币资金表。

（2）审核1月份货币资金表。

（3）生成1月份货币资金表的舍位报表。

（4）利用报表模板生成1月份利润表。

（5）利用报表模板生成1月份资产负债表。

二、任务知识

（一）录入关键字

录入关键字的内容就是快速查找表页的依据，其具体值的录入必须在数据状态下进行。为方便查找表页，每张表页关键字的值最好不要完全相同，否则在查找时只能找到这些表页中的第一张。

（二）报表数据生成

用户指定特定账套、特定时间来进行特定报表的数据生成的过程就是 UFO 报表中的"整表重算"。整表重算可以在录入报表关键字后的系统提示中进行，也可以由单元公式经过整表重算生成报表数据。

三、任务实施

1. 生成1月份货币资金表

第一步：打开"货币资金表"，单击【格式/数据】切换按钮，进入数据状态，执行【数据】|【关键字】|【录入】命令，打开"录入关键字"对话框。

第二步：录入"单位名称""年""月""日"4个关键字，如图8-19所示。

第三步：单击【确认】按钮，系统提示"是否重算第一页？"，单击【是】按钮，生成1月份货币资金表。单击【保存】按钮，如图8-20所示。

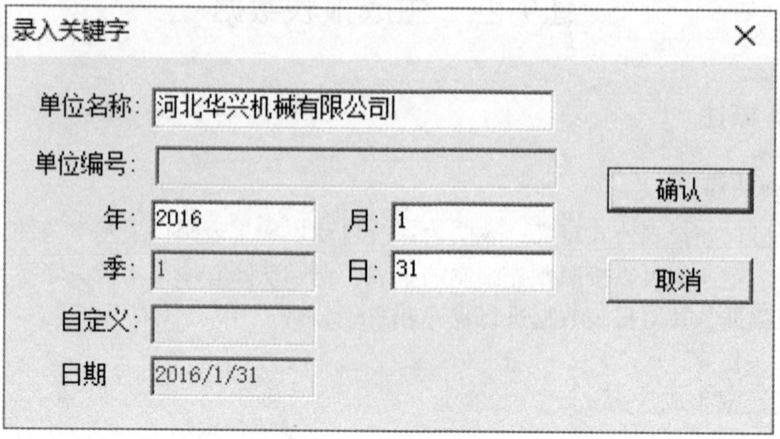

图 8 - 19　录入关键字

图 8 - 20　生成的货币资金表

2. 审核 1 月份货币资金表

在打开的"货币资金表"数据状态下，执行【数据】|【审核】命令，报表显示"完全正确!"，如图 8 - 21 所示。

3. 生成 1 月份货币资金表的舍位报表

打开"货币资金表"，在数据状态下，执行【数据】|【舍位平衡】命令，生成货币资金的舍位报表，单击【保存】按钮，如图 8 - 22 所示。

图 8-21 审核货币资金表

图 8-22 生成货币资金舍位表

操作总结:

● 执行【数据】｜【舍位平衡】命令，系统依照事先定义的舍位关系对指定区域的数据进行舍位，并按照平衡公式对舍位后的数据进行平衡调整，最终将舍位平衡后的数据存入指定新表中。最终的结果是生成一张新的表格。

● 执行【数据】｜【舍位平衡】命令后，系统中数据没有任何变化，则说明定义的舍位平衡表存在问题，则需要修改舍位平衡公式的内容。由于舍位表名的唯一性，所以不管修改什么内容，都要修改舍位表名，以与新的舍位平衡公式达到一致性。

4. 利用报表模板生成 1 月份利润表

第一步：在"UFO 报表"窗口中，执行【文件】｜【新建】命令，增加一张空白表页。

第二步：执行【格式】｜【报表模板】命令，打开"报表模板"对话框，"您所在的行业"为"2007 年新会计制度科目"，"财务报表"为"利润表"，如图 8 – 23 所示。

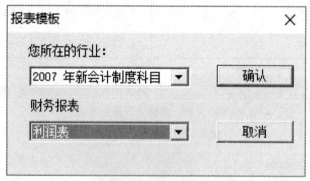

图 8 – 23　选择报表模板

第三步：单击【确认】按钮，系统提示"报表格式将覆盖本表格式！是否继续?"，单击【确定】按钮，即可看到打开的"利润表"模板，如图 8 – 24 所示。

第四步：选中 A3 单元，输入编制单位名称"河北华兴机械有限公司"，单击【格式】按钮，系统提示"是否确定全表重算"，单击【是】按钮，使当前报表进入数据状态，执行【数据】｜【关键字】｜【录入】命令，系统默认时间为 2016 年 1 月 31 日，单击【确认】按钮，如图 8 – 25 所示。

第五步：系统提示"是否重算第 1 页"，单击【是】按钮。对生成的 1 月份利润表，单击【保存】按钮，选择保存为"桌面"，文件名为"华兴机械 1 月份利润表"，单击【另存为】按钮，如图 8 – 26 所示。

5. 利用报表模板生成 1 月份资产负债表

第一步：执行【文件】｜【新建】命令，增加一张空白表页。

第二步：执行【格式】｜【报表模板】命令，打开"报表模板"对话框，选择"您所在的行业"为"2007 年新会计制度科目"，"财务报表"为"资产负债表"，如图 8 – 27 所示。

第三步：单击【确认】按钮，系统提示"报表格式将覆盖本表格式！是否继续?"，单击【确定】按钮，即可看到打开的"资产负债表"模板，如图 8 – 28 所示。

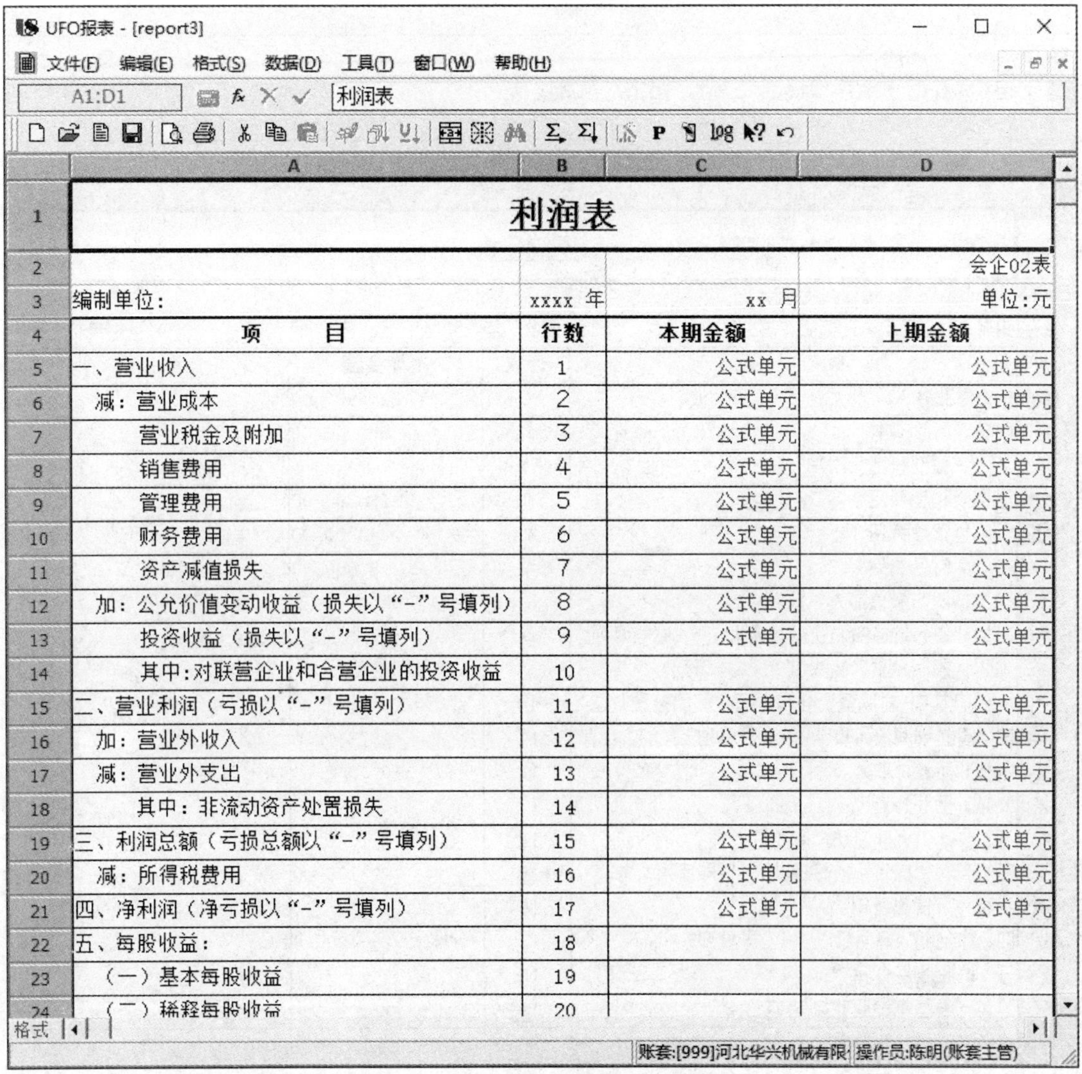
UFO报表 - [report3]

文件(F) 编辑(E) 格式(S) 数据(D) 工具(T) 窗口(W) 帮助(H)

A1:D1 利润表

	A	B	C	D
1	利润表			
2				会企02表
3	编制单位:	xxxx 年	xx 月	单位:元
4	项　　目	行数	本期金额	上期金额
5	一、营业收入	1	公式单元	公式单元
6	减：营业成本	2	公式单元	公式单元
7	营业税金及附加	3	公式单元	公式单元
8	销售费用	4	公式单元	公式单元
9	管理费用	5	公式单元	公式单元
10	财务费用	6	公式单元	公式单元
11	资产减值损失	7	公式单元	公式单元
12	加：公允价值变动收益（损失以“-”号填列）	8	公式单元	公式单元
13	投资收益（损失以“-”号填列）	9	公式单元	公式单元
14	其中:对联营企业和合营企业的投资收益	10		
15	二、营业利润（亏损以“-”号填列）	11	公式单元	公式单元
16	加：营业外收入	12	公式单元	公式单元
17	减：营业外支出	13	公式单元	公式单元
18	其中：非流动资产处置损失	14		
19	三、利润总额（亏损总额以“-”号填列）	15	公式单元	公式单元
20	减：所得税费用	16	公式单元	公式单元
21	四、净利润（净亏损以“-”号填列）	17	公式单元	公式单元
22	五、每股收益：	18		
23	（一）基本每股收益	19		
24	（二）稀释每股收益	20		

格式

账套:[999]河北华兴机械有限 操作员:陈明(账套主管)

图 8-24　调用的“利润表”模板

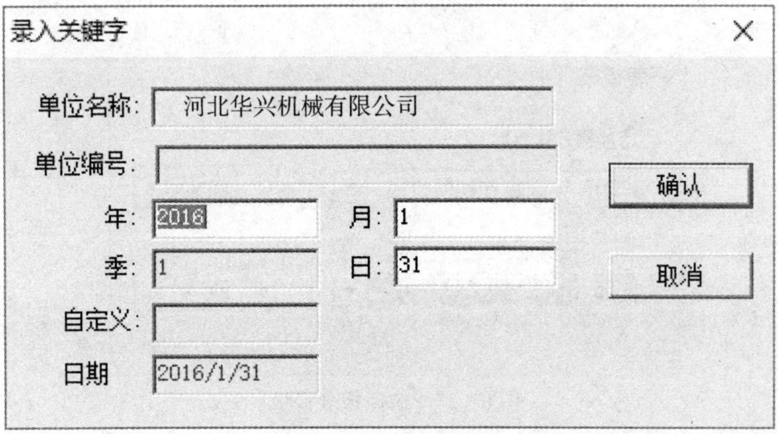

图 8-25　录入关键字

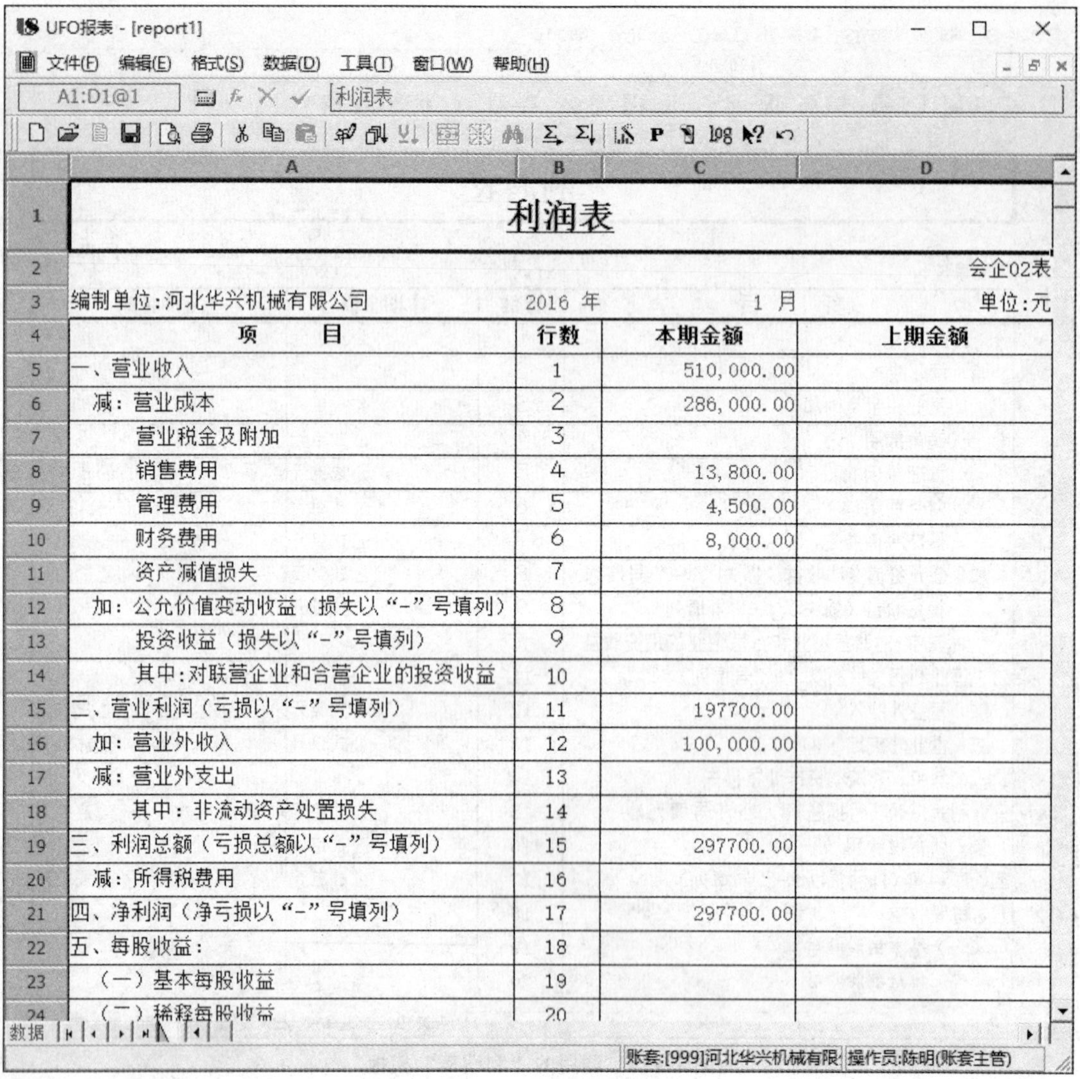

图 8 − 26　生成数据的利润表

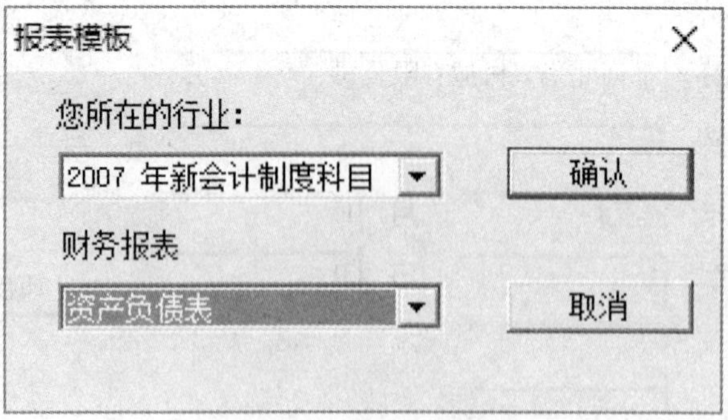

图 8 − 27　选择报表模板

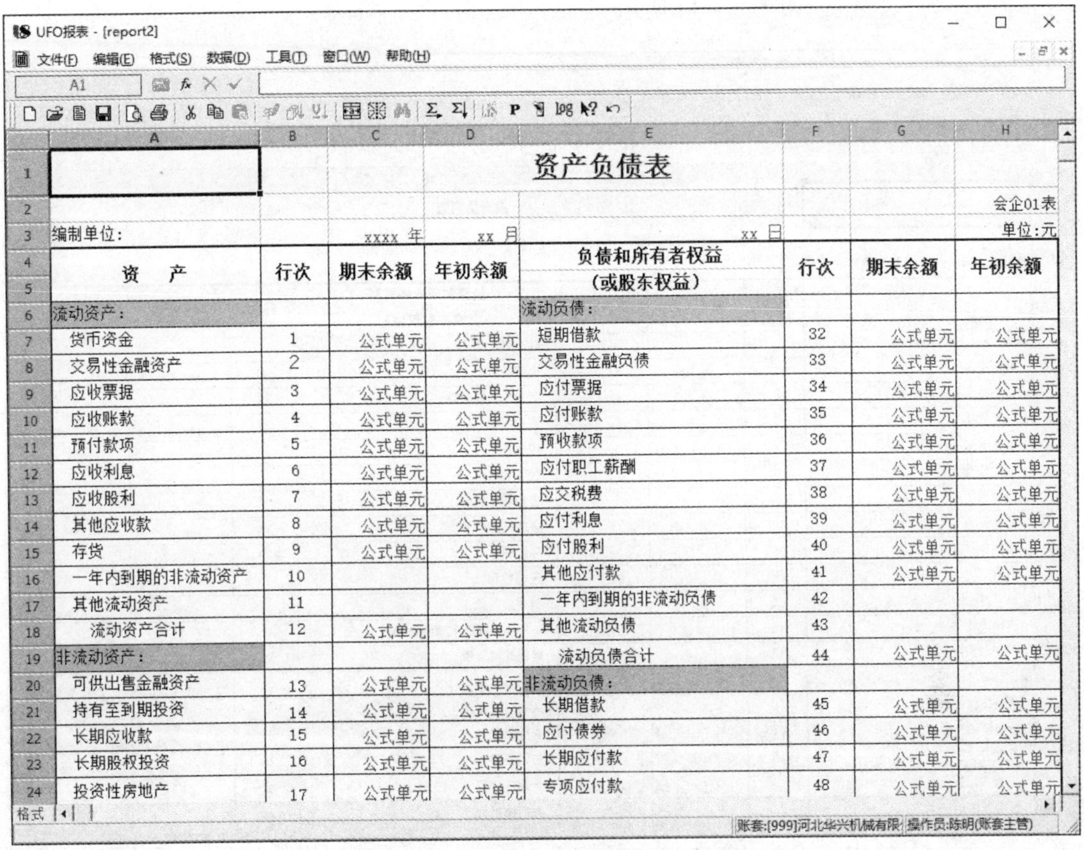

图 8 – 28 调用的"资产负债表"模板

第四步：选中 A3 单元，输入编制单位名称"河北华兴机械有限公司"，单击【格式】按钮，系统提示"是否确定全表重算"，单击【是】按钮，使当前报表进入数据状态，执行【数据】|【关键字】|【录入】命令，系统默认时间为 2016 年 1 月 31 日，单击【确认】按钮，如图 8 – 29 所示。

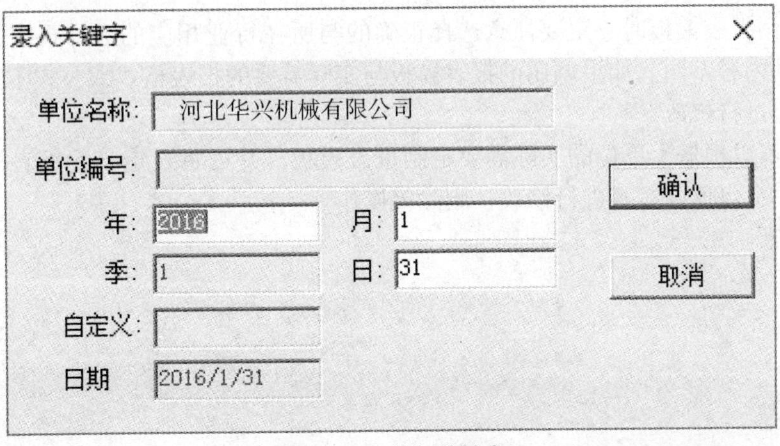

图 8 – 29 录入关键字

第五步：系统提示"是否重算第 1 页"，单击【是】按钮。对生成的 1 月份资产负债表，单击【保存】按钮，选择保存为"桌面"，文件名为"华兴机械 1 月份资产负债表"，单击【另存为】按钮，如图 8－30 所示。

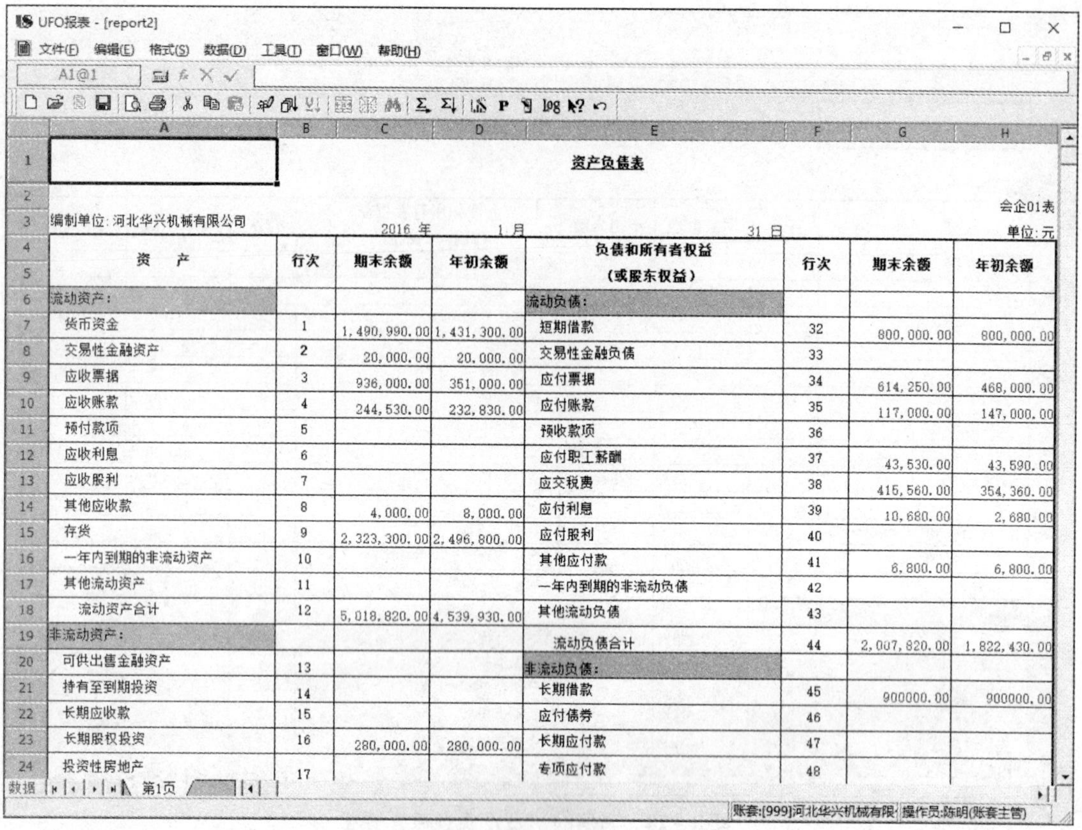

资产负债表

会企01表

编制单位：河北华兴机械有限公司　　2016 年　1 月　31 日　　单位：元

资　产	行次	期末余额	年初余额	负债和所有者权益（或股东权益）	行次	期末余额	年初余额
流动资产：				流动负债：			
货币资金	1	1,490,990.00	1,431,300.00	短期借款	32	800,000.00	800,000.00
交易性金融资产	2	20,000.00	20,000.00	交易性金融负债	33		
应收票据	3	936,000.00	351,000.00	应付票据	34	614,250.00	468,000.00
应收账款	4	244,530.00	232,830.00	应付账款	35	117,000.00	147,000.00
预付款项	5			预收款项	36		
应收利息	6			应付职工薪酬	37	43,530.00	43,590.00
应收股利	7			应交税费	38	415,560.00	354,360.00
其他应收款	8	4,000.00	8,000.00	应付利息	39	10,680.00	2,680.00
存货	9	2,323,300.00	2,496,800.00	应付股利	40		
一年内到期的非流动资产	10			其他应付款	41	6,800.00	6,800.00
其他流动资产	11			一年内到期的非流动负债	42		
流动资产合计	12	5,018,820.00	4,539,930.00	其他流动负债	43		
非流动资产：				流动负债合计	44	2,007,820.00	1,822,430.00
可供出售金融资产	13			非流动负债：			
持有至到期投资	14			长期借款	45	900000.00	900000.00
长期应收款	15			应付债券	46		
长期股权投资	16	280,000.00	280,000.00	长期应付款	47		
投资性房地产	17			专项应付款	48		

图 8－30　生成数据的资产负债表

操作总结：

● 利用模板文件生成财务数据之前，要保证所有凭证都已经记账。此外，一定要在【文件】|【新建】的窗口，调用【格式】|【报表模板】命令，因为报表模板会自动覆盖原有的报表格式。

● 在调用报表模板时一定要注意选择正确的与所在行业相应的会计报表，不同的行业会计报表，其内容不同。如果调用的报表模板与实际需要的报表格式或公式不完全一样，可以在此基础上进行修改。

● 用户可以根据本单位的实际需要定制报表模板，并可将自定义的报表模板加入系统提供的模板库，也可以对其进行修改、删除等操作。